高等职业教育学前教育专业精品教材
"互联网+"新形态立体化教学资源特色教材

学前儿童科学教育

主　编　王雪芳　涂　琳
副主编　周天娇　黄　梅　方海燕
主　审　肖成林

中国轻工业出版社

图书在版编目（CIP）数据

学前儿童科学教育 / 王雪芳，涂琳主编. —北京：中国轻工业出版社，2025.1

高等职业教育学前教育专业精品教材　"互联网+"新形态立体化教学资源特色教材

ISBN 978-7-5184-4938-5

Ⅰ.①学… Ⅱ.①王… ②涂… Ⅲ.①学前儿童—科学教育学—高等职业教育—教材 Ⅳ.①G613

中国国家版本馆CIP数据核字（2024）第079341号

责任编辑：李金慧　　　　　责任终审：高惠京
文字编辑：刘　晶　　　　　责任校对：朱　慧　朱燕春　　封面设计：董　雪
策划编辑：张文佳　李金慧　　版式设计：锋尚设计　　　　　　责任监印：张　可

出版发行：中国轻工业出版社（北京鲁谷东街5号，邮编：100040）
印　　刷：三河市万龙印装有限公司
经　　销：各地新华书店
版　　次：2025年1月第1版第1次印刷
开　　本：787×1092　1/16　印张：13.75
字　　数：310千字
书　　号：ISBN 978-7-5184-4938-5　定价：49.80元

邮购电话：010-85119873
发行电话：010-85119832　010-85119912
网　　址：http://www.chlip.com.cn
Email：club@chlip.com.cn
版权所有　侵权必究
如发现图书残缺请与我社邮购联系调换
221569J2X101ZBW

前言

习近平总书记强调:"科技创新能够催生新产业、新模式、新动能,是发展新质生产力的核心要素。这就要求我们加强科技创新特别是原创性、颠覆性科技创新,加快实现高水平科技自立自强。""打好关键核心技术攻坚战,使原创性、颠覆性科技创新成果竞相涌现,培育发展新质生产力的新动能。"一体化推进教育、科技、人才高质量发展成为主旋律,而学前教育是国民教育体系的重要组成部分,是国家教育制度的起始阶段,面向学前儿童的科学启蒙教育成为大中小学科学教育一体化的关键节点。

2001年,我国《幼儿园教育指导纲要(试行)》正式发布,将科学教育作为幼儿园课程中独立的一个领域提出。2012年,《3—6岁儿童学习与发展指南》将《幼儿园教育指导纲要(试行)》中科学领域的目标、内容和指导要点进一步具体化。科学教育逐渐成为学前教育阶段的核心教育内容之一。

学前儿童科学教育是一门应用性和实践性较强的课程,以培养学生具有从事科学教育活动的能力和素质为主要目标,本教材在编写过程中试图突出以下三个特色。

第一,凸显以幼儿为本的教育理念,所选案例在贴近幼儿生活的同时又具有地方特色,支持学习者养成正确的科学教育理念。

第二,内容系统科学,便于学习者对科学教育有整体的认识。教材内容从科学教育的内涵、目标、内容和方法四个方面展开,从科学探究和数学认知两个方面详细介绍了科学教育的内容。从集体活动、区域活动、游戏活动和生活活动等方面阐述了科学教育的方法与途径。最后,从家、园、社协同的角度分析了科学教育的发展方向。

第三,编写形式上采用项目式,每个项目包括学习目标、内容导览、情境导入、学习任务、案例研读、岗位体验和赛证练习七个部分,实现了"岗课赛证"深度有机融合,便于学习者自学、自练、自测。

为实现教材内容产教融合、科教融汇的核心特征,我们组建了一支师德高尚、业务精湛、结构优化、充满活力的编写团队,其中高职院校教授1人、副教授3人、幼儿园特级教师1人、幼儿园骨干教师10余名。教材编写分工如下:湖北职业技术学院王雪芳、涂琳担任主编;湖北职业技术学院周天娇、湖北省孝感市直属机关幼儿园黄梅、湖北职业技术学院方海燕担任副主编;湖北职业技术学院肖成林担任主审。

本教材通俗易懂，注重实用性和可操作性，既可以作为学前教育专业学生学前儿童科学教育教学配套教材，也可作为幼儿园教师科学教育教学能力提升培训教材。

由于编者的能力有限，加之时间仓促，书中难免存在不妥之处，望广大读者批评指正。

编者

在线课程学习说明

目录

项目一 叩开科学大门
—— 学前儿童科学教育概览

- 学习目标 001
- 内容导览 001
- 情境导入 002
- 学习任务 002
  - 任务一 理解学前儿童科学教育内涵 002
  - 任务二 制定学前儿童科学教育目标 008
  - 任务三 选编学前儿童科学教育内容 013
  - 任务四 掌握学前儿童科学教育方法 018
- 案例研读 022
  - 案例一 好吃的鸡蛋 022
  - 案例二 有趣的影子 023
  - 案例三 谁是采蜜冠军 025
  - 案例四 "7"的分合 027
- 岗位体验 029
- 赛证练习 029

项目二 探究科学奥秘
—— 幼儿园科学探究教育活动

- 学习目标 031
- 内容导览 031
- 情境导入 032

学习任务	032
任务一　观察认识型活动设计与实施	033
任务二　实验探究型活动设计与实施	041
任务三　讨论交流型活动设计与实施	050
任务四　技术制作型活动设计与实施	054

案例研读	058
案例一　有趣的声音	058
案例二　灯泡发光的秘密	060
案例三　沉浮	062
案例四　小鸟入笼	064

| 岗位体验 | 066 |
| 赛证练习 | 067 |

发现数学乐趣
——幼儿园数学认知教育活动

学习目标	069
内容导览	069
情境导入	070
学习任务	070
任务一　集合活动	071
任务二　数概念活动	082
任务三　量概念活动	090
任务四　几何形体活动	093
任务五　空间和时间活动	096

案例研读	099
案例一　甜甜饼干屋	099
案例二　《吃了魔法药的哈哈阿姨》	101
案例三　认识6以内的序数	102
案例四　5以内的相邻数	104
案例五　一模一样的爱	105
案例六　体验1分钟	107

岗位体验 108
赛证练习 109

项目四 4 研析集体活动
——幼儿园集体科学教育活动

学习目标 111
内容导览 111
情境导入 111
学习任务 113
任务一　幼儿园集体科学教育活动的设计 113
任务二　幼儿园集体科学教育活动的实施 120
任务三　幼儿园集体科学教育活动的评价 123
任务四　幼儿园说课 129
案例研读 131
案例一　有趣的溶解 131
案例二　好玩的斜坡 132
案例三　"磁铁的穿透力"说课稿 133
岗位体验 136
赛证练习 136

项目五 5 沉浸科学区域
——幼儿园区域科学教育活动

学习目标 138
内容导览 138
情境导入 139
学习任务 140
任务一　区域科学教育活动概述 140
任务二　班级科学活动区域 145
任务三　园区科学活动场所 156

案例研读	163
案例一　科学区活动实例	163
案例二　科学发现室活动实例	164
案例三　气象	167
岗位体验	168
赛证练习	168

项目六 6　融创教育途径
——科学游戏活动和生活中的科学教育

学习目标	170
内容导览	170
情境导入	170
学习任务	171
任务一　学前儿童科学游戏活动	171
任务二　生活中的科学教育	179
案例研读	183
案例一　认识四季	183
案例二　吹乒乓球	184
案例三　火山爆发	184
案例四　磁铁的相斥与相吸	185
岗位体验	187
赛证练习	187

项目七 7　整合科学资源
——学前儿童科学教育资源

学习目标	188
内容导览	188
情境导入	188
学习任务	189

任务一　科学教育资源的类别 189
　　任务二　科学教育资源的整合 192
案例研读 196
　　案例一　主题活动：舌尖上的春节——包饺子 196
　　案例二　项目活动：骑行路上的"大桥" 203
岗位体验 206
赛证练习 207

参考文献 210

项目一 叩开科学大门
——学前儿童科学教育概览

学习目标

● 认知目标
1. 理解儿童的科学及学前儿童科学教育的内涵。
2. 理解学前儿童科学教育的价值。
3. 了解学前儿童科学教育的主要内容。

● 能力目标
1. 初步掌握制定适宜学前儿童的科学教育目标。
2. 初步掌握学前儿童科学教育的基本方法及常用方法。
3. 能独自完成给定主题的学前儿童科学教育内容选编。

● 素质目标
1. 喜欢科学，崇尚科学精神。
2. 乐于探究，善于沟通，在小组合作中体验学习的乐趣。
3. 逐步形成科学的学前教育理念，涵养师德，增强职业自信心。

内容导览

学前儿童科学教育概览
- 理解学前儿童科学教育内涵
  - 科学是什么
  - 学前儿童科学教育的含义与价值
- 制定学前儿童科学教育目标
  - 制定目标的依据
  - 目标的构成
- 选编学前儿童科学教育内容
  - 选择学前儿童科学教育内容的依据
  - 学前儿童科学教育的内容范围
  - 学前儿童科学教育内容的选编方法
- 掌握学前儿童科学教育方法
  - 学前儿童科学教育的方法
  - 学前儿童科学教育的途径

> **情境导入**

数星星的孩子

晚上，满天的星星像明珠一样闪亮。一个孩子坐在院子里，靠着奶奶，仰起头，对着夜空数星星。一颗，两颗，一直数到了几百颗。

奶奶笑着说："傻孩子，又在数星星了。那么多星星，一闪一闪地乱动，眼都看花了，你能数得清吗？"

孩子说："奶奶，我能数得清。星星是在动，可不是乱动。您看，这颗星星和那颗星星总是离那么远。"

爷爷走过来，说："孩子，你看得很仔细。天上的星星是在动，可是它们之间的距离是不变的。我们的祖先把它们分成一组一组的，还给它们起了名字。"爷爷停了停，指着北边的天空，说："你看，那七颗星连起来像一把勺子，叫北斗七星。勺口对着的那颗最亮的星，就是北极星。北斗七星总是绕着北极星转。"

爷爷说的话是真的吗？这孩子一夜没睡好，几次起来看星星。他看清楚了，北斗七星果然绕着北极星慢慢地转动。

这个数星星的孩子叫张衡，是东汉人。他长大后刻苦钻研天文，成了著名的天文学家。

思考：学前儿童科学教育的价值体现在何处？

> **学习任务**

任务一 理解学前儿童科学教育内涵

儿童对周围世界各种事物、现象及关系等天生具有好奇心与探究欲望，这种内在的好奇心与求知欲使得幼儿主动探索、积极思考，形成最初的科学经验。我国是一个历史悠久的文明古国，历来重视科学教育。古代的自然科学教育在一些领域取得了极其辉煌的成绩。曾子用实验的方法解释光学中小孔成像的原理，而且用实验的方法进行教学，均属首创。唐代开设了"算学"，官立的科技学校有周密的专业设置和课程计划。宋代方逢辰编写了蒙学读本《名物蒙求》，专门介绍自然知识。清代同治年间，同文馆中设置了"格致"一科，这是我国设置自然科学教育课程的开端。20世纪初，陈鹤琴提出的"五指活动"中包含了科学活动。新中国成立后，学前儿童科学教育的目标、内容和方法不断完善。在新时代，如何创新性开展学前儿童科学教育成为学前教育工作者研究的热点。

"不一样"的科学

一、科学是什么

在科学教育中，科学的本质是一个至关重要的问题。科学教育必须反映和体现科学的本质。

提及科学，一般人们可能首先想到的是遨游太空的宇航员、奔走南极的科考队员、气势恢宏的港珠澳大桥、日新月异的人工智能、琳琅满目的实验室仪器和身着白大褂、手拿试剂瓶的科学家以及物理、化学课本中的公理、定理和公式等。那么科学到底是什么呢？人们对这个问题，并没有一致的看法。科学通过多种方式与社会发生相互作用，其本身在发展的过程中不断丰富和改变着自身的含义。沿着历史的轨迹，把众多的科学定义、解释加以概括，可以从以下三个层面来理解科学。

（一）科学是反映客观事实和规律的知识体系

在1999年出版的《辞海》中，科学被定义为"运用范畴、定理、定律等思维形式反映现实世界各种现象的本质和规律的知识体系。"这与多数人对科学的理解是一致的，即科学是知识。科学即知识，并不意味着每一种知识都是科学，只有反映事实和规律的知识才是科学。如古人通过观察自然现象总结出的"月晕而风，础润而雨""南风暖，北风寒，东风潮湿，西风干。"等天气谚语，中国古代四大发明及伴随中国几千年农耕文明的二十四节气，达尔文提出的进化论、牛顿发现的万有引力等，都是对客观世界的真实反映。

科学有广义和狭义之分。广义的科学是关于自然、社会和思维的知识体系；狭义的科学是揭示自然的本质和规律的知识体系，即自然科学。作为一种知识体系，科学知识与其他知识存在不同特点，那就是科学具有真理性、实证性和可重复性。

（1）科学知识具有真理性。科学知识必须符合客观事实，它是对客观世界的真实反映。

（2）科学知识具有实证性。任何科学知识都是科学活动的结果，人们通过观察、实验等活动，收集和整理客观信息，并在客观信息的基础上，进行思维加工，得出科学的结论。

（3）科学知识具有可重复性。科学知识应该是可以验证的、有规律性的知识，应该能经得起时间以及实践的检验。

（二）科学是探索世界，获取知识的动态过程

爱因斯坦曾经把科学定义为一种"探求意义的经历"。这就说明，科学不仅是已获得的知识体系，它更是一种通过亲身经历去探求自然事物的意义，进而理解这个世界的过程。从静态角度分析，"科学是反映客观事实和规律的知识体系"，但从动态角度来看，科学则是人类的一种特殊活动，它是以事实为依据、以发现规律为目的的社会活动。这种活动是通过各种手段去感知客观事物，在大量感性经验的基础上，再运用理论思维去把握事物本质，获取知识的过程，即"科学是过程"。任何科学知识的获得都要经历人们的科学探究过程。如屠呦呦经历无数次的实验终于成功提取青蒿素，中国航天人克服重重困难终于将嫦娥奔月的神话变为现实。

从某种意义上来说，人们对事物的科学认识并不是一成不变的，过去认为正确的、科学的知识，可能被新的事实所否定、所推翻，科学正是在不断否定自我和修正自我的过程中得到发展的。科学认识过程的客观性保证了科学知识的客观性，保证了科学知识在新的事实证据面前，能及时修正自己，使之成为一个开放的知识体系。

（三）科学是看待世界的方法和态度

从广义上说，科学本身就是一种价值观，是一种对世界的基本看法和态度，即科学精神和科学态度。真正使科学光芒四射的，不是科学知识，而是科学精神及其追求的价值。"我是中国人，我要报效祖国"，钱学森情愿放弃国外的优厚待遇，不惜冒着生命危险，冲突层层阻力，投入了祖国的怀抱，为我国"两弹一星"的研发做出了巨大贡献。杂交水稻之父袁隆平院士说："只要身体允许，就要去田里看一看"，"不从事杂交水稻，我的生活就没有意义了"。因此，科学家们体现了人类所共同追求和崇尚的价值观——爱国、创新、求实、奉献、协同、育人等。

科学精神是通过科学思想、方法、思维体现出来的，是严肃认真、客观公正、敢于创新、尊重事实、坚持真理、修正错误的精神、气质。科学态度包括实事求是、不主观臆断、不弄虚作假；严谨踏实、勤奋努力、一丝不苟、精益求精；谦虚谨慎、善于合作；热情自信、乐于参与科学活动；有高度的责任感，有坚强的意志品质等。

综上所述，可以给科学的内涵做一个全面的解释：科学是反映客观世界的知识体系，是人们探索世界、获取知识的过程，也是一种看待世界的方法和态度。科学的本质在于探索，科学过程的核心在于探究，科学态度的核心在于探究精神。

理解科学的内涵对幼儿园老师来说是非常重要的，因为这关系到教育行为。如果教师对科学的理解仅局限于科学知识的话，那么在教学中可能只是强调科学知识的学习。相反，对科学的内涵有深刻认识的老师，会更加注重科学探究过程的设计和幼儿科学精神的培养。

二、学前儿童科学教育的含义与价值

人们已经日益认识到科学对于人类发展的重要作用，但仍有很多人认为科学是成人，是科学家的事情，与儿童无关，其实这种认识是错误的。我国东汉时期的杰出科学家张衡，从小就喜爱思考问题，常常在夜里起来看星星，发现了北斗七星的变化规律，成年后发明了"浑天仪"。类似的例子还有很多，因此，对学前儿童进行科学启蒙教育是非常有必要的。

探究学前儿童科学教育的独特内芯

（一）学前儿童科学教育的含义

1. 科学教育

要说明什么是学前儿童科学教育，必须先说明什么是科学教育。科学教育是培养科学技术人才和提高民族科学素质的教育。具体地说，科学教育是系统传授数学、自然科学知识,实现人的科学化的教育活动。科学教育是在近代科学技术发展的基础上产生的,又成为进一步发展科学技术的基础。科学教育的基本目标有三个方面:科学知识技能、科学方法和科学精神。科学教育不仅要使学生掌握科学知识技能、科学方法,而且要使学生学会应用这些来了解环境、关心社会、解决问题,不断地追求进步,掌握更多的操作技巧,并具有乐观积极的科学精神。

2. 儿童的科学

"儿童的科学"是儿童用他们独特的理解方式创造出的一片独特的天空,它既体现出科学的探究精神,又充满着孩童的稚气,完全不同于成人所理解的科学。只有正确理解"儿童的科学"的独特性,才能使学前儿童科学教育真正符合儿童的年龄特点,并发挥其独特的价值。

儿童的科学

下面通过一个案例来了解儿童的科学。

一名三岁的幼儿和爸爸在海边散步的时候,海上开始起风了。阵阵海风将渔船上的旗帜刮得呼呼作响。幼儿大声地说:"好大的风!"爸爸见孩子已经注意到这一自然现象,就趁势问道:"这么大的风是从哪里来的呢?"幼儿回答道:"是红旗扇的。"爸爸问:"红旗怎么会扇出这么大的风呢?"幼儿不知道如何回答爸爸的问题,但强调:"就是红旗扇的!"边说还边用小手模仿红旗飘动的形态。

由此可见,儿童的科学区别于成人的科学,儿童的科学是一种经验层次的科学知识,是一个自我建构的过程,是对客观世界的独特理解。

随着年龄的增长,儿童的生活经验不断丰富,对周围世界的认识也在不断改变,他们在一日生活中明白了早上、中午和晚上,在观察身边事物的变化中知道了春、夏、秋、冬。除了生活经验外,儿童认知能力也得到了发展。他们会逐渐放弃那种主观的、自我中心的思维方式,转而寻求客观的解释。

儿童不能客观地解释自然事物和现象,而往往从主观的意愿出发,如认为船能浮在水上是因为它勇敢,鸟儿能在空中飞是因为它的身体很轻,树叶落在地上是因为大地是树叶的家。儿童的科学带有强烈的主观色彩,这既是它的不成熟之处,也是它的独特可爱之处。正如苏霍姆林斯基所言,缺少了诗意的、美感的涌流,孩子就不可能得到充分的智力发展。在某种意义上,儿童科学的主观性与现代理性科学恰好形成互补关系,儿童在假想游戏中探索自然,以投入的情感对话自然,用诗意的现象解释自然。

很多学者提出,幼儿是一个小小的科学家。确实,在人生的长河中,学前阶段的儿童与科学家的相似之处最多。儿童和科学家经历了大致相似的探究和发现过程,但每个环节都有程度上的差异。具体差异情况如表1-1所示。

表1-1 幼儿的探究与科学教育的探究比较

项目	科学家	幼儿
探究兴趣	长不大的孩子	有与生俱来的好奇心
探究的结构与性质	处于一定的历史阶段,选择自己熟悉、感兴趣的研究内容	处于教师设定的环境和材料之中,按自己的想法去支配材料

续表

项目	科学家	幼儿
探究的程序大致相似	面对的是人类的未知 在前人研究和自身观察的基础上进行推论和假设，文献资料具有重要的意义 验证假设经历漫长的发现历程 将成果公之于众，供他人分享与验证，他们的成果是人类共同的财富	人类已知而他们自己未知 只是在自身经验和观察基础上进行假设 简约式地重演科学发现的过程 只是在同伴之间、师幼之间进行分享交流和相互质疑

通过对儿童的科学探究和科学家的科学探究的比较可以看到，由于知识经验和认知发展水平的局限，幼儿的科学探究具有一些独特性：以自己生活为中心探究问题；探究过程具有简约性与间断性；探究行为的直觉行动性与随意性；探究解决问题的方法具有简单性和很大的试误性；探究发现与结论的"非科学性"。

3．学前儿童科学教育

《3—6岁儿童学习与发展指南》（以下简称《指南》）中提到："幼儿的科学学习是在探究具体事物和解决实际问题中，尝试发现事物间的异同和联系的过程。""幼儿科学学习的核心是激发探究兴趣，体验探究过程，发展初步的探究能力。"因此，可以得出学前儿童科学教育的内涵，那就是学前儿童在教师的指导下，通过对周围的自然界进行感知、观察、发现、操作等自主活动，提出问题、寻找答案的探究过程，其本质就是对儿童科学素养的早期培养。

学前儿童科学教育是整个科学教育体系的起始阶段、基础环节。学前儿童处于人生的最初阶段，身心发展远未成熟，因而，学前儿童科学教育是一种科学启蒙教育。通过科学教育萌发幼儿学习科学的兴趣、好奇心，帮助幼儿积累科学经验，掌握一些初步的技能，为以后的科学学习打下良好的基础。

学前儿童科学教育从广义上来说，应该是包括一切知识体系的教育，但与世界各国科学教育的概念与范围相一致，一般学前儿童科学教育特指自然科学方面的教育。《指南》中科学领域包括科学探究和数学认知两部分，本书与《指南》保持一致，涵盖了科学探究活动和数学认知活动两部分。

（二）学前儿童科学教育的特征

学前儿童科学教育具有现代科学教育的基本特征，其内涵和特性也更加接近科学与科学探究的本质特点。学前儿童科学教育的特点主要体现在教育目标、教育内容、教育过程、教育组织方式和教育成果五个方面。

（1）教育目标的整体性和长远性。目标的整体性是指目标指向儿童整体素质的发展，涵盖了儿童发展的各个方面。目标的长远性体现在学前儿童科学教育活动目标能为儿童养成科学的信念和获得科学的方法明确方向，不断促进儿童的可持续发展。

（2）教育内容的生活化和生成性。幼儿身心发展的趋势决定了幼儿的学习是在成人指导下的主动学习，是在周围环境中的学习。生成性是指教师在已有获得构思之上，依然能根据对儿童需要的观察和科学教育的要求，灵活生成教育内容或进行随机教育。

（3）教育过程的主动探究性。科学探究是学前儿童科学教育的核心。科学教育的过程是儿童主动探索的过程，是儿童主动猜想、尝试与发现的过程。

（4）教育组织方式的灵活多样性。专门组织的科学教育活动采用集体、小组和个别探究相结合的方式，此外，在一日生活中渗透科学教育。

（5）教育成果的经验性。科学教育的目的不是让幼儿说出非常准确的或是科学的概念，而是强调让幼儿亲身经历探究和发现的过程，获得相关的科学经验。

了解儿童学习科学的特点是开展好学前儿童科学教育的前提。学前儿童学习科学具有以下特征。

（1）学前儿童学习科学以具体形象为主。学前儿童的思维特点是以具体形象思维为主，这就决定了他们的认识也局限于具体形象的水平。学前儿童学习科学时，常常将学习内容与具体形象的事物结合在一起，他们通过观察具体的事物来认识其特征，通过探究问题来发现事物之间的联系，从而积累丰富的科学经验，获取初步的科学知识，为今后学习抽象的科学概念奠定基础。

（2）学前儿童学习科学是主动建构的过程。学前儿童学习科学不仅是获得科学知识，还包括经历科学过程。科学学习的过程就是儿童自己理解的过程，是积极主动建构的过程。儿童对周围世界的认识，建立在其个人生活经验的基础上。随着年龄的增长，其经验范围越来越大。当他们已有的认识不能解释新的经验时，就不得不改变原来的认识，从而建立新的概念。

（3）学前儿童学习科学有赖于他人的支持。对学前儿童进行的科学教育是经过教师精心设计的教育，能够为儿童学习科学搭建支架，促使他们主动地思考、探究，直至形成科学的认识。在教学活动中，教师引导幼儿提出要探究的问题，在教师和同伴的支持和帮助下，寻找问题的答案及解决问题的方法。这在幼儿自发式的探究活动中是不可能实现的。因此，幼儿获取科学知识和技能，也有赖于他人的帮助和支持。

（三）学前儿童科学教育的价值

科学技术是第一生产力，科技发展是人类社会发展的强大动力。对学前儿童进行科学教育是人类社会进步的必然要求，也是学前儿童发展的需要。

学前儿童有着与生俱来的好奇心和探究欲望，这一点和科学家一样，所以说幼儿都是天生的"科学家"。幼儿园的科学教育虽然不可能直接培养出儿童科学家，但往往会有某种潜在的影响和作用。牛顿、爱迪生等许多科学家的成长过程无不说明，正是一些有趣的自然现象，以及科普活动和科普读物，使他们从童年时代就对科学产生无限向往，后来走上了研究科学的道路。2020年9月11日，习近平总书记在科学家座谈会上的讲话中说道："好奇心是人的天性，对科学兴趣的引导和培养要从娃娃抓起，使他们更多了解科学知识，掌握科学方法，形成一大批具备科学家潜质的青少年群体。"

科学教育对学前儿童个体发展具有重要价值。一是满足幼儿的好奇心和求知欲。好奇心是幼儿学习科学的原动力，幼儿园教师创设适宜的物质和心理环境，推行场景式、体验式、沉浸式学习，保护幼儿的好奇心。二是促进幼儿的全面发展。大自然是儿童成长的最佳场所，自然中的阳光、空气、水等是促进幼儿身体健康发育不可或缺的重要元素。在丰富多彩的科学教育活动中，借助于多样的科学探究活动，儿童能够亲密地接触自然。科学探索需要个体有敏锐的观察力，旺盛的好奇心和求知欲，且勇于发表不同的意见。三是有助于幼儿建构科学知识，掌握探究技能。科学教育为幼儿提供了经历科学过程、探究科学知识的条件，幼儿在直接感知、亲身体验和实际操作中进行科学探究，积累科学经验，发展初步的科学探究能力。四是对幼儿的一生产生重要影响。早期的科学经验为幼儿将来理解抽象的科学知识提供了具体表象的经验支持，从而成为引导幼儿走向科学殿堂的桥梁。放风筝、养蚕、抽陀螺等童年的经历既可以让儿童感受到童年的乐趣，又可以让他们知道世界的奇妙，学会关爱生命，热爱自然。

任务二 制定学前儿童科学教育目标

学前儿童科学教育目标是构成科学教育实践活动的第一要素和前提，它是教师进行科学教育的指导思想和制订计划的依据。

一、制定目标的依据

学前儿童科学教育目标是根据学前教育的总目标、结合科学教育特点而制定的，是学前教育总目标在科学教育领域中的具体体现。学前儿童科学教育应该既为培养适应社会需要的人才服务，也要根据幼儿的发展水平，满足幼儿发展的需要。

制定学前儿童科学教育目标

夏天的声音
小班

1. 幼儿通过聆听，感受大自然中的声音，发展对声音的感知能力。
2. 尝试用不同材料、不同方法制造声音，发现生活中各种有趣的声音，培养幼儿探索声音的兴趣。
3. 欣赏散文《夏天的声音》，能产生联想，模仿并体验美妙的大自然之声，激发幼儿热爱大自然的情感。

通过阅读这三条目标，你能想象到教师是如何开展活动的吗？幼儿在活动中会有怎样的表现呢？教师制定目标的依据是什么呢？

（一）幼儿的发展

幼儿是教育的对象，其身心发展水平、需要、发展的可能性和发展的规律性是制定教育目标的依据之一。如儿童数概念的发展有着从具体操作层面逐步向抽象层面过渡的特点,在制定数学认知教育目标时应考虑到"帮助幼儿获得有关物体数量、形状、空间、时间等方面的感性经验,并由此逐步形成一些基本的数学概念"。

幼儿的发展是一个整体发展的过程,身体、认知、个性和社会性等每一个方面的发展都不是一个独立的过程,而是彼此相互影响、相互促进的整合性发展过程。如在观察中草药的过程中所提出的教育目标,不仅要从认识、观察能力发展角度提出具体目标,还应启发幼儿体会大自然的神奇和美妙,培养幼儿热爱自然、喜欢观察的情感。

幼儿的发展具有明显的年龄特点和个体差异,而且同一年龄阶段的幼儿,由于遗传、社会生活条件、早期学习经验等方面的不同,在发展水平、认知结构和学习风格等方面也存在着很大的差异。因此,不能用一把尺子衡量所有幼儿,应针对各幼儿的实际发展水平和需要提出适宜的教育目标,通俗的说法就是"跳一跳,摘桃子"。

(二)社会的要求

教育是受制于一定的社会文化历史背景的,一个国家的政治、经济、科学文化等因素构成了影响教育目标制定的客观依据。从纵向看,我国1932年公布的《幼稚园课程标准》,1952年颁发的《幼儿园暂行规程(草案)》,1981年颁发的《幼儿园教育纲要(试行草案)》,2001年颁发的《幼儿园教育指导纲要(试行)》(以下简称《纲要》)对科学教育和数学教育的目标表述有明显的差异,但它们都具有时代印记并且鲜明地体现着国家的意志,体现着国家对未来的期望和培养要求,同时也期盼幼儿健康成长。从横向看,1996年,美国国家科学院推出了《国家科学教育标准》;1992年,法国开展"动手做"科学教育改革;日本自1964年将"自然"列为幼儿园的重要课程开始,多次修改幼儿园教育大纲,明确科学教育的范畴、方法等。各国学前儿童科学教育因国情不同而各具特色。

(三)学科的特性

科学的本质在于探究。幼儿天生好奇,有探究的本能。科学探究是学前儿童科学教育的核心。数学作为人类文化的自然组成部分,对人类生活有着重要的影响。数学学科本身的知识体系、学科结构、学习规律、教育价值等都是数学教育目标制定的主要依据。时代发展表明数学已成为现代科学技术的基础和工具,任何科学的探索和发明都有可能涉及数学方法的运用。作为基础教育中一门重要的课程,数学不仅能教给学生从事各种实践活动的必要基础知识,还能通过数学教育促进学生智慧的增长。发展儿童初步逻辑思维能力及培养良好的思维品质是学前儿童数学教育的核心目标。

由此可见,科学探究和数学认知构成了科学领域的重要内容。大量实践印证了学前儿童科学教育活动具有教育内容的生成性、教育过程的探究性、教育组织方式的多样性和灵活性、教育结果的经验性的特性。这些特性成为制定学前儿童科学教育目标的一条基本依据。

二、目标的构成

学前儿童科学教育目标是一个复杂的体系。从纵向分,可以分为四个层级,即学前儿童科学教育总目标、年龄阶段目标、单元目标和具体活动目标。从横向分,可以分为科学情感和态度、科学方法和技能、科学知识和能力三个方面。

学前儿童科学教育目标的构成

(一)学前儿童科学教育总目标

学前儿童科学教育总目标是学前儿童教育总目标的有机组成部分,是学前儿童总目标在学前儿童科学教育领域的具体体现。《纲要》对我国幼儿园科学教育活动的总目标做了规定,具体如下。

(1)对周围的事物、现象感兴趣,有好奇心和求知欲。
(2)能运用各种感官,动手动脑,探究问题。
(3)能用适当的方式表达、交流探索的过程和结果。
(4)能从生活和游戏中感受事物的数量关系并体验到数学的重要和有趣。
(5)爱护动植物,关心周围环境,亲近大自然,珍惜自然资源,有初步的环保意识。

(二)学前儿童科学教育年龄阶段目标

学前儿童科学教育的年龄阶段目标指学前儿童科学教育在不同的年龄阶段所要实现的目标。《指南》将3~6岁学前儿童科学教育目标分为科学探究和数学认知两方面。科学探究从亲近自然,喜欢探究;具有初步的探究能力;在探究中认识周围事物和现象三个方面来具体表述各年龄段末期应达到的目标。数学认知从初步感知生活中数学的有用和有趣;感知和理解数、量及数量关系;感知形状与空间关系三个方面详细表述。

1. 科学探究

目标1:亲近自然,喜欢探究。

3~4岁	4~5岁	5~6岁
1. 喜欢接触大自然,对周围的很多事物和现象感兴趣 2. 经常问各种问题,或好奇地摆弄物品	1. 喜欢接触新事物,经常问一些与新事物有关的问题 2. 常常动手动脑探索物体和材料,并乐在其中	1. 对自己感兴趣的问题总是刨根问底 2. 能经常动手动脑寻找问题的答案 3. 探索中有所发现时感到兴奋和满足

目标2:具有初步的探究能力。

3~4岁	4~5岁	5~6岁
1. 对感兴趣的事物能仔细观察,发现其明显特征 2. 能用多种感官或动作去探索物体,关注动作所产生的结果	1. 能对事物或现象进行观察比较,发现其相同与不同 2. 能根据观察结果提出问题,并大胆猜测答案 3. 能通过简单的调查收集信息 4. 能用图画或其他符号进行记录	1. 能通过观察、比较与分析,发现并描述不同种类物体的特征或某个事物前后的变化 2. 能用一定的方法验证自己的猜测 3. 在成人的帮助下能制订简单的调查计划并执行 4. 能用数字、图画、图表或其他符号记录 5. 探究中能与他人合作与交流

目标3：在探究中认识周围事物和现象。

3~4岁	4~5岁	5~6岁
1．认识常见的动植物，能注意并发现周围的动植物是多种多样的 2．能感知和发现物体和材料的软硬、光滑和粗糙等特性 3．能感知和体验天气对自己生活和活动的影响 4．初步了解和体会动植物和人们生活的关系	1．能感知和发现动植物的生长变化及其基本条件 2．能感知和发现常见材料的溶解、传热等性质或用途 3．能感知和发现简单物理现象，如物体形态或位置变化等 4．能感知和发现不同季节的特点，体验季节对动植物和人的影响 5．初步感知常用科技产品与自己生活的关系，知道科技产品有利也有弊	1．能察觉到动植物的外形特征、习性与生存环境的适应关系 2．能发现常见物体的结构与功能之间的关系 3．能探索并发现常见的物理现象产生的条件或影响因素，如影子、沉浮等 4．感知并了解季节变化的周期性，知道变化的顺序 5．初步了解人们的生活与自然环境的密切关系，知道尊重和珍惜生命，保护环境

2．数学认知

目标1：初步感知生活中数学的有用和有趣。

3~4岁	4~5岁	5~6岁
1．感知和发现周围物体的形状是多种多样的，对不同的形状感兴趣 2．体验和发现生活中很多地方都用到数	1．在指导下，感知和体会有些事物可以用形状来描述 2．在指导下，感知和体会有些事物可以用数来描述，对环境中各种数字的含义有进一步探究的兴趣	1．能发现事物简单的排列规律，并尝试创造新的排列规律 2．能发现生活中许多问题都可以用数学的方法来解决，体验解决问题的乐趣

目标2：感知和理解数、量及数量关系。

3~4岁	4~5岁	5~6岁
1．能感知和区分物体的大小、多少、高矮、长短等量方面的特点，并能用相应的词表示 2．能通过一一对应的方法比较两组物体的多少 3．能手口一致地点数5个以内的物体，并能说出总数。能按数取物 4．能用数词描述事物或动作。如我有4本图书	1．能感知和区分物体的粗细、厚薄、轻重等量方面的特点，并能用相应的词语描述 2．能通过数数比较两组物体的多少 3．能通过实际操作理解数与数之间的关系，如5比4多1；2和3合在一起是5 4．会用数词描述事物的排列顺序和位置	1．初步理解量的相对性，能借助实际情境和操作（如合并或拿取）理解"加"和"减"的实际意义 2．能通过实物操作或其他方法进行10以内的加减运算 3．能用简单的记录表、统计图等表示简单的数量关系

目标3：感知形状与空间关系。

3~4岁	4~5岁	5~6岁
1．能注意物体较明显的形状特征，并能用自己的语言描述 2．能感知物体基本的空间位置与方位，理解上下、前后、里外等方位词	1．能感知物体的形体结构特征，画出或拼搭出该物体的造型 2．能感知和发现常见几何图形的基本特征，并能进行分类 3．能使用上下、前后、里外、中间、旁边等方位词描述物体的位置和运动方向	1．能用常见的几何形体有创意地拼搭和画出物体的造型 2．能按语言指示或根据简单示意图正确取放物品 3．能辨别自己的左右

（三）学前儿童科学教育单元目标

学前儿童科学教育活动的单元目标是科学教育年龄阶段目标的具体化及分段性目标。划分单元目标的方式有两种：一种是以时间单元的形式把年龄目标划分为学期目标、月目标、周目标等；另一种是以内容单元的形式划分，即根据教育目标及相关的教育内容的特点，把某一组目标及其相关的内容有机组织起来，构成主题或单元。

1．以时间为单元的学前儿童科学教育目标

例：幼儿园小班10月份的科学教育目标。

（1）愿意接触大自然。

（2）有好奇心，喜欢模仿、摆弄。

（3）认识易于接触的动物"兔子"，了解其主要外形特征及生活习性。

（4）认识易于接触的植物"一串红"，了解其主要外形特征。

（5）了解自己身体的主要部位"脸"，并学习如何保护。

（6）观察秋天的景色，初步体验大自然的美。

（7）初步学习运用感官认识物体。

2．以主题活动为单元的学前儿童科学教育目标

幼儿园科学教育活动的主题是多种多样的，有的以季节为主线建构主题，有的则以自然科学现象为主线建构主题，也有的以人的活动为主线建构主题。

例：幼儿园小班主题活动"有趣的气味"的单元科学教育目标。

（1）让幼儿感知不同的气味，学会用鼻子闻物体的气味，发展嗅觉感知能力。

（2）引导幼儿关心周围事物，培养幼儿对感知活动的兴趣。

（3）学习用语言表达所得到的信息。

（4）帮助幼儿懂得爱护自己的鼻子。

（四）学前儿童科学教育具体活动目标

学前儿童科学教育的具体活动目标指某一具体的科学教育活动所要达到的结果，或所引起的幼儿行为的变化，它是单元目标的具体化，是一种具有操作性的目标。在制定具体活动目标时应注意以下事项。

（1）教育活动目标应与总目标、年龄阶段目标保持一致。

（2）活动目标要全面，注重幼儿的终身学习和发展。

（3）活动目标要具体细化。

（4）活动目标适宜于幼儿整体的最近发展区。

（5）教育活动目标的陈述要统一、规范。

任务三 选编学前儿童科学教育内容

学前儿童科学教育的内容是实现学前儿童科学教育目标的媒介和保证，是将目标转化为儿童发展的重要中间环节，也是教育活动设计与实施的主要依据。

《纲要》中关于活动内容选择的基本原则是：既适合幼儿的现有水平，又有一定的挑战性；既符合幼儿的现实需要，又有利于其长远发展；既贴近幼儿的生活来选择幼儿感兴趣的事物和问题，又有助于拓展幼儿的经验和视野。

一、选择学前儿童科学教育内容的依据

选择学前儿童科学教育的内容必须全面贯彻科学教育的任务，紧密结合科学教育目标，根据科学内容本身的特点，遵循幼儿学习科学的规律，可以从以下几个方面着手。

（一）科学性与启蒙性

科学性是对儿童进行科学教育的根本原则。科学教育的目的就是对儿童进行科学启蒙，旨在培养他们的科学兴趣和科学态度，初步学习和使用科学知识的能力。

启蒙性是指选编的内容必须符合幼儿的知识经验和心理发展水平，让幼儿在教师的帮助和指导下，经过自身的努力，理解和掌握科学知识，科学方法，进而激发学习科学的兴趣和探究精神。

（二）地区性与季节性

地区性是指在选编学前儿童科学教育内容时，应当联系当地的自然环境和文化背景，根据当地特色来选编内容。

季节性是指应根据季节变化来选编科学教育内容。要根据当地的季节变化特点选编或调整科学教育内容。

（三）广泛性与典型性

广泛性是指在编选科学教育内容的时候要从多个方面进行，尽量涉及天文、地理、生物、化学等多个方面，确保幼儿从多个方面获取知识，使得幼儿获得广泛的科学经验和科学体验。广泛性是科学本身的要求。

典型性是指科学教育的编选要能反映某个领域的基本知识结构，也就是说在编选某个领域的知识时应选择那些具有典型性、代表性的事物或现象。

（四）时代性与民族性

时代性是指在为幼儿编选科学教育内容时要依据时代的发展变化，体现科学技术的发展。

民族性是指在为幼儿选编科学教育的内容时要体现民族特色，弘扬民族传统文化，从小培养他们的民族自信心和自豪感。

二、学前儿童科学教育的内容范围

《纲要》对学前儿童科学教育内容的建议有七条，下面从科学探究和数学认知两个方面进行分析。

学前儿童科学教育的内容范围

（一）科学探究

科学探究的内容有三大方面，分别是自然环境与人类生活的关系、探究身边事物的特点及变化规律、感受科学技术及其对人们生活的影响。其中，自然环境与人类生活的关系又可以分为常见动植物及其与环境的关系、自然界中的非生物及其与人及动植物的关系、人体及其与自然环境的关系；探究身边事物的特点及变化规律包括天气、气候和季节，物理现象，天文现象；感受科学技术及其对人们生活的影响可分为生活中常见的科技产品及其作用、使用简单的工具、简单的科技小制作。每个分类项目还有具体的内容，如表1-2所示。

表1-2 科学探究的内容

主要内容	分类项目	具体内容
自然环境与人类生活的关系	常见动植物及其与环境的关系	动植物的特性，动植物的基本需要，动植物的简单行为，动植物与环境的关系
	自然界中的非生物及其与人及动植物的关系	探索沙、石、土的物理性质，感受水的无色、无味、无嗅，探索一些和水有关的物理现象，探索水和动植物的关系
	人体及其与自然环境的关系	人体外部的基本结构及功能、人体对环境的适应
探究身边事物的特点及变化规律	天气、气候和季节	四季的变化，天气现象（冰、雪、雨、雷等）
	物理现象	探索力、光、热、声、磁、电等物理现象
	天文现象	太空中的物体及其变化规律，如太阳、月亮、星星
感受科学技术及其对人们生活的影响	生活中常见的科技产品及其作用	家用电器、各种交通工具、现代农业、各种科技玩具
	使用简单的工具	使用小剪刀、小锤子，学习使用榨汁器、订书机等
	简单的科技小制作	运用工具和材料制作简单的科技玩具，如做风车、不倒翁等

科学探究的内容主要来自自然和生活，正如陈鹤琴所说，"大自然大社会都是活教材"。自然界中的动植物、非生物，自然现象和生活中的科技产品等都是幼儿感兴趣并熟悉的，能有效激发幼儿的探究欲望。

（二）数学认知

根据幼儿学习数学的规律和特点，参考国内外有关理论、经验及国内外学前儿童数学教育内容的实验研究，学前儿童数学教育的内容范围有感知集合与分类、数概念与运算、量的比较与自然测量、几何图形、空间和时间概念五个方面，如表1-3所示。

表1-3 数学认知的内容

主要内容	具体内容
感知集合与分类	1. 感知集合及其元素，进行物体的分类 2. 认识"1"和"许多"及其关系 3. 比较两个物体数量的相等与不相等 4. 初步感知集合间的交集、差集关系和包含关系
数概念与运算	1. 10以内的基数 2. 10以内的序数 3. 10以内数的组成
量的比较与自然测量	1. 比较大小、长短、高矮、粗细等量的特征 2. 量的正、逆排序 3. 量的守恒 4. 自然测量
几何图形	1. 能够辨认常见的平面图形和立体图形，能说出它们的名称和主要特征 2. 能区分平面图形和立体图形
空间和时间	1. 幼儿能区分和说出上下、前后、里外、左右空间方位 2. 能按指定的方向进行运动 3. 能区分早晨、晚上、白天、黑夜、昨天、今天、明天，知道一星期七天的名称及其顺序 4. 认识时钟，知道其用途，会看整点与半点

三、学前儿童科学教育内容的选编方法

学前儿童科学教育内容的选编方法很多。不论采用哪种方法选编活动内容，都应遵循选编的基本原则，即以幼儿为主体，以幼儿的认知水平为标准，以幼儿的兴趣和需求为出发点，根据幼儿已有的经验逐渐扩大范围。虽然教师在选编过程中会充分考虑幼儿的已有经验、兴趣和能力，但由于幼儿的兴趣难以预先确定，在科学教育过程中，幼儿往往会有生成的需求，因此，教师应尽量处理好"预设"与"生成"的关系。在确定某一年龄阶段科学教育内容时可按学期制订计划，这样可使各类内容既均衡又统一。

学前儿童科学教育内容选编方法

（一）以季节为主线选编学前儿童科学教育内容

由于幼儿园小班、中班、大班三个年龄阶段各分为两个学期，上学期为秋、冬季节，下学期为春、夏季节。因此，学前儿童科学教育以季节为主线来选编内容是科学的，也是

幼儿园普遍采用的方法。二十四节气成为幼儿园教师选择的热门主题（图1-1），每个节气有明显的节气特征、自然现象、人类活动等，既贴近幼儿的生活，又有助于拓展幼儿的经验和视野。

图1-1 "夏日炎炎"主题网络图

（二）采用单元式选编学前儿童科学教育内容

采用单元式选编学前儿童科学教育内容是幼儿园经常采用的方式，其内容是以若干主题为单元，根据每一个主题选择相应的科学教育内容，编排时兼顾横向和纵向的联系。具体做法是将幼儿三学年的科学教育内容编排成若干个主题，并按小、中、大班的顺序分配到每个学期，每个主题所包括的活动内容可以在每学期确定。每个单元从内容到形式都注重体现系统性和连续性，每个单元又突出一个重点，这个重点就是"主题"（图1-2、图1-3）。这些单元之间，纵向自成体系，横向相互联系。每个单元的科学教育过程都是循环往复、螺旋上升的发展过程。

（三）以幼儿园科学教育内容范围为依据

幼儿园科学教育内容极其丰富，教师在选编科学教育内容时，主要依据各年龄段幼儿的实际水平，尽可能兼顾各个方面的内容，体现内容的全面性。

幼儿园教师在选编科学教育内容的实际操作中，可以综合使用以上两种选编方法，使每学期的科学教育内容既丰富又灵活。

表1-4以自然环境与人类生活的关系这一类别的内容为例，列举了小班、中班、大班的活动内容。

图1-2 "身边的科学"主题网络图

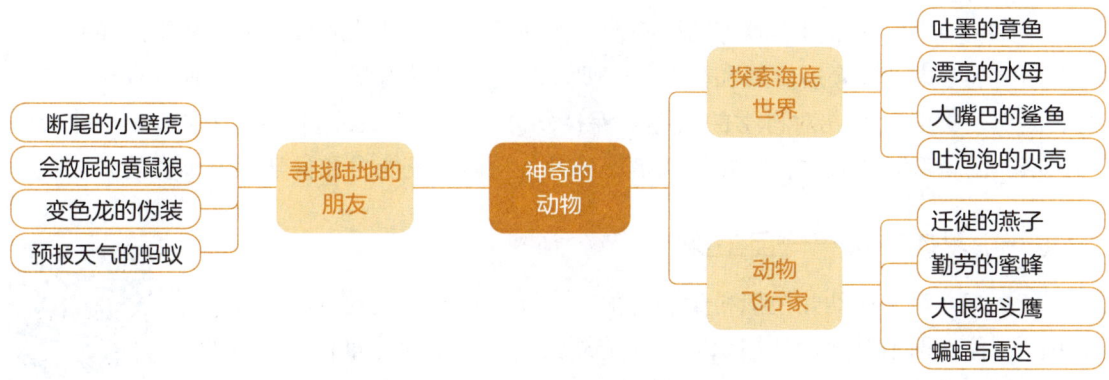

图1-3 "神奇的动物"主题网络图

表1-4 科学教育内容

类型	小班	中班	大班
自然环境与人类生活的关系	认识西红柿	比较黄瓜	秋天的树叶
	橘子宝宝	秋天的水果	小雨滴的秘密
	认识标记	认识葱和蒜	动物之最
	动物的花花衣	可爱的大熊猫	食物的旅行
	我是怎样长大的	一篮蔬菜	水果的种子在哪里

续表

类型	小班	中班	大班
自然环境与人类生活的关系	可爱的小白兔	谁的尾巴本领大	小小气象员
	认识石头	种子的旅行	蚕的一生
	小手真能干	各种各样的叶子	蝌蚪变青蛙
	我爱吃蔬菜	美丽的菊花	绿色食品

任务四 掌握学前儿童科学教育方法

一、学前儿童科学教育的方法

学前儿童科学教育的方法是为实现学前儿童科学教育的目标所采用的具体方法和手段。幼儿是天生的行动派，他们早期的思维就是直接通过行为表现出来的。学前儿童科学教育因其所面向对象的特殊性和学科本身的要求，探究活动无疑是它的核心。蒙台梭利有句名言放在这里很贴切：我听过了，我就忘了；我看见了，我就记得了；我做过了，我就理解了。只有通过幼儿实际的观察与操作，他们才能逐步理解什么是科学，科学探究过程和方法是什么，包括得出的科学结果和其背后的科学原理，以及衍生出来的科学情感和态度。

学前儿童科学教育的方法

以探究为学前儿童科学教育的核心，一方面是考虑到幼儿的接受水平和生活经验，另一方面则是考虑到其今后发展和社会的需要。学前阶段的科学教育是要为其终身科学素质的发展奠基，激发幼儿对科学的兴趣是保持幼儿今后持续关注科学的内驱力。对社会而言，培养创新型科技人才，重要的就是培养具备科学探究能力和科学探究态度的人才。

（一）基本方法——自主探究

自主探究就是让幼儿模拟科学探究的方式学习科学，是幼儿主动建构知识的过程，而不是教师把知识简单地传授给幼儿。学前儿童科学教育的过程实质是幼儿自己探究科学的过程，幼儿既是教育的对象，又是学习的主体。正如陈鹤琴所说的，做中教，做中学，做中求进步。

找清水

将幼儿分成几组，每组四个无色透明的有盖的瓶子，瓶内分别盛上牛奶、清水、白醋、雪碧，并拧紧瓶盖。活动目标是在教师的引导下，幼儿找出哪一瓶是清水。幼儿通过看（视觉）、闻（嗅觉）、尝（味觉），将四种液体加以比较、辨别。幼儿通过自己的眼、鼻、舌等感官，感知水是无颜色、无气味、无味道的液体。首先通过眼睛看，知道乳白色的牛奶不是清水；通过鼻子闻，知道有气味的白醋也不是清水；通过舌头尝，发现有甜味的是雪碧饮料，最后剩下的一瓶液体就是清水。

在科学探究的过程中，幼儿的好奇心得到了充分的满足，获取了丰富的科学经验也学习了科学的方法。教师充当了幼儿和探究对象之间的媒介，在适宜的时机介入指导。

幼儿的探究能力是其在探索解决问题的过程中综合运用各种方法的能力的综合表现，幼儿正是运用不同的探究方法，在经历了发现问题、分析和解决问题的过程中获得探究能力的。

教师为幼儿提供了各种各样的实验材料——木块、石子、玻璃瓶等，供幼儿探究沉浮的现象。在活动中，幼儿用这些材料分别做实验，探究它们在水里的情况，结果发现了很多有趣的现象。有的幼儿发现木块是漂在水上的，他一次又一次地尝试把它按下去，但只要手一松，木块就会漂上来。还有的幼儿发现玻璃瓶放进水里后，先是漂着的，过一会儿灌进了水，就慢慢地沉下去了；如果把玻璃瓶的盖子盖好，它就不会沉下去了……在整个活动过程中，每个幼儿都有自己的发现，对活动的兴趣也很浓。教师还组织他们把自己的发现讲给大家听，并且进一步验证这些发现。最后，教师和幼儿一起总结了今天的收获："今天玩得真开心，而且发现了很多秘密。这些东西有的是浮在水上的，有的是沉到水里的。以后还可以把别的东西放到水里，看看它们会怎样。"

幼儿科学探究遵循一切科学探究的一般过程，这个过程是一条不间断的操作链。对此，不同的研究者有不同的观点。美国国家科学院推出的《国家科学教育标准》指出，科学探究的过程主要包括：观察；提出问题；查阅书籍和其他信息资源来寻找已有知识；利用各种工具搜集、分析并解释数据；做出答案、解释或预言；交流结果。洪秀敏编著的《学前儿童科学教育》将幼儿科学探究的过程分为观察、提问、假设、验证、结论和交流六个环节。《纲要》中对幼儿科学探究的过程虽然没有明确的表述，但从科学领域教育目标中的产生兴趣、多元感知、动手操作、表达交流等词汇可以看出幼儿科学探究的一般过程。

（二）具体方法

1. 科学探究活动的具体方法

幼儿园科学探究活动的具体方法包括观察法、实验法、制作法、讨论法、游戏法等多种方法。

（1）观察法。观察法是指幼儿在教师指导下，运用眼、耳、鼻、嘴等感官，通过看、听、闻、尝等感知觉开展科学学习的方法。观察的类型有一般性观察、比较性观察、长期系统性观察三种类型。

（2）实验法。实验法指在人为控制的条件下，教师或幼儿利用一些材料、仪器或设备，通过简单的演示或操作，对周围常见的科学现象加以验证的方法。

（3）制作法。制作法是指幼儿通过学习使用某些简单工具进行科技小制作，从而了解技术、体验技术，并思考、探究其中蕴含的科学原理。

（4）讨论法。讨论法是指幼儿在教师的指导下，围绕某一活动主题与同伴进行平等的交流，陈述自己的发现，表达自己的观点与困惑，质疑他人的发现与观点，并在思想的交流碰撞中理解他人想法，发现自己想法的不足。

（5）游戏法。游戏法是指幼儿在教师创设的环境中进行的趣味性极强的活动方式，它能满足幼儿好奇、好动、好探究的天性。比如放风筝、纸飞机的活动，幼儿可以在游戏中感受力的作用。

以上各种方法贯穿于幼儿一日生活与教育的始终，从集体教学活动到区角活动，从教学活动到生活活动，时时都在应用各种方法。

2．数学认知活动的具体方法

幼儿园数学认知活动的具体方法包括操作法、比较法、讨论法、游戏法、发现法等多种方法。

（1）操作法。操作法是幼儿通过亲自动手操作直观教具，在摆弄物体的过程中进行探究，从而获得数学经验、知识、技能的一种学习方法。是结果操作层次—形象层次—符号层次的逐步抽象和内化的过程。

（2）比较法。比较是思维的一个过程，是通过对两个或两个以上物体的比较，让幼儿找出它们在数、量、形状等方面的相同和不同。如比较两个苹果的大小，两棵树的高矮。比较法按性质分可以分为简单的比较和复杂的比较，按排列形式分可以分为对应比较和非对应比较。其中对应比较包括重叠比较、并列比较和连线比较，非对应比较包括单排比较、双排比较和不同排列形式的比较。

（3）讨论法。讨论法是引导幼儿有目的、探讨性地主动学习数学的一种重要方法。它能够起到互相交流、互相启发、共同探究的作用，进而促进分析、归纳，有利于幼儿初步数学概念的形成及思维的发展。

（4）游戏法。游戏法是根据幼儿好动的天性、具体形象的思维特点，将抽象的数学知识寓于幼儿感兴趣的游戏中，让幼儿在自由自在、无拘无束的游戏中学习数学的一种方法。常见的游戏法包括操作性数学游戏、情节性数学游戏、竞赛性数学游戏、运动性数学游戏、运用各种感官的数学游戏和数学智力游戏。

（5）发现法。发现法是指在教学过程中，教师引导幼儿依靠已有的数学知识和经验去发现、探究并获得初步数学知识的一种方法。

自主探究是科学教育活动的基本方法，但不是唯一方法，学前儿童科学教育方法逐渐走向多元化，如利用艺术手段、家庭及社会资源开展科学教育。科学探究活动和数学认知活动的具体方法有相似之处，也各有特点。在具体活动中，需灵活运用各种方法，以支持幼儿的深度探究和有意义学习为根本遵循。

二、学前儿童科学教育的途径

在幼儿园实施科学教育有多种途径，主要有集体教学活动、区域科学活动、科学游戏活动和生活中的科学教育活动等。

学前儿童科学
教育的途径

（一）集体教学活动

集体教学活动是教师根据学前儿童科学教育的目标，有计划、有目的地选择活动内容，提供相应的材料，面向全体幼儿开展的科学探究活动，使每个幼儿通过自主的活动经历学科学的过程，从而在原有水平上获得发展。

集体教学活动完全是由教师设计和组织的，整个活动的过程都是在教师的直接指导下进行的，幼儿能在较短的时间内，既经历科学探究的过程，又获得较好的学习效果；既能在探究的过程中得到发展，又能享受到成功的快乐。

（二）区域科学活动

区域科学活动是指教师设置一定的科学教育环境，幼儿通过自主选择和操作来进行的学习活动。幼儿园的区域科学教育环境主要包括两种类型：一种是以班级为单位设立的活动区域，如自然角（区）、科学区（角）、数学区等；另一种是全园共享的专门活动室，如科学发现室、饲养角（区）、种植园地、气象角等。

区域科学活动不像集体教学活动那样围绕一个统一的目标和固定的内容进行教学，而是通过对环境的创设来促进幼儿的学习和发展。在区域科学活动中，幼儿可以按照自己的意愿参与活动，通过自己选择不同的材料进行操作来学习不同的内容，获取相关的科学知识和经验，发展各方面的能力。

（三）科学游戏活动

科学游戏活动就是能够让幼儿获取有关科学学习经验的游戏活动。科学游戏活动中的学习完全不同于科学教学活动，完全不同于有明确问题指向的科学探究活动，但却是科学探究活动的前提保证和必要补充。幼儿投身科学游戏活动的主要动因就是"好玩"，或者是新颖的游戏材料激发了他们的好奇心，或者是游戏中伴随着的有趣现象引起了他们的兴趣……科学游戏活动能够让幼儿在一种愉悦的心态中学习科学，真正做到"寓教于乐"。

（四）生活中的科学教育活动

生活中的科学教育活动主要是指和幼儿日常生活紧密联系的科学教育活动，主要包括：自然角中的观察与照料活动、种植与饲养活动、外出的远足或散步活动、日常的偶发性科学活动等。

日常生活中点点滴滴的科学经验，让幼儿真正体验到科学的无处不在，引导他们走进真实的科学世界。生活中科学教育与幼儿的一日生活紧密联系，教师要敏感发现幼儿的兴趣和需要，随遇而教，达到润物细无声、潜移默化的教育效果。

在幼儿园科学教育活动中，以上四种途径往往是并存的，相互补充，相得益彰。

案例研读

案例一　好吃的鸡蛋　　　　中班

一、设计意图

鸡蛋是幼儿熟悉的食品，幼儿对鸡蛋已有丰富的感性认识，如何提升幼儿的认识，培养健康的饮食观念并在劳动中体验快乐，基于这个思考，我设计了这个活动。

二、活动目标

（1）体验打鸡蛋的乐趣，激发幼儿喜爱吃蛋制品的情感。
（2）认识鸡蛋的外形、结构及各部分的名称，知道鸡蛋营养丰富。
（3）能说出各种蛋制品。

三、活动准备

（1）知识经验准备：看过并接触过各种蛋制品。
（2）物质材料准备：神秘箱，内装鸡蛋、鸭蛋、鹌鹑蛋各一枚；毛壳蛋、卤蛋、盐蛋、皮蛋、鹌鹑蛋等切成小块插上牙签装在盘里；擦手的毛巾；操作材料：鸡蛋、碗、勺人手一份，装蛋壳的器皿；视频展示台；游戏磁带。

四、活动过程

（1）玩"摸箱子"游戏，导入课题。
教师提问："你摸到什么？它是什么形状？"
（2）利用视频展示台，认识鸡蛋清、鸡蛋黄。
教师提问：
①鸡蛋外面光滑的那一层叫什么？鸡蛋壳有什么作用？
②鸡蛋壳里面是什么？白白的、亮亮的这叫什么？中间黄黄的、圆圆的那部分叫什么？
（3）认识各种蛋制品。
教师提问：
①你们吃过鸡蛋吗？怎么做的？剥开熟鸡蛋，看看鸡蛋里面有什么？
②鸡蛋还可以怎么做着吃？
③你们还吃过什么蛋？（鸭蛋、鹌鹑蛋等）是怎么做的？
④看看桌上各种蛋制品，说说它们分别是什么蛋？怎么做的？
（4）品尝各种蛋制品。
教师小结：蛋制品营养高，要常吃。

（5）练习打鸡蛋。

教师利用视频展示台，边示范边讲解：敲破→搅拌。

幼儿练习打鸡蛋。

把打好的鸡蛋送到厨房备用。

（6）游戏：炒鸡蛋。

敲鸡蛋：教师手拿长柄勺站在场地中间扮作"炒蛋人"，幼儿扮作"鸡蛋"，四散地围着"炒蛋人"，双手抱头蹲下。音乐起，"炒蛋人"随音乐节奏依次在"鸡蛋"上方敲一下，被敲的"鸡蛋"迅速站起，一边做小跑步一边拍手。

搅鸡蛋："鸡蛋"边拍手边跟随"炒蛋人"沿逆时针方向跑动。

炒鸡蛋：一起念儿歌"炒炒炒鸡蛋，炒好鸡蛋翻一翻。"这时，"炒蛋人"边跑边用勺子做翻炒的动作；"鸡蛋"则两两拉手，随着儿歌左右摆动、翻身。

（7）幼儿品尝厨房炒好的鸡蛋。

（活动设计：湖北省孝感市直属机关幼儿园 黄梅）

案例二　有趣的影子　　中班

一、设计意图

影子在幼儿日常生活中经常可以见到，但是幼儿对于影子的产生和平日里影子的变化会有所疑惑，所以需要开展关于影子的有关活动。同时，《指南》中提到5～6岁的幼儿能经常动手动脑，探究问题。那么，本次教学活动则是让幼儿在游戏的过程中认识影子出现的现象，通过开展实验探索光源与影子之间的变化，让幼儿体验到生活中影子的神奇变化，发展幼儿的科学探究精神。

二、活动目标

（1）体验影子游戏的乐趣，培养探索科学现象的兴趣。

（2）知道影子是在有光的条件下存在的。

（3）能够初步理解影子的变化与光源位置的关系。

三、活动准备

（1）知识经验准备：幼儿已经有影子的概念，知道什么是影子。

（2）物质材料准备：用幕布将窗户遮盖，使得活动室变暗，手电筒每人一个、玩具小熊、小动物影子图片、不同太阳位置和小熊的图片。

四、活动过程

（1）"朋友在哪里"游戏，导入活动主题。

教师提前安排一名幼儿藏在幕布后面，教师打开手电筒，使幼儿的影子呈现在幕布上。

教师提问：今天老师请来一位小朋友，你们找一找她藏在哪里了？你们怎么知道她在那里呢？

教师小结：原来你们是靠她的影子知道她藏在哪的呀！

（2）引导幼儿找一找教室里的影子，初步理解影子产生的条件。

教师提问：关上灯拉上窗帘，请小朋友们每人拿一个手电筒在教室里找一找，哪些物体有影子？

教师小结：通过小朋友的实际操作发现了只要有光，物体遮住了光线就会产生影子。

（3）开展影子实验，幼儿观察影子与光源的关系。

①探索影子与光源远近的关系。

教师实验：将玩具熊放在桌子上，后面放一块大的幕布。用手电筒由近及远照射小熊，引导幼儿思考光源与物体远近的关系。

教师提问：手电筒离小熊越近，小熊的影子就会有什么变化？离小熊越远，小熊的影子就会有什么变化？

教师小结：光源位置不变，光离物体越近，影子越大；光离物体越远，影子越小。

②探索影子与光源位置的关系。

教师实验：用手电筒照射小熊，从左边移动到玩具的右边，顶部。请幼儿一边观察，一边讨论影子的变化过程。

教师提问：小熊影子的位置发生了怎样的变化？

教师小结：影子是随着光线位置的变化而变化的。光线在左，影子在右；光线在右，影子在左；光线在上，影子在下。

③幼儿自主操作手电筒，探索影子与光源的关系，教师巡回指导。

（4）游戏"猜猜我是谁"。

游戏玩法：教师将小动物的影子放在荧幕上，请幼儿举手迅速猜出这是谁。

游戏规则：按照男女分组进行抢答，答对数量多的一组获胜。

（5）游戏"影子朋友在哪里"。

游戏玩法：教师出示不同太阳位置和小熊的图片，请幼儿为小熊找出正确的影子位置。

游戏规则：按照男女分组进行抢答，答对数量多的一组获胜。

（6）教师引导幼儿到户外玩影子游戏。

五、活动延伸

鼓励幼儿在家和爸爸妈妈共同欣赏皮影戏、影子秀表演，感受影子变换的乐趣。

（活动设计：湖北省孝感市直属机关幼儿园 黄梅、张晓晏）

案例三 谁是采蜜冠军　　　　　大班

一、设计意图

测量是数学在生活中的一个重要应用,大班幼儿虽然已经积累了一些测量的经验,但要理解"比较必须在'均等'这一前提下进行,即计量单位必须统一"还有一定的难度。《纲要》指出,让幼儿能从生活和游戏中感受事物的数量关系并体验到数学的重要和乐趣。为此,我们创编了故事《谁是采蜜冠军》,结合故事情节,以解决"谁的花蜜多"这一问题为主线,激发幼儿对容积测量的兴趣,思考测量的相关问题,在动手动脑中探索并获得测量的教学活动。本次活动分为三个环节:第一个环节利用故事引出问题,让幼儿体会目测是很难准确判断多少的,必须借助工具进行自然测量,从而帮助幼儿了解如何测量容积。第二个环节是引导幼儿发现测量中出现的问题,并找到解决问题的方法,初步感知测量工具要统一。第三个环节是活动的延伸。了解测量在生活中的应用,并介绍运用标准的测量工具可以使测量更简单,更准确。

二、活动目标

(1)体验生活中测量的有用性及测量的快乐。
(2)在探索中感悟测量比较要统一计量单位,掌握测量容积的基本技能。
(3)能用简单的记录表表示简单的数量关系。

三、活动准备

(1)知识经验准备:有过测量物体的经验。
(2)物质材料准备:①PPT课件《谁是采蜜冠军》;②幼儿操作材料:每两名幼儿一个托盘,托盘上放两个形状不同的瓶子,小塑料杯9个或小碗6个,记录表1张,记录笔1支。

四、活动过程

(1)教师利用PPT讲述《谁是采蜜冠军》的故事。"蜜蜂王国采蜜大赛最后的决赛开始了,嘻嘻和哈哈两只小蜜蜂要比一比谁采的花蜜多。"
(2)目测,猜一猜哪瓶花蜜多。
教师小结:光靠眼睛看很难判断谁多一些。
(3)PPT故事讲述,借助工具自然测量。
教师提问:
①倒了几杯(几碗)?
②看看每一杯,你发现了什么?

③倒花蜜的顺序？（倒满一杯再倒下一杯）

④测量过程的记录方法是？（涂色记录法）

（4）测量没有统一计量单位，比较不出测量结果，师幼共同讨论解决方法。

教师提问：

①你觉得谁的花蜜多一些？

②4杯和3碗，测量出的4和3这两个数量能比吗？为什么？

③那应该如何来比较？嘻嘻采的蜜是用杯子测量的，哈哈采的蜜也怎么样……就可以比呢？

④测量两罐花蜜的工具不一样，不能比出谁多一些。该如何测量？

⑤下一步你会选择什么工具测量比较两罐花蜜的多少？

教师小结：测量两瓶花蜜时应使用一样的工具。这样测出的数量才能比较多少。

（5）幼儿操作测量。

①提出测量要求：

a. 两人自由组合一组，分成6组。

b. 每组自选杯子或碗作为测量工具进行测量。

c. 记录测量结果帮助蜂王判断谁的花蜜多一些。

②设想幼儿在测量中可能出现的问题及回应。

a. 幼儿在测量过程中每杯（碗）没倒满，测量结果不准确。

回应：一杯一杯倒满，与杯口齐平，每杯一样多。

b. 幼儿忘记做记录。

回应：测量了要及时记录，方便得出测量结果。

（6）展示测量结果，交流测量经验。

①将幼儿操作的结果分别展示出来。

②幼儿讲述操作过程以及测量结果。

教师提问：

a. 两瓶花蜜你们是使用一样的工具测量的吗？结果如何？

b. 从这些记录表里你们发现了什么？

c. 哪些地方不一样，哪些地方一样呢？

教师小结：两罐花蜜只要用一样的工具测量，无论选哪一个工具测量比较，最后的结果一定是一样的。哈哈的花蜜多，哈哈是采蜜冠军。

③一起为冠军颁奖。

五、活动延伸

介绍其他测量工具，开拓幼儿视野。

"杯子和碗可以测量花蜜这样的液体，还有哪些测量液体的工具呢？"

（1）介绍酒杯。

（2）认识量杯。

抛出问题，引发幼儿继续探索。

"日常生活中还有哪些用具有刻度？你们还能借助上述测量工具测量其他的东西吗？"

（活动设计：湖北省孝感市直属机关幼儿园 黄梅、朱莉）

案例四 "7"的分合 大班

一、设计意图

大班幼儿对数的分合已积累了一定的经验，该活动利用故事"七色花"开展游戏活动，让幼儿在情境中习得"7"的分解知识；学具"好吃的糖果"，以幼儿为主体，激发幼儿主动探索"7"的分解、组成，让幼儿在操作中轻松掌握"7"的分合。

二、活动目标

（1）乐于用语言、符号表达自己的探索过程。

（2）幼儿通过自主探索和动手操作，感知"7"的分解，掌握"7"的6种分法。

（3）能说出7可以分成几和几，几和几合起来就是7。

三、活动准备

（1）知识经验准备：会按多角度进行分类，设计标记。

（2）物质材料准备。

教具准备：七色花瓣（红、橙、黄、绿、青、蓝、紫）若干、教具"好吃的糖果"一份、记录单一份（白纸一张）。学具准备：幼儿人手一份操作卡"好吃的糖果"、记录单（幼儿人手一张白纸）、铅笔。

四、活动过程

（1）情境导入"七色花"，感知"7"的分解。

①游戏玩法：每人胸前贴一片有颜色的花瓣，7个小朋友一组手牵手组成圆圈，边走边念儿歌：小花瓣哟，听我说哟，照我做哟！念完儿歌后幼儿停止走动，听教师的指令"请黄花瓣蹲下"。听到指令的黄花瓣小朋友就走到圆圈中间当花心，其余6个小朋友当花瓣。

教师提问：7个小朋友，有几片花瓣是站着的？有几片花瓣是蹲着的？（有6片花瓣站着，1片花瓣蹲着）7可以分成几和几？（7可以分成1和6）

②游戏继续进行，7个小朋友一组手牵手组成圆圈，边走边念儿歌，念完儿歌后停止走动，听教师的指令"请黄花瓣和蓝花瓣蹲下"。听到指令的黄花瓣和蓝花瓣小朋友就走到圆圈中间当花心，其余5个小朋友当花瓣。

教师提问：7个小朋友，有几片花瓣是站着的？有几片花瓣是蹲着的？（有5片花瓣站着，2片花瓣蹲着）7可以分成几和几？（7可以分成2和5）

③游戏反复几次，每次教师说指令时，花瓣颜色递增，如"请黄花瓣、蓝花瓣、红花瓣蹲下"，当幼儿摆好造型时，教师提问：7个小朋友，有几片花瓣是站着的？有几片花瓣是蹲着的？7可以分成几和几？

④最后一次游戏，听教师的指令"请紫花瓣站着"，其余花瓣都蹲下。

教师提问：7个小朋友，有几片花瓣是蹲着的？有几片花瓣是站着的？7可以分成几和几？（7可以分成6和1）

（2）启发幼儿思考，如何记录分解过程。

①教师出示教具"好吃的糖果"，引导幼儿从糖果的颜色、大小、形状、花纹等不同角度来观察糖果的不同。

②请幼儿按一种维度给糖果分类：如按红色来分，红糖果有3个，其余糖果有4个。

教师提问：怎样将这种分糖果的方法记录下来呢？（大小标记、颜色标记、形状标记）

③师幼小结记录的方法：先设计分类的标记，再用分合式的形式记录每种糖果的数量。

（3）探索发现，趣味操作。

①幼儿人手一份操作卡"好吃的糖果"，请幼儿按照多角度先分类，再记录分的结果。

②教师巡回提醒幼儿每分一次，就记录一次。如果是重复的分类结果，就不用记录。

③教师在一体机上展示用手机拍下几份幼儿出现问题的记录单，请幼儿仔细观察记录单，说一说发现了什么问题。（重复分、遗漏）

教师提问：怎样做到不遗漏、不重复的分呢？请幼儿观察"7"的有顺序的分合。（每次从物品中拿一个放在左边，观察"7"分成了几和几？并用分合式的方法记录下来，以此类推）

④师幼共同归纳总结出"7"有6种分法，幼儿每说一种分法，教师将组成式写在黑板上。

（4）游戏：我的朋友在哪里。帮助幼儿巩固"7"的分解。

游戏玩法：组织全班幼儿围成一个大圆圈，幼儿人手持一张数字卡，随音乐走，当音乐停，面向圆心，将数字卡片放到自己的胸前，女孩手拿数字卡片找到与自己的数字合起来是7的幼儿做朋友。第二次游戏互换玩法，音乐停，女孩不动，男孩手拿数字卡片找到与自己的数字合起来是7的幼儿做朋友。反复游戏几次。

游戏规则：音乐停，才能找朋友，找到朋友的幼儿互相握手、互相检查，找到的朋友对不对。

（5）巩固认知，结束活动。

游戏：我问你答。

师：7可以分成1和几？1和几合起来是7？

幼：7可以分成1和6，1和6合起来是7。

师：7可以分成6和几？6和几合起来是7？
幼：7可以分成6和1，6和1合起来是7。
……

五、延伸活动

教师在科学区投放漂亮的花裙子、毛毛虫等操作卡片、记录单、铅笔等，供幼儿继续探索多角度分类。

（活动设计：湖北省孝感市直属机关幼儿园 黄梅、杨俊英）

岗位体验

一、收集整理科学教育资料

（1）利用网络查找适宜学前儿童科学教育的视频、图片、动画、文本等电子资料，并认真阅读，按照一定的依据分类存放。

（2）开展社会调查，了解社会为学前儿童提供的科学教育资源，积累科学教育资料。参观科技馆、植物园、动物园等场馆，走进公园、田野、超市、医院、银行等场所感受科技与生活的关联。

二、观摩幼儿园科学教育活动

（1）幼儿园班级实地观察，了解科学教育活动的基本结构，并记录活动过程。
（2）以小组为单位自选主题编制科学教育活动计划。

赛证练习

项目一选择题
参考答案

单项选择题

1. "能感知和区分物体的大小、多少、高矮、长短等量方面的特点，并能用相应的词表示"。这一目标是（　　）。
   A. 小班幼儿在科学探究方面的目标　　B. 中班幼儿在科学探究方面的目标
   C. 大班幼儿在数学认知方面的目标　　D. 小班幼儿在数学认知方面的目标

2. "能按语言指示或根据简单示意图正确取放物品"，是哪一个年龄阶段的教育目标？（　　）
   A. 2~3岁　　　B. 3~4岁　　　C. 4~5岁　　　D. 5~6岁

3. 教师让幼儿运用"尝一尝"的方式认识冰的特点，这主要运用了（　　）。
   A. 讲解法　　　B. 观察法　　　C. 练习法　　　D. 谈话法

4. 从生活中选择幼儿感兴趣的事物和问题作为教学内容的主要原因是(　　)。
   A. 教师容易制作教具　　　　　　B. 便于教师教学
   C. 符合家长的希望　　　　　　　D. 符合幼儿的学习特点

5. 下列不宜作为幼儿科学领域学习方式的是(　　)。
   A. 直接感知　　B. 实际操作　　C. 亲身体验　　D. 概念解释

6. 小班幼儿观察植物时,下列哪条目标最符合他们的发展水平(　　)。
   A. 能感知到周围植物的多种多样
   B. 会观察记录植物生长变化过程
   C. 能察觉到植物外形特征与生存环境的关系
   D. 能发现不同种类植物之间差异

项目二 探究科学奥秘
——幼儿园科学探究教育活动

学习目标

- **认知目标**
1. 理解观察认识型、实验探究型、讨论交流型和技术制作型活动的含义。
2. 掌握学前儿童科学探究活动的设计流程。
3. 了解学前儿童科学探究活动的组织指导要点。

- **能力目标**
1. 能设计各种不同类型的幼儿园科学探究活动。
2. 能组织、评析各种不同类型的幼儿园科学探究活动。
3. 能开展幼儿园科学探究活动的模拟教学。

- **素质目标**
1. 热爱生活,善于发现生活中的科学现象。
2. 在设计实施活动的过程中,增强以幼儿为本的意识。
3. 对组织科学探究活动充满信心,有反复修改完善活动方案的耐心。

内容导览

幼儿园科学探究教育活动
- 观察认识型活动设计与实施
  - 观察认识型活动的含义
  - 观察认识型活动的分类
  - 观察认识型活动的设计
  - 观察认识型活动的实施
- 实验探究型活动设计与实施
  - 实验探究型活动的含义
  - 实验探究型活动的分类
  - 实验探究型活动的设计
  - 实验探究型活动的实施
- 讨论交流型活动设计与实施
  - 讨论交流型活动的含义
  - 讨论交流型活动的设计
  - 讨论交流型活动的实施
- 技术制作型活动设计与实施
  - 技术制作型活动的含义
  - 技术制作型活动的意义
  - 技术制作型活动的分类
  - 技术制作型活动的设计
  - 技术制作型活动的实施

情境导入

蝴蝶变成花

在某个幼儿园,有一个名为"蝴蝶变成花"的科学探究活动。这项活动旨在通过寓教于乐的方式,让小朋友们了解蝴蝶的生命特征和生命周期,引发他们对生命的探究和思考。

在活动中,老师向小朋友们介绍了蝴蝶的生命周期和其变化过程。小朋友们从未想到,一个漂亮的蝴蝶背后竟然有那么多神奇的事情,他们被这个故事所吸引,并希望更深入地了解其中的奥秘。

随着老师的引导,小朋友们先是作了一张蝴蝶的画,然后分组进行了互动游戏。游戏中,每个孩子扮演一个蝴蝶的幼虫,他们要经过"食物采集""蛹化"等环节,最后成为一只华丽的蝴蝶。孩子们通过游戏,更真切地感受和理解了蝴蝶的生命变化过程。

而一次小的实践体验也是必不可少的。老师们准备了一些明胶、水、模具和食物,在学生们的帮助下制作出了一只立体的、有色彩的蝴蝶。孩子们可以从直接的视觉和触觉感受中,更加深入地理解蝴蝶的生命周期,这种实际体验有助于他们保持对生命的敬畏并激发探究的兴趣。

最后,老师带着孩子们到花园里观察和寻找蝴蝶。孩子们的视力和观察能力是不同的,但是在老师的指导下,他们逐渐适应前往自己感兴趣的地方寻找蝴蝶,玩转了观察生命的方法。

"蝴蝶变成花"的这个科学探究活动,不仅帮助小朋友们在实践中理解和感受蝴蝶的生命周期,也在探究和互动的过程中激发他们的科学探究兴趣,提高了他们的艺术欣赏能力以及合作意识。这样的科学探究活动,可以用来帮助孩子们在自主探究中建立对自然和生命的敬畏,为他们未来的成长打下良好的基础。

学习任务

幼儿园科学教育的途径包括在专门的集体教学活动中进行的科学教育和在融合活动中进行的科学教育。在此,着重介绍在专门的集体教学活动中进行的科学教育。依据《纲要》和《指南》的精神,在幼儿园集体教学中普遍使用的科学教育活动类型有:观察认识型、实验探究型、讨论交流型和技术制作型。

任务一 观察认识型活动设计与实施

一、观察认识型活动的含义

观察认识型活动是集体科学教育活动的一种常见类型，是幼儿园科学教育的基本形式之一，是以观察为主要认知手段，让幼儿探索客观事物、现象的特征，发展幼儿的科学认知、培养科学情感、形成科学态度、训练科学方法的科学启蒙教育活动。在实践中，除了以观察为主线组织的科学活动外，在其他如实验、制作等活动中，也离不开观察方法的运用。

神奇的小草

二、观察认识型活动的分类

（一）一般性观察

一般性观察（个别物体观察、间或性观察）是指对某一自然物、自然现象或科技产品作特定的观察，而有目的地运用多种感官与周围某一事物或现象直接接触，了解它的外形、特征、属性和习性。一般性观察强调的是引导幼儿通过有目的地运用各种感官感知认识某一动物、植物、自然现象、科技产品，比如观察小兔子，认识西红柿、苹果和镜子、糖怎么不见了等，都是为了了解它们的特征、作用和习性。这种观察一般在幼儿园小班进行得较多。

（二）比较性观察

比较性观察是指对两种或两种以上的自然物或自然现象、科技产品进行观察和比较，在观察中更正确地认识自然物，并进行分析和比较，为概括分类奠定基础。这种观察一般要求幼儿做到以下五个方面。

①在比较观察中发现自然物和科技产品的相似处和不同处。
②学会对两种物体的对应部分和整体进行比较观察。
③对一种已认识的物体与新的观察对象进行比较观察。
④对两种新的自然物或科技产品进行比较观察。
⑤将眼前的观察物与原有的有关经验、表象进行比较。

由于同类物体的差异和共同点比较显著，范围比较明确，因此，要先比较同类物体，再比较差别和共同点不明显的物体。

比较观察较为重要的两种形式是同中求异和异中求同。所谓同中求异是指比较两个近似的物体，寻找它们的不同之处，比如比较橘子和橙子。所谓异中求同是指比较两个很不相同的物体找它们的相同之处，比如比较西瓜与西红柿、冰箱与电视机等。在学前教育阶段，比较性观察一般是从事物的不同点开始进行观察比较，然后再比较事物的相同点。因为事物的不同点易被观察到，而事物的相同点却是要经过比较、概括才能找到。作为教师，难度越大的比较，教师越应加强引导，以帮助幼儿学会不仅要从事物的外形特征去看问题，还要从事物的本质特征去看问题。

（三）长期系统性观察

长期系统性观察指在较长一段时间里，有计划地观察某一自然物体和现象的发展变化，使幼儿对其发展过程有较完整的认识。同时还可了解事物之间的简单联系和因果关系。设计此类观察活动要注意培养幼儿逐渐习惯于从发展的、相互联系的角度看待事物和现象。例如，观察向日葵、芝麻和牵牛花等的生长发展过程；蝌蚪变成青蛙的过程；对各个季节特征的观察等。

> **讨论**
>
> "下雨了""哈密瓜和西瓜""小蝌蚪变青蛙"
> 以上三个案例分别属于一般性观察、比较性观察、长期系统性观察中的哪种类型，分析并列表区别三种类型。
>
> | 活动名称 | 观察类型 | 主要特征 | 举例 |
> | --- | --- | --- | --- |
> | "下雨了" | | | |
> | "哈密瓜和西瓜" | | | |
> | "小蝌蚪变青蛙" | | | |

三、观察认识型活动的设计

观察认识型活动设计的流程如表2-1所示。

观察认识型活动"巧"设计

表2-1　观察认识型活动设计流程

设计过程	注意事项	举例说明	备注
选定活动课题	1. 观察对象应该符合幼儿的认知发展水平 2. 选择观察认识对象要体现适时性原则 3. 选择观察认识型活动内容应体现综合性特征	1. 小班 漂亮的桃花 认识南瓜 好吃的水果 2. 中班 各种各样的风筝 下雨啦 山楂红了 3. 大班 蚂蚁搬家 蚕的一生 奔跑的车	

续表

设计过程	注意事项	举例说明	备注
制定活动目标	1. 对物体和现象的观察能力 2. 对观察结果的表达技能 3. 对有关观察对象的科学认识	1. 运用多种感官——看、摸、听、闻、尝等感知南瓜的特征（小班"认识南瓜"） 2. 学习用图画表现种植园地中芝麻的生长变化（大班"芝麻开花节节高"） 3. 观察各种水生动物的特点，知道它们都是生活在水里的（大班"各种各样的水生动物"）	
准备活动材料	1. 材料的准备应充分发挥幼儿、家长的积极性 2. 材料的准备应符合活动内容的需要 3. 选择具有典型特征的材料，以利于观察活动顺利进行 4. 材料的数量应以"效果最优化"为原则 5. 材料的空间摆放位置很重要 6. 户外观察应特别注意材料的安全和卫生问题 7. 重视数字化材料的准备，优化内容呈现方式	1. 小班"漂亮的花朵"：教师提供各种花朵照片，或者让家长带领幼儿走进大自然观察花朵的特点 2. 中班"认识自行车和摩托车"；无法选用实物，可采用图片或视频作为观察材料 3. 大班"种子的秘密"：选择粒大饱满的种子，如黄豆、绿豆等，准备种子发芽的容器，放置于室外，让幼儿观察种子发芽的过程	
设计活动过程	1. 设计情境激发幼儿观察的兴趣和热情 2. 多感官通道参与观察 3. 发挥语言交流的作用 4. 重视卡片、图标、符号记录的价值 5. 恰当安排不同的学习组织方式和教学指导方式 6. 充分发挥多媒体的作用	认识西红柿（小班） 1. 运用多种感官感知西红柿的外部特征 2. 认识西红柿的内部特征 3. 品尝西红柿，感知西红柿的味道 4. 讨论交流 5. 延伸活动	

（一）选定活动课题

选择恰当的观察内容是保证观察活动成功进行的前提。观察的内容应该由科学教育目标和幼儿的发展特点决定。一般来说，观察内容是本地区常见的事物，如常见的动植物和大自然的事物、现象等。所选择的观察对象应该是常见的、健康的、完整的事物或现象。如让幼儿观察菊花，那么所选择的菊花应该是枝叶茂盛的、健康的，花的各个组成部分完好无损。总之，观察内容选择要合理。

选择特征典型、明显，并力求美观的观察对象，掌握其有关知识，熟悉其特征、习性等，以便引导幼儿能够正确地认识观察对象。观察对象的数量，应根据其具体情况和观察的要求而定。可以是全班幼儿共同观察一个对象（针对班级人数较少的情况），也可以是每个幼儿或一个小组观察一个对象。观察对象所在的位置与幼儿的座位均要作适当的安排，以保证全体幼儿都能顺利地进行观察。此外，选定活动课题还应注意以下几点。

1. 观察对象应该符合幼儿的认知发展水平

小班以一般性观察为主（彩虹、月食、日食、彩云、冰雹、霜），学习运用各种感官感知物体的外部特征和简单现象，以获取感性经验。大、中班幼儿以比较性观察（雾和霾、黄瓜和苦瓜、菠萝和凤梨、大蒜和大葱、土豆和芋头、红薯和地瓜、葡萄和提子、樱桃和车厘子、红薯和雪莲果、韩服和汉服、海豹和海狗、猩猩和狒狒、公鸡和母鸡、青蛙和蟾蜍、黄鹂和喜鹊、哈士奇和狼、骆驼和羊驼、连翘和迎春花、月季和玫瑰、牡丹和芍药）和长期系统性观察（种子发芽、小蝌蚪变青蛙、蚕的生长、孵小鸡、气候、番茄成长、毛毛虫变蝴蝶、泡菜的发酵过程、酿酒、腊肉的制作、烧水、发面、凉皮的制作、头发的生长）活动为主，培养幼儿观察、比较两种或两种以上自然物和自然现象的方法。

2. 选择观察认识对象要体现适时性原则

学前儿童科学教育中涉及的各种事物、现象的发生、发展和变化都与时间变化有着必然的联系。因而，要在合适的时间内选择合适的观察对象，尤其是观察动植物和一些自然现象，如在春天可选择对小草（植物）进行观察；在秋天可选择对各种果实进行观察；"认识蚯蚓"可选择在夏秋（最好在每年的十月份之前）的雨后，冬天选择"冬眠"的动物作为观察的对象。

3. 选择观察认识型活动内容应体现综合性特征

例如，在科学综合活动"小脸的秘密"中，教师应当有意识地渗透融通幼儿园的各领域教育，有机和谐地整合数学、语言、美术、音乐等方面的内容。如通过形象生动的儿歌，帮助幼儿了解五官所在的位置；在"找一找，贴一贴"的美术操作活动中，使幼儿进一步了解五官的特点；在音乐游戏"五官在哪里"中通过指一指自己的五官，将活动推向高潮。

总之，在选定活动课题时，应综合考虑观察的内容、对象以及幼儿的认知水平和兴趣。

（二）制定活动目标

观察认识型活动的目标设计应遵循科学教育领域的总目标，做到有的放矢。具体落实科学知识经验（认识观察对象的多样性、显著特征；探寻观察对象的变化规律等）、科学方法技能（运用多种感官感知事物的特征，对不同的对象进行比较观察、有顺序的观察、长期系统的观察，观察事物的变化和现象的发生；运用语言大胆讲述、交流自己在观察中的发现；运用图画、数字等多种方式记录与呈现自己观察的结果）、科学情感态度（对观察活动感兴趣，喜欢动植物、科技产品，爱护动植物，爱护大自然等）方面的发展目标。

目标设计时应考虑本班幼儿的实际情况、兴趣爱好、身心特点以及能力水平的差异，设计适宜幼儿发展的活动目标。对不同年龄的幼儿确定不同的观察目标，努力使每次活动的目标都能够促进本班幼儿各方面的发展和提高。例如，小班幼儿在观察事物时，仅能关注事物的表面现象（颜色、形状、大小等）；中班幼儿则能逐渐认识和了解事物与事物之间的简单关系（发生了什么事）；大班幼儿已能在教师的启发、引导下发现事物变化的较本质的原因（有何体会）。

观察认识型活动具体目标的提出和撰写应注意四个方面：一是结合有关科学教育目标

制定方法的内容；二是撰写目标的主语要统一；三是避免制定同一个活动目标时一会儿以教师为主语，一会儿又以幼儿为主语；四是提出的目标要具体，具有可操作性，很宽泛、不明确的活动目标难以实现，不应采用。观察认识型活动目标如表2-2所示。

表2-2 观察认识型活动目标

项目	教学目标	适用年龄段	自选主题，制定目标
观察能力	运用多种感官感知事物特征	小班或以上	
	比较观察不同的对象	中班或以上	
	有顺序地观察事物的特征	中班或以上	
	长期系统地观察事物	中班或以上	
	观察事物的变化和现象的发生	小班或以上	
表达技能	运用语言大胆讲述自己在观察中的发现	小班	
	运用完整的语言讲述并交流自己在观察中的发现	中班或以上	
	用图画、数字等多种方式记录自己观察的结果	中班或以上	
科学认识	认识观察对象的显著特征	小班	
	认识观察对象的多样性	小班或以上	
	认识各个观察对象的不同和相同	中班或以上	
	探寻观察对象的变化规律	大班	

（三）准备活动材料

活动材料的准备和提供直接影响观察的结果，决定观察的成败。教师要根据观察对象的特点、观察目标及幼儿实际和现实条件等综合考虑。

1. 充分发挥幼儿、家长的积极性

《纲要》提出，家庭是幼儿园重要的合作伙伴。应本着尊重、平等、合作的原则，争取家长的理解、支持和主动参与，并积极支持、帮助家长提高教育能力。家长来自各行各业，可谓人才济济，是一份丰厚而宝贵的教育资源。

2. 材料的准备应符合活动内容的需要

材料的准备要符合活动内容的需要，根据不同类型观察的需要，选择不同的材料。物体观察类（自然物、科技产品）活动的准备材料应提供实物；现象观察类的活动需要提供能产生某种现象的操作材料或视频、动画、挂图、图片等辅助物品，呈现观察现象。

3. 选择具有典型特征的材料

材料具有典型性，以利于观察的顺利进行。由于观察事物有不同种类，如菊花有各种

颜色、形态；同一种物体特征是多方面的，如颜色、气味、味道、大小、形状、声音、手感等方面有差异；同一种物体材料有不同的存在形式，如实物、标本、照片、图片等。教师注意选择那些有典型特征的材料。如观察菊花时，教师要准备菊花实物，以常见的、稍大的黄色菊花为宜，并以图片辅助观察认识其他不同颜色、形态的菊花（不宜先让幼儿观察各种"奇花"）。

值得一提的是，由于幼儿年龄小，通过观察图片或模型，会使他们的感性经验不真实、模糊甚至出现错误，所以教师必须尽可能为幼儿的观察提供实物、实景，特别要经常带幼儿外出活动，到实地进行观察，使他们的印象更清晰、准确。

4. 材料的数量应以"效果最优化"为原则

材料要具有丰富性，数量应以"效果最优化"为原则，以满足幼儿探索的需要。要保证每个（组）幼儿有一份材料，供他们运用多种感官探索，以全面了解事物及其变化。数量足够的材料可减少幼儿等待、争抢、攻击等行为的出现，提高他们观察的积极性和效率。当然这并不意味着材料越多越好，教师要根据活动的实际情况，确定材料与幼儿人数比例的关系。

5. 材料的空间摆放位置很重要

材料的空间摆放、环境布置要利于幼儿观察的顺利进行。空间环境会直接影响学前儿童的探索行为。一般来说，集体教学活动的人数较多，活动形式多样。教师不仅要准备宽敞的空间，还要考虑环境的布置，如提供什么样的活动场地、观察是在室内还是室外等。如果在室外，是在室外的空地还是自然环境；如果在室内，是需要桌面的空间还是地面的空间，甚至活动室内桌椅的摆放，也要考虑到活动的需要，怎样有利于幼儿的独立操作或幼儿之间的交流。

6. 户外观察应特别注意材料的安全和卫生问题

同时要注意材料的卫生和安全问题，例如，幼儿收集的石头、要观察的鞋子等物品均要清洗、消毒。

7. 重视数字化材料的准备，优化内容呈现方式

数字化形式的教学环境能够打破各种不利因素的束缚，不仅是将有关的教学图片和文字展现在教材上，还将其刻录成磁盘，让学生充分体会图片、声音和视频的一体化教学模式，从而提升教学效果。

（四）设计活动过程

活动过程是活动的核心部分，一般遵循引发兴趣、感知体验、深度探究、交流讨论、拓展延伸等认知规律设计活动过程。

1. 活动设计思路

常见的观察认识型活动类型有：物体观察、现象观察、系统观察等，因观察对象的差异，活动过程各不相同，具体思路如表2-3所示。

表2-3　不同类型活动设计思路

活动类型	设计要点	设计思路	自选主题，设计思路
物体观察活动	包括单个物体观察、同类物体观察和比较观察。教师可引导幼儿在观察的基础上进行表达和交流，并通过指向性问题引导其认识物体的显著特征，或比较两个物体间的异同，或总结同类物体的共同特征	教师出示观察对象→幼儿自由观察→表达交流→教师引导观察→表达交流→结束或延伸	
现象观察活动	重点在于观察变化的发生。因此，教师可将观察、指导和交流相结合。根据实际情况，可在观察之后引导幼儿对观察到的现象加以讨论	教师引出观察对象（或提出问题）→观察现象→观察中的交流→个别指导→教师组织讨论和交流→活动结束或延伸	
系统观察活动	一般用于观察动物、植物的生长、发育过程。因而观察周期较长、环节较多，需在教师的指导下按要求、有步骤地观察。引导幼儿结合主题活动或日常生活参与记录、管理活动	教师提出观察要求→幼儿熟悉观察对象→师生共同观察→做好观察记录→交流新发现→展示观察成果	

2. 观察认识活动设计基本原则

（1）尽可能提供实物、实景。科学观察活动为幼儿提供了直接与周围世界接触的机会，幼儿的思维特点是具体形象思维占主导，因此，要为他们提供可供观察的实物和实景，充分地调动幼儿多感官开展科学探究活动。教师应尽量避免抽象的口头式传授知识，而应以让幼儿动手操作具体材料为主。

（2）设计游戏情境或问题情境，激发幼儿观察的兴趣和热情。教师要精心营造出适宜幼儿观察的物质环境。例如，在"水果大比拼"活动开展前，教师用墙饰、展板布置出一个水果店，摆放好各类水果；也可以布置出一个缤纷果园，为幼儿提供一种直观、生动、形象的观察环境。同时，教师还要为幼儿营造出一种自由宽松、温馨愉悦的观察环境，充分激发幼儿的观察兴趣，促使幼儿的观察更加持久、精细。例如，在"可爱的兔子"科学活动开展前，教师可以为幼儿讲述一些关于兔子的童话故事，培养幼儿对兔子的喜爱之情，从而为随后的观察奠定良好的心理基础。

（3）调动幼儿多种感官参与观察。观察是各种感官的协调活动，不仅是用眼睛看，也要发挥其他感官的作用，让幼儿在看、听、闻、尝的过程中，全面地获取观察信息。

（4）发挥语言的交流作用。语言可以帮助幼儿整理自己的观察结果，并使之系统化，还可促进幼儿之间的交流。在活动中，要鼓励幼儿将自己的想法和做法、发现用自己的语言表达出来。例如，在引导幼儿观察苍耳时，有的幼儿把观察到的刺的样子很形象地描述成像喷泉一样；有的幼儿描述得很具体清晰，说刺的底下直直的，顶上是弯弯的；有的还能使用"因为……所以……"的句式进行完整的归纳。幼儿在与同伴交流中进行回顾，学习怎么整理、概括自己的探究结果，也间接获得了一些有益的经验。

（5）重视图画、卡片、图标、符号记录的价值。在对幼儿进行观察活动的指导时，教师除了重视过程中语言的交流外，也可以引导幼儿用图画、卡片、图标和符号进行记录或展示，甚至是动作的表演，总的形式应多样而富有儿童特点。

（6）恰当安排不同的学习组织方式和教学指导方式。为了让幼儿能够深入、系统地进行科学观察，教师应合理组织学习方式和教学指导方式。活动过程中，主要以幼儿充当活动的主导进行探究式学习，要避免教师讲、幼儿听的"教学模式"。教师要进行观察，并在适当的时候给予"支架"支持和回应，帮助幼儿完成探究活动。此外，还可将活动延伸至区角、生活等多种形式。

（7）充分发挥多媒体的作用。在没有实物的情况下，可以将图片、视频、音频、动画等制作成多媒体课件，供幼儿观察。如日食现象，可以让幼儿观察日食视频；将风、雨、雷等自然现象的音频或视频通过多媒体播放，让幼儿倾听大自然的声音，了解自然现象。

四、观察认识型活动的实施

观察认识型活动"趣"实施

在组织实施观察认识型活动时，应注意以下几个方面。

1. 利用观察对象的显著特征激发幼儿的观察兴趣

兴趣是幼儿观察事物的原动力、内驱力，它能引领幼儿积极主动地去观察，发挥幼儿在观察中的主体地位。科学活动中，一些观察对象是幼儿比较熟悉的，如果不注意挖掘观察对象的一些独特性，就难以调动幼儿的观察兴趣。例如，在中班科学活动"什么东西不见了"中，教师考虑到观察对象糖、盐、沙子、石子等是幼儿生活中经常接触的，但是幼儿从来没有在水中对比过它们的特点。为了调动幼儿对这些常见物品的观察兴趣，教师为每个幼儿提供一个装了水的塑料杯，让幼儿将四种生活中常见物品逐一放入塑料杯中，幼儿随后发现杯中只有两种物品，还有两种物品"糖和盐"不见了，到哪里去了呢？教师自然地引出了科学活动的主题——"溶解"。由此可见，将常见物放在一定条件下对比，能调动幼儿对观察对象的浓厚兴趣。要挖掘观察对象的特殊之处，教师除了运用自己的教育经验，平时还需要多方借鉴同行的成功经验，可以通过查阅资料、听评课等方式，在许多优秀的科学活动中选择相关主题的案例进行学习，以积累更多调动幼儿观察兴趣的方法。

2. 通过启发性问题引导幼儿观察

为了帮助幼儿进行有效观察，教师应围绕观察目的，预设出明确而富有启发性的问题，引导幼儿全面、系统、有序地观察。如小班活动"玩沙"的观察过程设计，当幼儿来到沙坑边上可提问：沙子是什么形状的？这些沙子都一样吗？还有哪些地方有沙子？在观察活动过程中，教师还应通过提问，以问题形式引导幼儿全面、系统、有序地观察，既观察事物的整体，又观察其主要的细节，处理好整体观察和局部观察的关系。

3. 引导幼儿运用多种感官感知事物的特征

客观事物的特征是多方面的，如色、香、味、软、硬、光滑、粗糙、大小、冷热、形状、声音等。在引导幼儿观察时，要尽可能让幼儿听到它的声音，闻到它的气味，尝尝它的味道，动手摸摸它、捏捏它，感受它的光滑度、硬度和温度，掂掂它的重量等。这样由于输入大脑内的信息多，对事物的印象深刻，因而幼儿对物体的认识就相对更加具体和全面。

4. 通过对观察对象的操作、摆弄促进观察

在观察的过程中，要引导幼儿进行操作和摆弄。因为，科学本身是抽象而不易懂的，如果只观察而不动手操作，可能还是会让幼儿一头雾水，无法达到活动的目的。因此，要尽可能让幼儿动手操作具体材料，促进其发展。

5. 教师可以利用魔术、多媒体等调动幼儿观察的积极性

例如，在科学活动"神秘箱"中教师自制的神秘箱——仅能容一只小手伸入的触觉口，两边挖两个小口，一个为视觉口，一个为听觉口。在神秘箱内放入幼儿生活中常见的、颜色鲜明、气味较强、感较明显的物品。如苹果、铃鼓、毛虫、玩具车子等，引导幼儿尝试运用不同的感官去探索、发现、猜测神秘箱内的物品，并讨论使用不同感官猜测物品的感受。这样，幼儿运用各感官接触材料而产生了共鸣，体验到了成功的乐趣。在"蝌蚪变青蛙"活动中，播放"小蝌蚪找妈妈"的动画，既形象直观，又富有童趣。

6. 鼓励幼儿用自己喜欢的方式表达观察结果

表达观察结果的方式有很多，如语言、绘画、文字、动作等。语言是幼儿表达观察结果的最主要形式，通过语言幼儿可以梳理自己的观察结果，并使之系统化。图画、图符、数字等记录符号也是幼儿表达观察结果的重要方式，幼儿运用自己观察结果的记录，在与同伴或老师的描述和交流中，反省和评价自己得到的信息。幼儿的观察记录能反映出他们的观察水平及对观察对象认识的正确与错误，因此也是重要的评价资料。此外，在幼儿期对观察结果的表达常常受语言能力的局限，而动作的发展先于语言，幼儿乐意通过动作化的方式来表达对观察到的事物的理解。

任务二 实验探究型活动设计与实施

实验探究型活动是指幼儿在教师指导下通过自己动手操作材料和仪器，以发现客观事物的变化及其关系的科学活动。该活动形式能最大限度地调动幼儿学习科学的主动性和积极性，满足幼儿的探究欲望，能够让幼儿在探究过程中发现问题、提出问题、解决问题，在亲历探究科学的过程中，理解科学现象，获得各方面能力的综合提升。

实验探究型活动的设计（一）

一、实验探究型活动的含义

《指南》中指出："幼儿的科学学习是在探究具体事物和解决实际问题中，尝试发现事物间的异同和联系的过程。"实践探究型活动指的是幼儿在教师指导下通过自己动手操作材料和仪器，以发现客观事物的变化及其关系的科学活动。

> **思考与讨论**
>
> 1. 实验与观察有什么不同？
> 2. 以下活动属于观察还是实验？
> （1）区别韭菜与麦苗。
> （2）大蒜种在土里、沙子里、水里有什么不同？
> （3）瓶子里的蚂蚁。
> （4）蚂蚁喜欢什么味道：酸的、甜的、苦的、辣的。
> （5）巧取小铁珠：用勺子、筷子、吸铁石。
> （6）小球你站住：毛巾、卡纸、瓦楞纸上滚动。
> （7）各种各样的石头。

二、实验探究型活动的分类

（一）探索性实验和验证性实验

1. 探索性实验

探索性实验是指根据一定的目的创造一定的条件，探索前所未知的自然现象或物质现象的实验。探索性实验具有独创性，目的在于探索未知，获取新知。

2. 验证性实验

验证性实验是指对研究对象有一定的了解，并已经形成了一定认识或提出了某种假说，为验证其是否正确而进行的一种实验，是对已经取得一定成绩的实验结果做进一步巩固和推广的过程。

实验探究型活动的设计（二）

> **思考与讨论**
>
> 请分析以下实验的类型。
> 1. 居里夫人从沥青残矿渣中提取出一种放射性元素——镭。
> 2. 制取氧气的实验。
> 3. 伽利略的比萨斜塔实验。
> 4. 医学专家在实验室研究抵抗"埃博拉"病毒的药物。

（二）教师演示实验和幼儿操作实验

1. 教师演示实验

教师演示实验是指由教师操作实验的全过程，幼儿观察实验的过程、现象、变化和结果的实验形式。

2. 幼儿操作实验

幼儿操作实验是指由幼儿自己动手操作，并参与实验全过程的实验形式。

> **思考与讨论**

1. 观看一组幼儿园科学实验视频。

不会湿的纸　　哪根蜡烛先灭　　鸡蛋的沉浮　　磁铁吸物　　水图案

（1）请判断这些实验属于什么类型的实验？

（2）为什么有的实验要由教师来操作而不是由幼儿来操作？

（3）教师演示实验是否与幼儿自主建构知识的原理相矛盾？

2. 教师演示实验的三种情况。

（1）幼儿操作材料有难度，需要教师演示操作过程，包括材料的安全性和过程的复杂性。

（2）所需实验仪器设备不足。

（3）为规范操作动作和帮助幼儿熟悉规则。

💡 注意：教师需做预备性实验。做预备性实验的必要性有以下两条。

（1）妥善安排实验过程中每个环节的时间。

（2）检验实验仪器和材料的情况，避免活动时发生意外而影响实验效果。

3. 请分析判断以下实验的类型（操作者）。

（1）水的溶解：石头、油、糖、奶粉、咖啡。

（2）神奇的电动玩具：电池正负极。

（3）热水怎么变冷：冰块、冷水、冷毛巾、扇子、调羹。

（4）空瓶吞鸡蛋。

（5）会变魔术的蜡烛：火烤出字或者画。

（6）化学游戏——找物体：酚酞遇到碱性溶液变红。

（三）个人独立探究、小组合作探究、个人独立探究与小组合作探究相结合

1. 个人独立探究

由幼儿独立完成探究学习任务的活动。

2. 小组合作探究

按照"组内异质、组间同质"的原则组建小组，明确小组分工，实施指导组内和组间的交流与合作。

3. 个人独立探究与小组合作探究相结合

以幼儿的独立探索为基础，通过合作分享，推动幼儿对问题的更进一步理解。

三、实验探究型活动的设计

实验探究型活动设计的一般流程按照先后顺序可分为选择活动课题、制定活动目标、准备活动材料和设计活动过程四个部分，具体注意事项如表2-4所示。

表2-4 实验探究型活动设计流程

设计过程	注意事项	举例说明	备注
选择活动课题	1．充分考虑幼儿的理解和接受能力 2．考虑实验材料的易获得程度	1．小班 有趣的毛毛虫 好玩的磁铁 2．中班 鸡蛋浮起来了 放风筝 巧移乒乓球 皮影戏的秘密 3．大班 神奇的造纸术 泡茶 桂花米酒	 皮影戏的秘密  造纸
制定活动目标	1．激发科学好奇心 2．提高科学探究能力	1．发现物体在水里会出现沉浮现象，愿意用不同的物体来做试验（中班："沉与浮"） 2．能根据自己的经验预测不同物体在水中的沉浮变化，并通过实验加以检验（中班："沉与浮"）	
准备活动材料	1．选择实验材料要典型 2．注意材料的结构性 3．材料的摆放位置要恰当 4．材料的安全、卫生问题	鸡蛋浮起来了（中班） 准备鸡蛋、透明塑料杯以及不同密度的液体	
设计活动过程	1．演示——操作式 2．自由——引导式 3．猜想——验证式	有趣的静电现象（大班） 1．以魔术的形式导入活动，引起幼儿观察和探索的兴趣 2．通过对魔术的揭秘，感知摩擦生电现象 3．创设四种情境，让幼儿在合作与独立操作中体验物体间静电现象的产生过程，了解静电与生活密切相关 4．在更多的操作、交流中进一步感受、认识静电现象 5．结束部分：师生在自由操作实物、体验更多静电现象中自然结束	

（一）实验探究型活动的基本环节

1．确定探究的主题——提出幼儿感兴趣的问题

发现问题和提出问题是科学探究的起点，在科学探究教学中，教师要以多种形式给予幼儿思考和提出问题的时间和机会，激发幼儿对科学探究活动的兴趣。教师要鼓励幼儿提出问题，并记下幼儿提出的问题，教师将这些问题进行分类和判断，形成有探究意义和有价值的问题，作为幼儿探究的起点。教师根据活动的内容，积极引导幼儿在活动中逐渐养成尊重客观事实，注重证据的习惯，培养幼儿的科学品质和思维方式。

2．推测与讨论——幼儿主动建构知识的前提

"猜想与假设"是一项思维活动，是幼儿有方向的猜想和判断。每个幼儿都有创造的意愿，创造的能力。尽管幼儿猜想与假设是自发的，没有什么社会价值，但是对于幼儿的猜想与假设要进行鼓励和表扬，不要压制，要以这种创造性火花作为基础，引导和培养幼儿特殊的创造性才能。根据幼儿的知识经验和能力水平，在科学探究活动中引导幼儿自己提出问题，进行猜想和假设。

3．实验和观察——让幼儿获得事实依据和实证材料

幼儿在实验操作活动中亲自动手，反复尝试，实验和操作活动密不可分。在探究过程中，也要注重培养幼儿的合作精神。

4．处理信息和数据——让幼儿对客观事物进行描述

根据活动的内容，积极引导幼儿在活动中逐渐养成记录客观事实的习惯，使幼儿逐步掌握记录方法和规则。在实验中，常用的有表格记录、图式记录、自主符号等。例如，在"泡茶"的活动中，幼儿把泡茶的过程通过图画的方式记录下来。

5．表达和交流——让幼儿自己表达和倾听别人表达

分享交流，总结实验结果。幼儿间的交流与讨论，对形成幼儿的科学知识与经验有着重要作用。组织集体、小组、个别等多种形式进行交流和讨论。教师鼓励幼儿大胆发表意见，专心倾听他人的见解、养成尊重事实、尊重他人的良好素养。

（二）实验探究型活动的设计思路

1．选择活动课题

设计科学实验探究活动首先要选择合适的内容，可供幼儿实验探究的内容十分广泛，因此，选择内容时应考虑以下因素。

（1）教师可根据《指南》中确定的不同年龄段的科学教育目标，结合幼儿的兴趣和经验水平等，选择实验探究活动内容。

（2）活动内容是幼儿在生活中接触到的、通过实验能理解的客观事实和现象，实验过程中现象的变化是显而易见的，幼儿易于观察。

2．制定活动目标

（1）激发科学好奇心。注意到新异的事物或现象，愿意探究新异的事物或现象，对新

异的事物或现象提出问题并进行探究。

（2）提高科学探究能力。能通过自己的观察、操作获得发现；能对问题作出假设并用自己的经验来加以检验；能根据已经获得的资料进行合理推断、得出结论；能根据过去的经验或逻辑推断对现象进行解释和观测。实验探究型活动目标如表2-5所示。

表2-5 实验探究型活动目标

项目	教学目标	适用年龄段	自选主题，制定目标
科学好奇心	注意到新异的事物或现象	小班或以上	
	愿意探究新异的事物或现象	中班或以上	
	对新异的事物或现象提出问题并进行探究	大班	
科学探究能力	能够通过自己的观察操作获得发现	小班或以上	
	能对问题做出假设并用自己的经验来加以检验	中班或以上	
	能根据已经获得的资料合理推断，得出结论	中班或以上	
	能根据过去的经验或逻辑推断对现象进行解释和预测	大班	

3．准备活动材料

活动材料在幼儿科学教育活动中是幼儿不可或缺的探究对象。幼儿科学活动强调让材料说话，让环境和材料引领幼儿的学习。教师要帮助幼儿置身于能产生探索行为的环境中，并提供丰富的、操作性强的、符合幼儿探索需要的材料，支持和引发幼儿积极主动地与材料产生相互作用。

具体而言，在准备活动材料时应注意以下几个方面。

（1）选择实验材料要典型。如在大班幼儿"探索磁铁"的活动中，重点已不再是发现磁的磁性而是要通过操作，发现磁铁不同部位磁性强度不一样的现象。所以，该活动中教师给幼儿提供的磁铁最好是条形的，以便达到理想的教育效果。

（2）注意材料的结构性。材料的结构性是材料所具有的特征，材料蕴涵着丰富的可探索性和可利用性，幼儿在使用材料的过程中能发现自然现象间的某种关系以及不同材料之间的联系。教师对材料结构的认识越丰富，越有利于幼儿的探索、发现、创造和获得各种经验。而在具体活动中常有教师因对活动主题把握不准造成选材不当的现象。如在"沉与浮"的活动中，教师是否提供油泥等方便改变形状的材料，是幼儿能否发现通过改变物体形状可以改变物体沉浮的重要因素。

（3）材料的摆放位置要恰当。材料的摆放位置也会直接影响幼儿的操作及活动效果的达成。例如，在中班"让鸡蛋宝宝浮起来"的活动中，教师将盐、糖、沙子三种材料都放在同一张桌子上，容易造成材料混杂，幼儿无法判断究竟是什么材料加在水中帮助鸡蛋宝宝浮起来的，使活动未能达到教育目标。

（4）材料的安全、卫生问题。应确保幼儿操作的材料安全与卫生，但在活动中，也常遇见考虑不周的现象。例如，在大班活动"神奇的纸杯"中，中间一个环节是让幼儿自己给纸杯涂蜡。教师未做任何示范就让幼儿自己用烧熔的蜡，往纸杯上涂抹，这存在很大的安全隐患。又如，在中班活动"自制泡泡水"中，教师提供给幼儿吹泡泡的管子很粗，幼儿操作时，教师未交代怎样使用管子才不会将泡泡水吸进嘴里，这也存在卫生问题。

4．设计活动过程

根据幼儿年龄的不同及实验内容上的差异，可采用不同的设计思路。这里提供三种以供参考。

（1）演示—操作式。演示探究有两种情况：一种是基于对幼儿操作安全等方面因素的考虑，完全由教师演示实验，幼儿观察实验过程和实验现象。这类活动，要以幼儿的探究学习为目的，让幼儿明确探究的问题，要选择恰当的演示方式，充分显示其直观性、形象性，以激发幼儿的兴趣，教师要引导幼儿针对性观察、穿插提问，启发幼儿归纳总结。另一种是教师示范演示，然后幼儿对应操作，通过自己的观察，获得发现。

> 💡 **思考与讨论**
>
> 不会湿的手绢、哪个蜡烛先灭、纸托水杯、做糕点。
> 1. 这几个实验中，如果没有教师的演示操作，幼儿能否顺利完成？
> 2. 这种设计思路在实际操作中成功的因素有哪些？（需要注意哪些方面问题？）

（2）自由—引导式。即由教师通过材料引导幼儿先进行自由探究，然后再组织幼儿交流、谈论，引起幼儿进行有兴趣、有目的的进一步探究。

> 💡 **思考与讨论**
>
> 物体的滚动、盐的用处多、蚂蚁喜欢的味道、磁铁吸物（小班）、水图案、颜色的探索。
> 1. 用完整的话说一说自由—引导式的设计思路是什么？
> 2. 作为教师，如何能保证自由—引导式实验的成功进行？
> 3. 一般什么情况下需要采用自由—引导式设计思路？

物体的滚动

（3）猜想—验证式。这种方式是先动脑后动手，可以增强幼儿在科学探究活动中的目的性，并能使幼儿更加专注于自己的探究活动。可以让幼儿获得科学探究的基本过程和方法，亲历科学知识获取过程和体验科学发现的过程，掌握一定科学技能（记录的方式和方法：符号、标记、数字、图画等），重要的是，可以培养幼儿的科学精神和习惯，形成实事求是和尊重事实的科学态度。

> 💡 **思考与讨论**
>
> 请大家按组选题，下课后动手做一做，并思考以下问题：实验中如何设计幼儿操作环节和提问？关键节点提问如何体现？
>
> 小实验名称如下所示。
> 1. 有趣的电动玩具。
> 2. 好玩的颜色（不见了，会跑步，变了）。
> 3. 鱼刺变软了。
> 4. 大蒜在哪里长得快。
> 5. 有趣的沉浮。

四、实验探究型活动的实施

实验探究型活动是幼儿园集体科学教育活动的重要形式，是幼儿在教师的精心组织和悉心指导下，通过自主探究获取科学经验的过程。因此，教师在组织指导中可采取以下策略。

实验探究型活动的组织与指导

1. 组织指导中的策略

（1）提供充足、多样的实验材料。这样可以保证幼儿能反复操作、与客体相互作用，在实验过程中去探索、发现、判断，自己找出问题的答案。幼儿的发现来自他们自己的摆弄和操作，因此，提供实验材料非常重要。只有多样性的材料才能使幼儿获得丰富的科学经验。

（2）巧妙利用幼儿实验结果的分歧与争执。在"蜡烛为什么熄灭"的活动中，两个小朋友虽然都能正确地进行实验，但对蜡烛熄灭的原因的理解不同，两人还争执起来，一个认为是因为杯子里的空气没有了，另一个却坚持认为是杯底压灭了蜡烛的火。此时教师不必介入，可保持关注，防止争执升级。最后，两人通过选用较短小的蜡烛再次实验，经过验证找到了蜡烛熄灭的真正原因。幼儿间的这种互动交流具有积极性，有益于幼儿的自我发展。如果教师过早介入，幼儿就会丧失在矛盾中解决问题的机会。所以，在幼儿的自主探究中，教师有时保持沉默是有必要的。

（3）合理采用图示指导的策略。比如将比较烦琐的操作步骤用图示的方式呈现出来，将抽象概括的要求转化为直观形象的画面，使幼儿一看就知道怎样操作。因此，这也是实验探究型活动中有效的指导策略之一。

（4）巧妙利用合作小组的优势。分组实验是科学活动中经常会采用的方式，但科学探究合作小组的分配并不是随机的，教师要在充分了解每一位幼儿的基础上，按照"组内异质，组间同质"的原则，对每个小组幼儿的学习能力、组织能力、性别、个性、兴趣、特长等方面予以合理的搭配，从而保证合作小组内各成员之间的差异性、互补性以及小组与小组之间的平衡性。

（5）保证幼儿有充足的探究时间。幼儿的探究活动是一个从失败到成功的过程，所以，教师不要怕幼儿出现错误，不要怕幼儿走弯路，不能因为幼儿暂时没有成功，而直接宣告结果或立刻示范给幼儿看，而应该引导幼儿思考，鼓励他们寻找原因，分析问题，促使他们从失败中总结经验，从成功中体验快乐，这样，幼儿才会不断动手、动脑，养成良好的学习习惯。

2．教师在组织和指导实验探究型活动时的注意事项

（1）发挥幼儿交流与讨论的作用，交流讨论主要有两种形式。

"同组异质"的形式，即在合作小组内部，每个成员由于承担的任务不同，通过交流与讨论，可分享各自获取的经验和想法，并在此基础上，相互帮助协调，共同完成任务。此时，教师的主要任务是观察与倾听幼儿在组内的讨论与交流，并引导幼儿学会倾听、接纳他人的观点和意见。

"异组同质"的形式，即在整个班级中，多个承担着相同任务的不同小组成员，虽然他们的任务是相同的，但在科学探究时他们体验到的经验和探究的结果却是不同的，教师可引导他们对共同内容互相交流和讨论，达到经验与信息的分享。这种形式的交流能够生动地再现每个幼儿的探索过程，使幼儿从同伴的活动中受到启发，学到有益的经验和方法，从而促进幼儿之间相互学习，更好地合作探究。

（2）对待幼儿在活动中的表现，教师应持"宽容"的态度。容"错"、容"慢"、容"多"、容"奇"，而不是急于让幼儿获得某一个具体的科学概念。

（3）善用"曲问"。曲问，即"问在此而意在彼"。这样的提问形式一般是在教师不便于向幼儿直接提问或因为问题较难，或为了使幼儿排除其他情况的干扰而采用的。曲问往往由一组小问题组成，每一个小问题应该是简明的，具有明确的指向性，是幼儿可以理解的，这样才能使幼儿最终寻找到问题的答案。例如，在"蜡烛灭了"的实验中，由于空气的变化是幼儿不能直观感受到的，此时，教师可以通过曲问的办法使幼儿理解其中的原因。教师可以这样提问："蜡烛在什么情况下灭了？""是谁把它吹灭了？""是蜡烛自己烧完了？""人没有氧气会怎么样？"通过这一系列小问题，幼儿就能逐步分析出蜡烛熄灭的原因。

（4）记录要简便易行。记录要能支持和促进幼儿的科学探究活动，且简便易行。在科学探究活动中，如果教师不能把握好记录的时机、内容和方式，记录就会成为幼儿的负担和不愿意做的事情。例如，在中班科学活动"有趣的颜色"中，教师从红、黄、蓝三种颜色中选择两种进行混合实验演示，然后让幼儿猜测其他两种颜色混合后的颜色，并用彩色水笔涂色记录，再让幼儿操作，并随时记录操作过程和结果。幼儿看到颜色就迫不及待地动手操作，忘记了教师交代的记录任务。教师在一旁大声提醒，并不断要求他们停下来作记录，影响了幼儿探究的积极性和持续性。此外，让幼儿用教师事先剪好的彩色圆点记录比用彩色水笔涂色记录要简便易行得多。

任务三 讨论交流型活动设计与实施

讨论交流型活动采用的是集体讨论的形式。在讨论的过程中，幼儿之间、幼儿与教师之间通过信息交流，有效地促进了幼儿思维的发展。一般讨论交流型活动都要求在活动前收集资料，这对于培养幼儿的信息意识和收集信息的能力有着重要的作用。

一、讨论交流型活动的含义

《纲要》指出，幼儿科学教育应引导幼儿积极参加小组讨论、合作探索等方式，培养幼儿合作学习的意识和能力，学习用多种方式表达、交流、分享探索的过程和结果。学前儿童科学教育中的科学讨论类活动，是指幼儿在亲自探究和收集资料、整理材料的基础上，通过集体的交流与讨论等方式来获取科学知识，获得全面发展的一种科学教育活动。虽然科学讨论类活动不是一种直接的科学探究活动，但它仍是学前儿童获得科学知识的一种非常重要的手段。

现代学前儿童科学教育强调"互动建构"，即在手动、心动、口动、他动中建构对科学的理解。口动即讨论交流。相比于观察类、实验类、制作类科学教育活动，讨论交流类的幼儿科学教育活动并不是一种直接的探究活动，但仍然是幼儿获取科学知识的一种非常重要的手段。

讨论交流型科学教育活动中的信息量很大，能充分满足幼儿旺盛的求知欲；讨论交流型科学教育活动是在事先收集资料的基础上进行的，有利于培养幼儿获取信息的能力，特别是获得间接经验的能力。这一类活动主要让幼儿表达自己的探究过程及发现，有利于幼儿语言表达能力的发展；讨论交流型科学教育活动给幼儿提供了一个理清自己思路，理解别人想法的机会，有利于发展幼儿的思维能力。

二、讨论交流型活动的设计

讨论交流型活动的设计流程如表2-6所示。

表2-6 讨论交流型活动的设计流程

设计过程	注意事项	举例说明	备注
选择活动课题	1. 从传统的活动中选择课题 2. 在幼儿身边寻找课题 3. 从大众传媒中寻找课题	1. 中班 保暖小技巧 废旧电池的处理 病毒防护我知道 2. 大班 剪纸妙处多 认识高速公路 和机器人交朋友 垃圾分类	

续表

设计过程	注意事项	举例说明	备注
制定活动目标	1. 表达交流技能 2. 获取科学知识与经验	1. 学习用调查、记录等方法了解不同人群喝牛奶的情况（大班："牛奶营养好"） 2. 根据所获得的信息了解高速公路上的设施及其功能（大班："认识高速公路"）	
准备活动材料	1. 制作图片 2. 摄制实景	1. 在"有用的尾巴"活动中，提供有代表性的尾巴的图片 2. 在"小猪盖房子"活动中，提供有故事情节的视频	
设计活动过程	1. 参观调查—汇报交流式 2. 收集资料—共同分享式 3. 认识探究—交流研讨式	动物怎样过冬（中班） 1. 室外活动，导入主题 2. 观看录像，了解动物过冬的方式 3. 再次观看录像，初步了解动物与环境的关系 4. 教师组织幼儿游戏，巩固对动物过冬方式的认识 5. 引导幼儿通过绘画表现动物过冬的方式	

（一）选择活动课题

1. 从学前儿童身边找课题

应选择学前儿童感兴趣、能接受的并与学前儿童生活经验密切联系的课题。在收集、整理资料的基础上，通过集体讨论交流活动获取科学知识。

2. 学前儿童喜欢的、重要的，但不能通过直接探究而获取知识的课题

活动信息量大，能培养学前儿童获取信息的能力和语言表达能力。此类活动要求学前儿童具备一定的交流能力，所以比较适合于中班和大班幼儿。

主要有以下五种类型。

实验操作——讨论交流。指的是在幼儿动手操作的基础上而开展的讨论交流活动，引导幼儿交流操作的过程，讨论自己的发现，相互分享操作的结果。例如，幼儿在家中对大蒜发芽的条件进行实验探究，并进行长期系统性的观察，幼儿将自己的发现通过多种形式的记录，与其他幼儿进行讨论交流。

观察参观——汇报交流。这类活动通常让幼儿观察探究对象或外出参观考察获取直接经验，在此基础上再进行汇报交流，分享经验。例如，在假期中，幼儿可以用绘画、拍照、摄像等形式记录自己的家乡，在班级中进行展示交流。

收集资料——共同分享。有些活动，幼儿只能通过收集资料的方式积累间接经验，例如，在探索野生动物的生活习性时，教师可事先提供一些图书、图片资料、影像资料、多媒体资料，或提供一些收集资料的途径和方法，家长与幼儿共同查阅有关资料，在活动中与大家分享。

设疑提问——相互讨论。幼儿科学活动的有效性取决于幼儿的问题意识，可以围绕幼儿感兴趣的事物或现象，提出探究性的问题来组织相关活动。例如，探究蚂蚁，可以设置

蚂蚁最爱吃什么？蚂蚁如何搬运食物？蚂蚁的家在哪里？蚂蚁要冬眠吗？这样的问题，促使幼儿交流探究。

科学阅读、文艺——讨论交流。可以围绕一些科学普及读物、科学文章、科学童话、科学故事、儿童科学绘本来进行活动。通过科学阅读来激发幼儿的思考、想象、求知欲。

图画书

（二）制定活动目标

讨论交流类活动主要通过幼儿在资料收集的基础上围绕某一主题的表达交流以达到分享知识经验的目的，核心目标是幼儿表达交流的情感及能力的发展。讨论交流型活动目标如表2-7所示。

表2-7 讨论交流型活动目标

项目	教学目标	适用年龄	自选主题，制定目标
表达交流技能	大胆讲述自己的观点，愿意与同伴交流	中班、大班	
	倾听、理解和评价他人的观点	中班、大班	
	借助图画、表格、动作、形象等方式表达	中班、大班	
学习科学知识与经验	丰富有关讨论主题的科学经验	中班、大班	
	学习、选择和鉴别信息的基础上构建自己的科学知识	大班	

（三）准备活动材料

活动的准备主要体现在三个方面：物质材料的准备、幼儿经验的准备（资料收集）、活动环境的准备（交流氛围）。在讨论交流类活动中，主要强调幼儿经验的准备和活动环境的准备。

1. 收集相关资料，完成调查

由于讨论交流类活动是非直接探索活动，因此，活动材料不同于一般的操作材料，需要在活动之前让幼儿明确资料收集的渠道、资料收集的方式方法，围绕课题收集各种信息。有时，为了便于讨论交流，需将收集的信息转化为图片或视频等比较直观的形式，也可以将调查结果制作成表格。

2. 营造交流氛围

在讨论交流类科学教育活动中，应为幼儿营造一个民主平等、宽松自由的交流氛围，使幼儿想说、敢说、喜欢说、有机会说。要避免把讨论交流类活动变成灌输科学知识的课堂，因此要把充足的时间留给幼儿。

（四）设计活动过程

讨论交流类科学教育活动往往以四个步骤展开活动：幼儿前期的资料搜集；创设情境，提出问题，引发兴趣；以问题为导向，幼儿展示分享收集的资料，进行多种形式的讨论交流；总结评价，经验拓展。

> **案例——小动物如何过冬（中班）**
>
> 本次活动主要让幼儿掌握动物常见的过冬方式；能清楚地讲述几种小动物过冬的方式；懂得关心爱护小动物。
>
> 在活动前，要让幼儿收集有关小动物如何过冬的资料。让幼儿尽可能通过直接观察小动物、查阅相关图书、观看相关影片来获取资料，并鼓励幼儿用不同的方式进行记录。
>
> 在活动的导入部分：教师生动地讲述《动物过冬》的故事。听完故事后，请小朋友们说一说故事中的几种小动物是怎样度过寒冷的冬天的。提问：青蛙怎样过冬？还有哪种动物也采用这种冬眠的方法过冬？小燕子如何过冬？通过讲故事，设置问题情景激发幼儿探究的兴趣。
>
> 在活动的展开部分，第一步是面向集体讨论交流。鼓励幼儿面向集体大胆讲述自己通过资料的收集获得的经验。
>
> 第二步是自由讨论环节。幼儿根据自己搜集到的资料向同伴介绍小动物的过冬方式。采用自由谈话的形式，幼儿可以利用搜集的图片、图书、磁带等资料向大家来展示。
>
> 第三步是小组讨论环节。教师总结小动物过冬的方式。幼儿两人一组分别选择自己喜欢的小动物图片，互相说一说它是怎样过冬的。教师巡回聆听幼儿的讲述，并适当给予鼓励。
>
> 活动结束部分主要是幼儿的经验拓展，开阔视野，丰富幼儿有关动物过冬的趣闻。教师讲述，拓展幼儿的知识面，例如，海豹冰上钻孔、蛇冻成冰棍、兔子撞肚皮等。
>
> 活动延伸部分与区域活动相结合。小朋友们已经了解了小动物的不同过冬方式，那么小动物过冬都把家搬到哪里去了呢？你们会用积木、雪花片给小动物搭建一个温暖的家吗？

三、讨论交流型活动的实施

讨论交流型活动主要是通过语言达到讨论交流的目的。因此，幼儿对活动的兴趣显得特别重要，教师对活动的组织指导则是关键。

讨论交流型活动的实施

讨论交流型活动的组织指导策略如下。

（1）讨论交流型活动仍然是以幼儿为主体的活动。教师在活动中主要是组织幼儿开展讨论，指导幼儿进行交流，适当进行科学知识的渗透，应避免教师占用较多时间给幼儿传授知识。

（2）活动过程应宽松和谐。教师应为幼儿创设宽松、自由的环境，建立民主、平等的氛围，让幼儿大胆讲述自己的想法，自由地进行交流。在活动过程中教师应引导幼儿倾听同伴的意见，培养幼儿尊重他人、善于倾听的习惯，使讨论交流成为真正有效的活动。

（3）教师应帮助幼儿学习讨论交流活动中的技能。在讨论交流型活动中，教师应利用多种形式表现活动的内容，特别是用艺术的手段表达对科学的认识，使讨论交流的形式丰富多彩，而不致成为知识的堆积。例如，可以进行艺术表演、图画展览、游戏等。

（4）讨论交流型活动应充分利用多媒体教学手段。可以利用视听媒体进一步丰富幼儿的知识经验，扩大幼儿的眼界。如课件的制作或视频的采集等。

在组织指导讨论交流型活动时还应注意以下几点。

（1）教师应注意讨论交流活动中语言的组织和运用。一是要注意活动中使用的指导语言和引导语言要恰当；二是要注意活动中使用的语言应避免涉及难度较大的科学知识相关术语。

（2）讨论和交流也往往是其他集体科学活动中常用的方式，因此，讨论交流型活动也应采用其他活动中的方法，以避免这类活动过于单调和枯燥，幼儿不感兴趣。

任务四 技术制作型活动设计与实施

技术制作型活动是指幼儿学习制作产品、使用科技产品或掌握某些工具的操作方法、技能的科学活动。它是幼儿了解技术、体验技术的重要手段。

随着时代的发展，科学和技术的联系变得越来越紧密。对幼儿的技术教育应该包含两个方面：一是认识技术和技术产品，即向幼儿简单介绍生活中常用或常见的技术，以使其了解技术的转化和中介作用；二是亲身体验和经历的技术活动，可以让幼儿掌握一些简单的技术，包括使用工具的技术、科技小制作的技术等。

一、技术制作型活动的含义

技术操作活动是指学习制作产品、使用科学技术产品或掌握某些工具的操作方法、技能的科学活动，主要目的是培养幼儿的动手操作能力，学会使用简单的工具，掌握一定的制作方法，理解简单的科学原理等。例如，制作风筝、风车、万花筒、会走的轮船、跳舞的小人等。

二、技术制作型活动的意义

在技术操作型活动中，幼儿能获得对技术的直接体验，加深对有关科学现象的理解，获得一些具体的制作技能、技巧，养成动手操作的习惯。与其他类型的活动相比，这类活动重视幼儿操作技能的培养及通过具体的操作活动，使幼儿拥有一双灵巧的手以及动手做的学习习惯。教师平时要注意收集各类可利用的废弃物品，创造条件让幼儿参加制作活动。

三、技术制作型活动的分类

技术制作型活动可分为两大类：一类是幼儿对科技产品和常用工具的认知，根据目标要求的不同又分为感受操作式和运用操作式两种；另一类是针对幼儿开展的科技小制作活动，又可分为模仿制作式和设计制作式两种。

四、技术制作型活动的设计

技术制作型活动设计流程如表2-8所示。

表2-8　技术制作型活动设计流程

设计过程	注意事项	举例说明	备注
确定课题	1. 设计技术 2. 使用技术	乐器制作、有趣的不倒翁、榨汁机、天平、打电话、小小木工房	
制定活动目标	1. 设计制作能力 2. 使用工具技能 3. 展示分享能力	1. 根据生活经验，通过观察，设计壶嘴的位置和长度（大班："壶嘴上的科学"） 2. 大胆尝试使用多功能刨子、榨汁器、削皮器探索它们的结构、功能和正确使用方法（中班："厨房小用具"） 3. 在教师的组织下，全班幼儿共同布置玩具展览（大班："用废旧物品制作玩具"）	
准备活动材料	1. 制作的原材料应尽量是半成品 2. 制作的材料应具有选择性 3. 注意材料的安全性	1. 制作小火箭。可以用充气的气球代替火箭，体验火箭升空的模拟情景；也可以用空的塑料奶瓶制作成火箭 2. 我的小水车。可截取胡萝卜、黄瓜、莴苣等各一段，上面插上塑料片，中间穿过筷子，小水车就制成了	
设计活动过程	1. 学习使用科技产品和工具的活动 2. 科技小制作活动	好玩的荧光棒（中班） 1. 游戏：猜一猜，激发活动兴趣 2. 观察：看一看，引导观察想象 3. 探究：玩一玩，幼儿进行创造性表现 4. 创作：做一做，深入启发思考探究 5. 总结：评一评，保持探究兴趣	

技术制作型活动的设计

水车

乐器制作

（一）确定课题

确定课题是开展活动的开始，关系到制作活动的价值能否实现，是促进幼儿积极愉快地获得发展的决定因素。一般来说，选定幼儿观察活动内容的途径有两条：一条是生成途径，即对幼儿的兴趣点和关注点进行开发利用，生成科学教育活动；另一条是预设途径，即创设有教育价值又能引起幼儿兴趣的情境，让幼儿观察和获得有关信息，明确需要探究的问题。

选题一般以设计思路或者活动来源的形式出现。

课题的选择可分为两种。①设计技术。技术的实质是设计，是创造。设计技术就是幼儿通过科技小制作，实现自己的造型构想，是一种创造性的活动。科技制作的内容很广泛，选择时应考虑幼儿是否感兴趣、幼儿是否有能力完成、制作材料是否容易收集等方面的问题。②使用技术。技术对于幼儿来说，还仅限于他们身边的事物、具体的操作。使用技术就是通过认识和使用科技产品，让幼儿成为技术产品的受用者。在学习使用简单工具的活动中掌握基本的操作技巧，培养他们在生活中解决各种实际问题的能力，使幼儿真正成为技术活动的主体。

（二）目标设计

技术制作型活动是帮助幼儿经历设计和制作活动的过程，让幼儿体验制作、创造和成功的快乐。幼儿在亲历设计、制作的过程中能感知制作材料的特性，学习工具的使用方法，探究制作物品背后的科学原理，从而逐步形成尊重事实的科学态度和强烈的探究欲望，逐步习得发现问题、解决问题的科学方法。技术制作型活动目标如表2-9所示。

表2-9 技术制作型活动目标

项目	教学目标	适用年龄段	自选主题，制定目标
设计制作能力	设计构思简单的物品，自己确定制作方法	中班、大班	
	理解设计要求，按顺序操作或制作	中班、大班	
使用工具技能	掌握使用简单工具的方法	中班、大班	
	认识日常生活中的常用工具并知道其用途	小班、中班、大班	
展示分享能力	对制作活动感兴趣，并乐于与同伴交流	中班、大班	
	愿意将自己的作品与同伴共享，热情参与展览、陈列等集体活动	中班、大班	

（三）材料准备

（1）制作的原材料应尽量是半成品。半成品材料对幼儿具有很好的暗示和提示作用，有助于引导幼儿成功地通过自己的探索发现关系。例如，大班制作活动不倒翁，教师提供不同的填充物，让幼儿探索制作，只要幼儿找到一个合适的填充物就成功了。这特别适合大班幼儿，既保证幼儿能有一个成功的结果，又能让其拥有制作的经验。

（2）制作的材料应具有选择性和代表性。例如，拆装笔的活动中教师提供的笔芯比笔筒要多，材料提供较丰富，让幼儿有选择的余地。同时选择的笔要有代表性，能代表同一类型笔的典型特征。有的材料看似没有用处，但是它也能激发幼儿的创造性运用，因而也应该适当提供。

（3）制作的材料应具有安全性。制作活动教师一定要考虑幼儿安全的需要，无论是活动中的原材料，还是使用的工具，都必须适合幼儿操作，保证安全。

（四）过程设计

1. 导入

设计能够引起幼儿兴趣和探究欲望的导入方法。导入的方法很多，教师可灵活选择，其目的是调动幼儿的好奇心，把他们"吸引"过来，使他们集中注意力，积极思维。技术制作类科学教育活动中较常见的导入方法有：通过直接操作材料导入；演示操作过程导入；利用简短指令导入；设置相关问题导入等。

2. 展开

（1）鼓励幼儿围绕主题进行假设或设计。作为幼儿学习科学的支持者和引导者，教师应充分考虑幼儿的年龄、经验和认识水平的特点。他们常常用独特的、不同于成人的眼光和思维方式去思考，不可能完全按教师的设计思路展开，因此，教师应积极鼓励幼儿大胆假设和猜想，尊重幼儿间的差异，接纳每一个幼儿的观点，因材施教，逐一点拨。

（2）鼓励幼儿按自己的想法进行操作。给幼儿足够的时间提出启发性的问题，让幼儿带着疑问，按自己的想法去选择材料进行操作，验证自己的想法和假设正确与否。教师没有必要在幼儿动手操作之前就把答案告诉他们，也不要在幼儿的操作过程中左右他们的思想，暗示结果，而是要放手让幼儿大胆地动手做，并从活动中去了解他们的探索情况，鼓励幼儿表达自己的发现，帮助他们按自己的想法进行验证。

（3）引导幼儿积极开展交流和思考。当幼儿在操作中有了发现之后，无论他们验证的结果与设想是否一致，教师都应尽可能地为孩子之间的交流创造条件，让每个幼儿都能表达自己的实践过程。同时，教师还应尽量帮助幼儿总结发现，鼓励幼儿在前次探索、发现的基础上进一步寻求答案和新的发现。

3. 结束

在幼儿表达、交流信息的基础上，教师可以和幼儿一起小结本次活动的知识点，对幼儿学习过程及表现作出评价。

4. 延伸

教师要注意对活动感想、活动中出现的问题以及有多少收获、如何指导幼儿进一步探究等问题进行总结，以便在日后的活动组织中不断改进。

五、技术制作型活动的实施

技术制作型活动以动手操作为主要活动形式，这也是孩子比较感兴趣的活动形式，因此，教师应参与幼儿的活动，给予必要的指导和帮助，具体策略如下。

技术制作型活动的实施

1. 组织活动时应使幼儿明确活动的目标、方法和评价标准

在技术制作型活动中，教师可以通过出示、演示已制作好的成品，让幼儿明确制作的目标和评价标准，知道自己要做什么；教师也可以向幼儿讲解或演示制作的步骤和方法，让幼儿知道怎样做。不过，应注意不能以教师的演示替代幼儿自己的操作，活动过程应该以幼儿自己的操作为主。

2．教师应帮助幼儿选择趣味性强且有教育价值的主题

技术制作型活动的目的不是仅仅制作一件成功的作品，而是让幼儿实现自己的愿望做出自己喜欢的作品，然后痛痛快快、高高兴兴地玩，体验成功的快乐，这样的活动才真正有价值。

3．教师应引导、帮助幼儿顺利完成作品

教师应关注幼儿在活动中的表现，引导幼儿按操作步骤完成作品。当他们在操作中遇到困难或问题时，应及时给予恰当的帮助，促使他们自己主动想办法解决问题并完成作品，特别是对动手能力较弱的幼儿应给予更多的帮助。

4．要让幼儿自己探索制作的方法和技巧

在科技制作活动中，也要给幼儿主动探索的空间，即要让幼儿自己去尝试，通过个人的经验（即使是失败的经验）来学习，而不是向幼儿灌输技能技巧，否则，幼儿的学习也就变成了机械的训练。

5．在分享、交流中体验快乐，完善作品

在活动结束的阶段让幼儿相互交流，可以使幼儿根据自己的想法和做法梳理并强化自己所获得的新经验。分享、交流是技术制作型活动不可缺少的重要环节，同时，幼儿可以在完善作品时与同伴交流，思考自己作品的不足之处，在教师引导式的评价下，调整自己的作品。

教师在组织指导这类活动时还要注意以下几点。

（1）将科技制作活动与区域活动结合起来开展。如果科技制作活动时间不够，可延伸到区域活动时间。

（2）科技制作型活动最好结合展示活动开展，使幼儿的每项制作活动都有始有终，并能在与同伴的交流中提高制作技能。

（3）还可以请家长参与科技制作型活动，特别是年龄较小的幼儿可以请家长带着一起制作，效果会更好。

案例研读

案例一　有趣的声音　　大班

一、设计意图

人们的生活中充满了各种声音，声音能传递丰富的信息。听到雷声，知道要下雨了；听到雨声，知道出门要打伞；听到人说话的声音，能辨别是谁在说话。声音是怎么产生的

呢？它又有什么特点呢？对于充满好奇心的幼儿，通过材料操作、观察、实验等方法感知、探索声音的产生及声音的有关特性是一件十分有趣的事情。

二、活动目标

（1）体验探究声音产生和传播活动的趣味。
（2）知道声音是由物体振动产生的，声音在水中能传播。
（3）通过观察、操作实验能发表对声音的相关见解。

三、活动准备

（1）知识经验准备：听到过自然界的雷声、雨声、乐器声及人说话的声音等。
（2）物质材料准备：音频（喇叭声、雷声、火车鸣笛声、人说话的声音）、小鼓一面、米粒、鼓槌一个、水一盆、碰铃一个、眼罩一个。

四、活动过程

1．听一听：各种有趣的声音
（1）今天老师带来了许多种声音，请大家听一听是什么声音？播放音频（喇叭声、雷声、火车鸣笛声、人说话的声音）。
（2）你是用什么听到声音的？生活中你还听到了哪些不同的声音？

2．探索活动：声音的产生
（1）请幼儿发出"啊"的声音，同时用手摸喉咙处的声带。教师提问：你们刚才发出"啊"的声音时，声带发生了什么变化？（说话时声带在振动）不说话时声带振动吗？（不振动）猜猜说话声是怎么产生的？（声带振动产生的）
（2）教师出示小鼓、鼓槌、米粒，请一名幼儿上前打鼓，幼儿观察鼓面上米粒的变化。教师提问：当小鼓发出声音时米粒有什么变化？（米粒跳起来了）小米粒为什么会跳起来？（小米粒跳起来是因为鼓面振动）不敲鼓时米粒会跳起来吗？（不会）小鼓发声吗？（不发声）。猜猜鼓声是怎么产生的？（鼓槌敲击鼓面产生振动让小鼓发声）
（3）教师再请几名幼儿上前打鼓。教师提问：为什么有的小朋友打鼓时声音大，有的小朋友打鼓时声音小？鼓声的大小与什么有关？（与敲击鼓面的力度有关，即用力越大，鼓面振动速度越快、声音越大，反之，声音越小）

教师小结：声音是由振动产生的，振动幅度越大，声音越大。

3．探索活动：声音在水中的传播
（1）教师出示碰铃，请幼儿上前操作，让碰铃发出声音。
（2）猜一猜碰铃在水中能否发声。请一名幼儿上前操作，将碰铃放在水中，撞击碰铃。
（3）教师小结：碰铃在水中能发出声音，声音在水中可以传播。

4．游戏：猜猜他是谁
（1）游戏玩法：请一名幼儿戴上眼罩，另一名幼儿说一句话，戴眼罩的幼儿说一说是谁在讲话。猜对的幼儿可以将眼罩送给其他小朋友继续游戏。

（2）教师提问：为什么戴上眼罩看不见别人却能听出是谁在讲话？（每个人的声音都是不同的，即音色不同，所以才能分清是谁在讲话）

（3）评价小结：声音是由物体振动产生的，振动幅度越大，声音越大，声音在水中可以传播。

五、活动延伸

教师将打击乐器（圆舞板、三角铁、铃鼓、摇铃等）投放在表演区，让幼儿继续操作、探索。

（活动设计：湖北省孝感市直属机关幼儿园　黄梅、罗巧玲）

案例二　灯泡发光的秘密　　大班

一、设计意图

灯泡是日常生活中常见的物品，灯泡发光似乎是理所当然的事。那么，灯泡是怎么发光的呢？灯泡发光需要哪些条件呢？哪些材料能够充当导线呢？这些问题成人都不一定能回答上来，当然也无法向孩子解释。因此，此活动能够很好地弥补成人在生活中对物理现象传播的缺失，激发幼儿对生活中常见物品的好奇心，从而培养幼儿的探索能力。

二、活动目标

（1）乐于参与灯泡发光实验，积极探索发现导电材料。
（2）通过动手实验辨别材料的导电性。
（3）能阐述自己的实验结果并用符号进行记录。

三、活动准备

（1）知识经验准备：幼儿有使用手电筒的经验。
（2）物质材料准备：手电筒发光原理视频，实验视频，灯泡若干、电池若干、各种金属、非金属线（铜线、铝线、铁丝、塑料吸管、橡皮绳、毛线）若干，记录表。

四、活动过程

1. 谈话导入

教师提问：小朋友们，你们用过手电筒吗？它为什么能够发光呢？

2. 揭示灯泡发光原理

（1）教师出示手电筒。
教师提问：大家一起来看一看手电筒里面有什么？

给幼儿出示灯泡和电池。

教师提问：有了灯泡和电池，就能发光吗？

教师连接灯泡和电池，灯泡不能发光。

（2）认识导线。

教师提问：那还需要什么呢？

播放手电筒发光原理视频，请幼儿说一说灯泡发光还需要什么？（导线）

（3）教师播放实验视频。实验中教师将灯泡、电池和导线进行连接，灯泡亮了。

教师说明实验要点：将灯泡底座压在电池正极上，再将导线一头连接电池负极，一头连接灯泡即可。

3．幼儿进行实验

教师：刚刚老师用铜线作为导线来进行灯泡发光实验，灯泡亮了。现在老师还为你们准备了其他的一些线，一起来看一看。

（1）熟悉材料。教师依次出示铝线、铁丝、橡皮绳、毛线，请幼儿看一看、摸一摸，并猜一猜这些线是否可以让灯泡发光。

（2）教师讲解灯泡发光记录表（表2-10）。教师出示记录表，先请幼儿猜一猜哪种物质可以让灯泡发光，然后教师进行说明。

表2-10　灯泡发光记录表

实验材料	①铝线	②铁丝	③橡皮绳	④毛线
我的猜想				
我的实验				
记录方法	✓		✗	

（3）进行实验。教师将幼儿分为4人一组，每组幼儿共享1~4号实验材料线。另外，幼儿人手一张记录表、一支彩笔、一节电池、一个灯泡。请幼儿进行实验并做记录。

4．讨论：什么线能让灯泡发光

（1）请幼儿根据自己的实验结果依次对实验材料线是否能够让灯泡发光进行判断，并用提前录制的相应材料的实验视频进行验证。

实验结果：1号铝线、2号铁丝能让灯泡发光；3号橡皮绳、4号毛线不能让灯泡发光。

（2）讨论：为什么有的线可以让灯泡发光，有的线不能？

（3）揭示原因：一根线是否能让灯泡发光，在于是不是能够导电，1号铝线、2号铁丝都属于金属线，金属线具有良好的导电性，所以能够使灯泡发光，而3号橡皮绳、4号毛线不属于金属线，不具有导电性，所以不能使灯泡发光。

（4）教师提出疑问：如果用两节电池灯泡会不会更亮？

请幼儿活动结束后自行到科学区（角）里进行探索。

5. 教师总结

今天学习了灯泡发光至少需要有三种东西，分别是灯泡、电池和导线。通过实验可以发现不是所有的线都可以当导线，只有那些具有导电性的线才能够充当导线，生活中最常用的导线是铜线和铝线。

五、活动延伸

将电池、灯泡和导电材料放到科学区，供幼儿自由探索。

（活动设计：湖北省孝感市直属机关幼儿园 黄梅、朱天妃）

案例三 沉浮 大班

一、设计意图

幼儿在生活中或多或少都接触过沉浮现象，例如，戏水玩具、放纸船、打水漂、游泳、划船等，但是幼儿却很少了解这些现象背后的原理。沉浮现象是一种基本的科学现象，它能够激发幼儿的探究兴趣，在观察、操作、体验中发展幼儿初步的探究能力，而对探究兴趣和探究能力的培养正是幼儿科学教育的核心。通过此活动，幼儿能够初步感知液体的浮力，知道不同液体具有不同的浮力，从而更加乐于在生活中发现与探索沉浮现象。

二、活动目标

（1）对生活中的沉浮现象感兴趣并乐意主动探索。

（2）感知鸡蛋在不同液体中的沉浮情况。

（3）能通过观察比较不同液体的浮力大小并用符号进行记录。

三、活动准备

（1）知识经验准备：幼儿在生活中对沉浮现象有一定的感知。

（2）物质材料准备：乒乓球1个；装有体积相同的清水、盐水、醋、酱油的一次性杯子各1个；大小及重量接近的鸡蛋（生熟均可）4个。

四、活动过程

1. 设疑导入

教师出示乒乓球和鸡蛋，请幼儿猜想。

教师提问：如果乒乓球放到水里，你觉得会沉下去还是浮上来？为什么？如果把鸡

蛋放到水里,你觉得会沉下去还是浮上来?为什么?

2. 实验一:清水的浮力

(1)将乒乓球放入清水中(图2-1),请幼儿观察乒乓球的状态。

教师提问:乒乓球怎么样了?为什么会这样?

教师揭示:水是有浮力的,乒乓球在水中会受到一股向上托的力,这种力就像有1只手把乒乓球托起来。

图2-1　将乒乓球放入清水中

(2)教师将鸡蛋放入同1杯清水中(图2-2),请幼儿观察鸡蛋的状态。

教师提问:鸡蛋怎么样了?为什么会这样?

教师揭示:虽然水有浮力,但是这个浮力是一定的,当遇到比较轻的物体时,这个浮力就能把物体托起来,因此乒乓球就能浮起来;当遇到比较重的物体时,这个浮力就太小了,支撑不住了,因此鸡蛋就会沉下去。

图2-2　将鸡蛋放入同一杯清水中

3. 实验二:不同液体的浮力

教师出示装有清水、盐水、醋、酱油的4个杯子。

(1)幼儿猜测。

教师提问:把鸡蛋放入清水中,发现鸡蛋会沉下去,那么如果把鸡蛋放入盐水、醋和酱油中,你们觉得鸡蛋还会沉下去吗?

请幼儿将自己的猜测记录在记录表(表2-11)里。

表2-11　沉浮记录表

	①清水	②盐水	③醋	④酱油
实验材料				
我的猜想	↓			

(2)进行实验。

请幼儿将4个鸡蛋分别放入体积相同的清水、盐水、醋和酱油中(图2-3),观察鸡蛋的沉浮情况。

（盐水）　　（清水）　　（醋）　　（酱油）

图2-3　将鸡蛋放入四种不同的液体中

揭示：不同的液体浮力不同，清水浮力小，鸡蛋会沉下去，盐水、醋和酱油浮力大，鸡蛋就会浮起来。鸡蛋浮出水面的部分越多，说明液体浮力越大。因此，这4种液体的浮力从大到小依次是：酱油——盐水——醋——清水。

4．教师总结

今天认识了液体的浮力，知道在清水中有的物体能浮起来，有的不能，也知道了不同的液体具有不同的浮力，在某种液体中沉下去的物体，在其他液体中有可能会浮起来。小朋友回家以后可以用其他物品做一做这个沉浮实验。

五、活动延伸

请幼儿回家后跟家长一起将各种不同物体放在不同的液体中进行沉浮实验，并把实验结果拍摄并打印出来，带到幼儿园分享给老师和其他小朋友。

（活动设计：湖北省孝感市直属机关幼儿园　黄梅、朱天妃）

案例四　小鸟入笼　　大班

一、设计意图

夏天到了，孩子们运动后大汗淋漓，回到教室后打开电扇，在电扇刚启动时，星星眼睛盯着电扇，一动不动，嘴里还发出了惊讶的叫声，我闻讯赶来，问他："怎么了？"他说："我看到电扇好像在反转……"幼儿具有很强的好奇心，要充分利用自然和实际生活机会，引导幼儿通过观察、操作、实验等了解科学规律，通过"小鸟入笼"这一活动，引导幼儿发现视觉暂留在生活中的应用。

二、活动目标

（1）体验自制玩具的乐趣，感受视觉暂留的神奇。
（2）初步了解视觉暂留在生活中的其他应用。
（3）能发现生活中有许多视觉暂留现象，会用语言表达自己的探索过程。

三、活动准备

（1）知识经验准备：幼儿之前已学会画"小鸟""笼子"。

（2）物质材料准备：彩色陀螺人手一个、走马灯视频、旋转的八音盒、摇摆的荧光棒、小鸟入笼、栅格纸（黑底白条纹的纸张）、白色硬卡纸、小木棍或筷子、水彩笔、双面胶、安全剪刀若干。

四、活动过程

1．玩一玩：彩色陀螺，感知视觉暂留现象

教师提问：

（1）陀螺静止时是什么样子的？（陀螺有四种颜色）

（2）当陀螺快速旋转时，发生了什么变化？（颜色动起来了）

（3）为什么会这样呢？需要小朋友亲自动手试一试。

2．老师演示"小鸟入笼"，进一步感知视觉暂留现象

（1）教师快速搓动筷子，问幼儿小鸟在这个笼子里吗？（在）

（2）老师停止搓动筷子，小鸟还在笼子里吗？（不在）

（3）为什么快速搓动筷子时，视觉看上去，小鸟就像在笼子里呢？

（4）小结。这种现象叫视觉暂留。因为物体会在人的眼睛中停留一段时间。当两幅画面转速加快时，人眼会产生笼子与小鸟重合的感觉。从而看起来就像小鸟到了笼中。

3．幼儿观看视频

了解视觉暂留在生活中的其他应用，进一步拓展幼儿对视觉暂留现象的理解。

（1）教师：我这里有一段走马灯的视频，一起来看一下吧！

（2）教师提问：走马灯里真的有人在骑马吗？（没有）

（3）教师提问：为什么点上蜡烛后，眼睛看到的就是动态的有人在灯里骑马，这是什么原理呢？（视觉暂留现象）

（4）教师提问：刚才玩的彩色陀螺，你们找到答案了吗？（视觉暂留现象）

4．提供实物，幼儿分组探索视觉暂留现象

（1）教师提问：我这里有旋转的八音盒、摇摆的荧光棒、小鸟入笼、彩色陀螺、多彩小电扇、栅格纸、白纸上随意画上图案，每6人为一组，请你们看一看、玩一玩、说一说，发现了什么？

（2）每组请一名幼儿交流分享自己的探索发现。

幼儿1组：我看到小电扇在启动或停止时，扇叶好像会反转。

幼儿2组：荧光棒快速摇摆时，颜色好像发生了变化。

幼儿3组：旋转的八音盒通电后，音乐盒上原本静止的小塑像，竟然动起来了。

幼儿4组：把栅格纸放在白纸图案的上方，让两张纸平行，轻轻推动上方的栅格纸，下方的图案好像动起来了。

幼儿5组：快速搓动筷子时，人眼看上去真的好像小鸟在笼子里。

幼儿6组：陀螺快速旋转时，颜色好像动起来了。

……

（3）师幼小结。映在眼睛里的图像即使立即消失，脑海中还会留有之前看到的影像，两个影像重叠，使人看到的影像和实际影像存在差别，这样的现象就叫视觉暂留。

5. 幼儿制作小鸟入笼，感受视觉暂留的神奇

（1）教师：我这里有许多的白卡纸、筷子、彩笔、双面胶等材料，小朋友们亲自动手试一试吧！

（2）玩一玩自制的小鸟入笼。

6. 教师提问

在生活中，还有哪些事物是利用视觉暂留现象呢？（回家和爸爸妈妈一起寻找生活中的视觉暂留现象）。

五、活动延伸

在美工区提供卡片鱼和鱼缸、花和蝴蝶、花和花盆、青蛙吃虫子、小猫抓老鼠等材料，供幼儿继续探索视觉暂留现象。

（活动设计：湖北省孝感市直属机关幼儿园 黄梅、杨俊英）

岗位体验

一、设计科学探究活动方案

（1）以小蝌蚪为主题，设计观察认识型活动方案。

（2）以皮影戏为主题，设计实验探究型活动方案。

（3）以参观科技馆为主题，设计讨论交流型活动方案。

（4）以传声筒为主题，设计技术制作型活动方案。

二、实施科学探究活动

（1）以小组为单位开展模拟教学。一名同学扮演幼儿园教师，小组其他成员扮演幼儿。模拟教学完成后，集体研讨修改完善活动方案。

（2）利用课余时间到幼儿园实施科学探究活动，观察幼儿的反应，听取幼儿园老师的建议，修改完善活动方案。

赛证练习

一、单项选择题

1. 在科学活动《奇妙的气味》中，教师准备了分别装有水、食醋、酱油等液体的瓶子，请幼儿看一看，闻一闻。幼儿在活动中使用了什么方法？（　　）
   A. 实验　　　B. 参观　　　C. 观察　　　D. 讲述

2. 观察认识活动是教师有目的、有计划地组织幼儿利用（　　）去感知客观事物现象的特征。
   A. 活动材料　　B. 教师讲述　　C. 各种感官　　D. 游戏

3. 教师引导幼儿观察春、夏、秋、冬四季的主要特征，这属于（　　）。
   A. 个别观察　　B. 比较性观察　　C. 随机观察　　D. 长期系统性观察

4. 在"种子的旅行"活动中，幼儿感知到植物种子的形状有助于其传播。这反映出该活动的关键经验是（　　）。
   A. 植物的多样性　　　　　　　B. 动植物的生长周期与繁殖
   C. 植物对环境的适应性　　　　D. 植物生存和生长变化的基本条件

5. 幼儿主动建构知识的前提是（　　）。
   A. 提出问题　　B. 猜想假设　　C. 实验操作　　D. 分享交流

6. 对实验活动材料准备不正确的一项是（　　）。
   A. 材料要根据实验目标来选择　　　　B. 材料是实验活动目标的物化
   C. 可以请幼儿参与收集实验材料　　　D. 实验材料要越丰富越好，要每人一份

7. 幼儿进行实验操作后，适宜的组织引导方式是（　　）。
   A. 幼儿分享交流　　　　　　B. 幼儿归纳总结
   C. 教师归纳总结　　　　　　D. 活动自然结束

8. 学前儿童科学教育中教师的语言应具有（　　）。
   A. 活动性、形象性、逻辑性、目的性　　B. 目的性、开放性、启发性、逻辑性
   C. 形象性、开放性、启发性、逻辑性　　D. 启发性、形象性、逻辑性、目的性

9. 科学小制作活动的核心目标是（　　）。
   A. 实验操作能力　　　　　　B. 掌握工具用法
   C. 按照程序操作　　　　　　D. 技术操作能力

10. 科学小制作与单纯手工制作的主要区别是（　　）。
    A. 是否使用工具　　　　　　B. 是否按程序操作
    C. 是否带有科学探索性质　　D. 是否有教师演示

11. 开展观察"各种各样的叶子"的活动，适合的季节是（　　）。
    A. 春季　　　B. 夏季　　　C. 秋季　　　D. 冬季

二、活动设计题

1. 设计一个中班科学教育活动，帮助幼儿感知和发现植物的生长变化及其基本条件。

要求：写出活动名称，活动目标，活动准备和活动过程。

某幼儿园的院子里有几种高大的树，也有一些比较低矮的灌木。请你结合院子里的这些资源，设计一个题为"幼儿园的树木"的中班主题活动方案（含3个子活动），要求写出总目标，每个子活动的名称、目的和主要环节。

2. 设计一个大班科学教育活动。

材料一：周一早晨户外活动，幼儿被园子里五颜六色的花吸引了。他们有的指认花的颜色，红的、黄的、白的、紫的；有的在数花的花瓣，三瓣、四瓣、六瓣；有的在争论花的名称；有的说花长得一样，但颜色不一样；有的花朵有香味，有的花朵没有香味……户外活动时间结束了，幼儿还一直很高兴地谈论着……

材料二：几个孩子在户外操场玩陀螺，旋转的陀螺刚好掉进窖井里，看得见，但缝隙太小拿不到。怎么办呢？正在孩子们一筹莫展之际，老师组织孩子们逐一尝试他们的设想，两根木棍夹、一根木棍绑着磁铁……

请根据以上素材设计大班科学活动，写出活动方案，包括活动名称、活动目标、活动准备和活动过程。

项目三 3 发现数学乐趣
——幼儿园数学认知教育活动

◎ 学习目标

● 认知目标
1. 了解学前儿童认知发展特点，掌握学前儿童数学认知教育的特征。
2. 理解常见数学认知活动的基本内容。
3. 掌握学前儿童数学认知教育活动类型及实施方法。

● 能力目标
1. 能准确表达常见数学认知活动的内涵。
2. 能正确区分不同年龄段学前儿童的数学认知发展差异。
3. 能独自完成给定主题的数学认知活动设计与实施。

● 素质目标
1. 喜欢数学，涵养数学家的理性精神。
2. 善于发现数学的有用有趣，乐于开展数学认知教育活动。
3. 逐步形成科学的数学教育理念，增强职业认同感。

内容导览

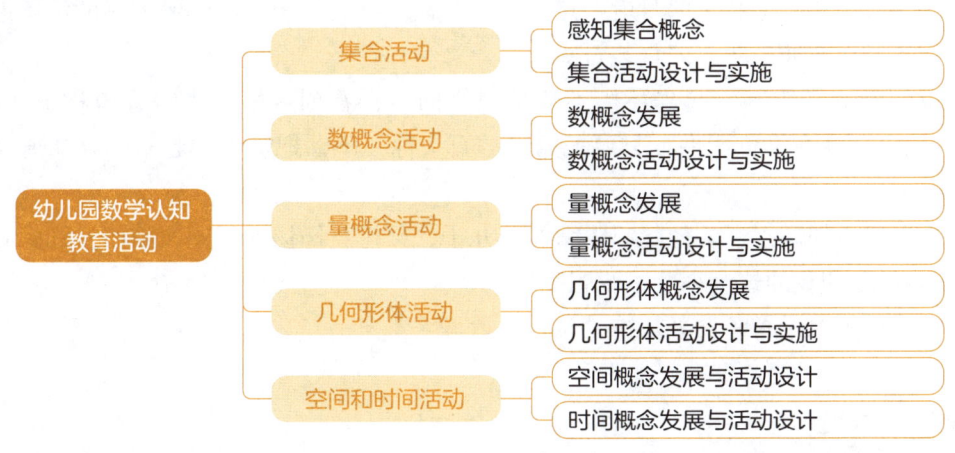

📖 情境导入

曹冲称象

有一次,吴国孙权送给曹操一只大象,曹操十分高兴。大象运到许昌那天,曹操带领文武百官和小儿子曹冲,一同去看。

曹操的人都没有见过大象。这大象又高又大,光说腿就有大殿的柱子那么粗,人走近去比一比,还够不到它的肚子。曹操对大家说:"这只大象真是大,可是到底有多重呢?你们哪个有办法称它一称?"嘿!这么大个家伙,可怎么称呢!大臣们都纷纷议论开了。

一个说:"只有造一杆顶大的秤来称。"

而另一个说:"这可要造多大一杆秤呀!再说,大象是活的,也没办法称呀!我看只有把它宰了,切成块儿称。"

他的话刚说完,所有的人都哈哈大笑起来。有人说:"你这个办法可不行啊,为了称重量,就把大象活活地宰了,不可惜吗?"

大臣们想了许多办法,一个个都行不通,可真叫人为难呀。

这时,从人群里走出一个小孩,对曹操说:"父亲,我有个法儿,可以称大象。"

曹操一看,正是他最心爱的儿子曹冲,就笑着说:"你小小年纪,有什么法子?你倒说说,看有没有道理。"

曹冲趴在曹操耳边,轻声地讲了起来。曹操一听连连叫好,吩咐左右立刻准备称象,然后对大臣们说:"走!咱们到河边看称象去!"

众大臣跟随曹操来到河边。河里停着一只大船,曹冲叫人把象牵到船上,等船身稳定了,在船舷上齐水面的地方,刻了一条道道。再叫人把象牵到岸上来,把大大小小的石头,一块一块地往船上装,船身就一点儿一点儿往下沉。等船身沉到刚才刻的那条道道和水面一样齐了,曹冲就叫人停止装石头。

大臣们睁大了眼睛,起先还摸不清是怎么回事,看到这里不由得连声称赞:"好办法!好办法!"现在谁都明白,只要把船里的石头称一下,把重量加起来,就知道大象有多重了。

曹操自然更加高兴了。他眯起眼睛看着儿子,又得意扬扬地望望大臣们,好像心里在说:"你们还不如我的这个小儿子聪明呢!"

❓ 思考:如何对学前儿童开展重量认知的教育?

🎓 学习任务

众所周知,学前期是人的一生中智慧发展的重要时期,数学作为研究现实世界的空间形式和数量关系的科学,与人的心理发展密不可分。幼年的曹冲可以想出称量大象体重的可行办法,足见学前儿童的思维发展具有巨大的潜力,对学前儿童进行科学启蒙教育尤为重要。

幼儿数学教育是根据教学计划，在教师或成人的指导下，幼儿通过自己的主动探究活动，对客观世界中的数量关系、形状、体积及时间、空间等进行感知、观察、操作、发现的过程；是幼儿积累大量有关数学方面的感性经验，主动建构表象水平上的初步数学概念，学习简单的数学方法和技能，发展思维能力的过程；是幼儿发展好奇心、探究欲、自信心，获得愉快的情绪体验，产生对数学活动的兴趣及养成良好的学习习惯、发展个性品质的过程。

任务一　集合活动

集合是数学中的一个基本概念。学习函数、泛函数、概率论、拓扑学等高等数学离不开集合，甚至整个数学都可建立在集合的基础之上。向幼儿进行感知集合的教育十分重要，其重要性不仅是因为集合在数学中的地位和作用，更主要的是因为它符合幼儿掌握初步数概念的认知规律和特点，是幼儿学数前的准备，同时也是幼儿建立初步数概念及进行加减运算的感性基础。因此，有关集合的教育活动不仅应作为幼儿数学教育的重要内容之一，还应把它贯穿于学前期数学教育的全过程，为幼儿初步形成数概念和逻辑的概念积累感性经验。

一、感知集合概念

《指南》中提出："幼儿在对自然事物的探究和运用数学解决实际生活问题的过程中，不仅获得丰富的感性经验，充分发展形象思维，而且初步尝试归类、排序、判断、推理，逐步发展逻辑思维能力，为其他领域的深入学习奠定基础。"

感知集合概念

在数学中，把具有某种相同属性的事物的全体称为集合。集合的"相同属性"可以是物体的名称，也可以是物体的某一特性，如颜色、形状、功能、用途等。它既是一个集合的标志又是组成一个集合的依据。如在日常生活中，人们常把苹果、香蕉、橘子等放在一起，组成一个集合，称为水果；把小汽车、积木、皮球等放在一起，组成一个集合，称为玩具。

集合

组成集合的每个对象叫作这个集合的元素，如森林里的动物组成一个集合，其中每个小动物就是这个集合的元素。集合和集合之间存在交集、并集、差集和补集等运算关系，就像数与数之间可以进行加、减、乘、除运算一样。集合概念是幼儿掌握数概念、进行数的运算的基础。

幼儿感知集合概念的教育是指在不教授幼儿集合术语的前提下，让幼儿感知集合及其元素，学会用对应的方法比较集合中元素的数量，并将有关集合、子集及相关的一些思想渗透到整个幼儿数学教育的内容和方法中。具体教育内容主要有感知集合及其元素，进行物体的分类、排序，区别"1"和"许多"，两个集合元素的一一对应比较。

（一）分类

分类即按物体的颜色、大小、形状、用途、数量等不同的特征进行区分，可以先按一个特征分，再逐步按两个或两个以上的特征分。分类活动是幼儿对集合及其元素的同类特征感知和理解的一种表现，是幼儿数概念形成以及正确计数的基础。同时，分类活动所涉及的思维的分析、比较、观察、判断等基本过程也能够对锻炼和提高幼儿逻辑思维能力产生一定的影响，有助于幼儿良好思维品质的培养。

（二）排序

排序依据物体的差异，如颜色、大小、长短、粗细、高矮、先后、多少的特征，按一定的规则和次序进行排列。排序是建立在对物体比较的基础上，它需要有一定的判断推理能力，对幼儿来说，排序比对物体进行分类要困难一些，引导幼儿发现排列规律，遵循由简单到复杂，由明显到隐藏，由少数到多数的原则排序，对幼儿学习数学知识和发展智力有积极的意义和作用。

（三）区别"1"和"许多"

"1"是自然数的基本单位，"许多"是含有两个以上元素的集合。区别"1"和"许多"，目的是让幼儿学习数概念之前初步认识一组物体或集合是由单个物体或元素组成，初步形成集合的概念，为学习逐一计数和认识10以内的数奠定基础。

（四）两个集合元素的一一对应比较

两个集合元素的一一对应比较就是不通过数数的方式，借助对应来确定两组物体（集合元素）的相等与不等。有助于幼儿对元素及数量的正确感知，掌握计数，感知理解对应法则。

二、集合活动设计与实施

集合活动主要包括三大类，分别是求同操作活动、分类操作活动和配对操作活动。

集合活动设计

（一）求同操作活动的设计与实施

求同是指幼儿在操作的过程中发现并挑选出具有某种共同属性的物体的活动过程。例如，引导小班幼儿练习将印有红色花朵的卡片放在一起。求同操作活动可以使幼儿自发形成对各种事物的概念。

1. 求同操作活动的教育作用

首先，通过求同操作活动可以使幼儿体验物体的共同属性。例如，发现物体中的"全等"，即在颜色或形状、大小、物体名称、物体用途、物体性质中的某一方面特征的"一样"。其次，求同操作活动可以引导幼儿按物体的属性（特征）做等价集合。例如，按照"全等"做集合，按照"一个特征"或"两个特征"做集合，按照类的观念做等价集合等。再次，求同操作活动可以使幼儿体验"1"和"许多"的关系。例如，让幼儿挑选出若干个只有一个元素的集合，体验"1"所代表的意义，以及由"1"组成的"许多"的含义。

2．求同操作活动的形式

求同操作活动主要有两种形式，分别是按标记求同和用排除法求同。

（1）按标记求同。按标记求同就是用某事物或物体的某一属性做标准，找出和它全等或有相同属性的物体。

例如，给幼儿提供印有各种花朵的卡片若干，并提供三个小花篮，分别有红、黄、白的标记，这样幼儿会从众多花朵卡片中挑出红、黄、白三种颜色的花朵，分别放进三个小花篮里。

按标记求同活动设计流程如下。

①教师提供给幼儿操作材料，激发幼儿活动的兴趣。

②引导幼儿观察物体的属性。

③引导幼儿观察分类标记。

④幼儿动手操作。按照标记认准一种属性进行求同。

⑤教师总结，结束活动。

例如，引导幼儿按照颜色标记对物体进行分类。第一，通过出示积木，引导幼儿和积木交朋友，激发幼儿的兴趣。第二，引导幼儿观察积木是什么颜色的，并拿出一块积木说："×（红）积木，我和你做朋友。"第三，引导幼儿观察小框上的标记，"涂了红颜色的卡片叫作红标记，这里放什么积木？"（红积木）。"这张呢？"（绿颜色，绿标记，放绿积木）。第四，幼儿动手操作，将红积木放进红色的小框，绿积木放进绿色的小框。第五，教师小结："今天，我们认识了颜色标记，还按颜色标记将积木和珠子送回了家，积木、珠子真高兴，它们谢谢小朋友。"

注意事项如下。

①最初为幼儿提供的物体只有一种相同属性。求同操作活动的设计关键在于控制物体的相同属性。"相同属性"若是外形，幼儿会把注意力集中在物体的轮廓上。"相同属性"若是颜色，幼儿会对颜色形成一定的概念。因此，给幼儿提供材料时，教师一定要明确给幼儿的关键经验是什么。

②教师应该给幼儿一些求同的标记做提示。例如，物体的轮廓标记、颜色标记、大小标记等。在幼儿熟悉求同规则的基础上，教师可以增加材料中相同属性的种类，例如，提供不同形状、不同颜色的物体，让幼儿排除某些非求同属性的干扰，按照标记认准一种属性进行求同。

③创设一定的游戏情境。小班的求同操作活动应注意创设一定的游戏情境，以帮助幼儿理解活动的意义。例如，教师扮演兔妈妈，小朋友扮演兔宝宝，通过兔宝宝帮兔妈妈采蘑菇的情节做练习，做红蘑菇的求同，蓝蘑菇的求同，形成全等的经验。

④采取不同的组织形式。教师可以根据需要选择集体教学、分组教学、区角活动等不同的组织形式。

（2）用排除法求同。用排除法求同是指挑出所有不属于某集合的物体，使该集合的共同属性更加突出。例如，教师给幼儿准备了印有梨花、栀子花、玉兰花、樱花、茉莉花、水仙花的卡片，请幼儿选出与其他卡片不同的一张。

用排除法求同活动设计流程如下。

①教师提供给幼儿操作材料，激发幼儿的兴趣。

②引导幼儿观察物体的属性。

③幼儿动手操作。挑出所有不属于本集合的物体，使该集合的共同属性更加突出。

④教师总结，结束活动。

例如，引导幼儿利用排除法求同，首先，教师出示神秘袋，引起幼儿兴趣。其次，引导幼儿观察物体的属性。将袋中的苹果、香蕉、梨、萝卜一一取出、请幼儿说出它们的名字，把不是一类的物品找出来。再次，幼儿动手操作，教师出示图片，引导幼儿将不是同类的物品划掉。设计游戏"找一找，分一分"。让每个幼儿从袋中取出一样东西，藏在手中，不能让别人看到，教师说"一二三"，幼儿将手里的东西呈现出来，请幼儿观察其他小朋友和自己手中的物品，教师播放音乐《找朋友》，幼儿找出和自己手中物品是一类的小朋友走到一起。音乐停止。请每个小组说说本组的物品属于哪一类（教师检查）。最后，教师小结、结束活动。

注意事项如下。

①用排除法求同需要在幼儿掌握按标记求同的基础上进行。

②在设计这类活动时，可采取实物或图形两类不同层次的材料，材料中涉及的物体形象应该是符合幼儿生活经验的常见物体。

③教师可根据幼儿的实际操作情况适当增加干扰因素，以巩固幼儿的类概念。例如，教师为幼儿准备一张在一排苹果中有一片树叶的图片，苹果中有一个红苹果、一个黄苹果，其余的是绿苹果，而一片树叶是绿色的。有的幼儿把红苹果和黄苹果取走，剩下全是绿色的苹果和树叶。这就在颜色方面给幼儿造成了干扰。

（二）分类操作活动的设计与实施

分类是把相同的或具有某一共同特征（属性）的物体归并在一起。幼儿在学习分类的过程中感知、理解集合及其元素，分类是幼儿计数的必要前提和形成数概念的基础，同时，分类操作活动的过程能促进幼儿分析、比较、观察、判断、综合等思维能力的发展。因此，分类是幼儿园数学教育中的一项重要内容，既是小班学数前教育的内容之一，也是学数以后中、大班的教育内容。在不同的年龄阶段，应以不同的活动途径和形式体现和渗透其内容。

1. 常见的分类形式

（1）按物体的名称分类。按物体的名称分类即把相同名称的物体放在一起。例如，把玩具放在一起、图书放在一起、衣服放在一起等。

（2）按物体的外部特征分类。按物体的外部特征分类即按物体的颜色、形状分类。例如，大小、颜色、形状各不相同的几何图形，按颜色将红色的三角形、正方形、长方形放在一起，或按形状将红色、黄色、蓝色的正方形放在一起。

（3）按物体量的差异分类。按物体量的差异分类即按物体大小、长短、粗细、厚薄、宽窄、轻重等量的差异分类。例如，将图书按厚薄分别放在不同的书架上，把大的皮球和小的皮球分别放到不同的筐子里等。

（4）按物体的用途分类。例如，将自行车、摩托车、公共汽车等图片归为一类，它们都属于交通工具。将裙子、短裤、毛衣、羽绒服等图片归为一类，它们都是服装。

（5）按物体间的联系分类。例如，分别将手和手套、钥匙和锁、雨鞋和雨伞、厨师和炒锅、医生和听诊器的图片归并在一起等。

（6）按物体材料的性质分类。例如，将木头制作的积木、玩具小手枪、家具模型，塑料制作的雪花片、玩具电话、小动物模型，各种不同的纸如电光纸、牛皮纸、宣纸、蜡纸等分别归类。

（7）按物体的数量分类。例如，把数量只有一个的娃娃、小碗、苹果放在一起，再如，把动物按两条腿的、四条腿的进行分类。

（8）按所属的关系分类。例如，把物品按"你的""我的""老师的""工人的"等进行分类。

（9）按时间分类。例如，按"今天的""昨天的""今年的""去年的""以前的""现在的"等进行分类。

（10）按空间方位分类。例如，按"上面的""下面的""左边的""右边的""前面的""后面的"等进行分类。

（11）按事物的多重角度分类。多重角度的分类，指教师提供具有多种属性的图形卡片、积木等操作材料，引导幼儿对同一操作材料做不同角度的分类。例如，对很多娃娃图片分类，可按娃娃的表情，如哭的、笑的等进行分类；可按动作姿态，如唱歌的、跳舞的、闭眼睡觉的等进行分类。再如，对小兔子的图片分类，除了按小兔子的颜色、大小等特征分类外还可以启发幼儿按是否戴蝴蝶结的特征进行分类。

以上幼儿常见的分类形式是从思维的角度考虑的，除此之外，还可以按维度个数进行分类，主要有按一个维度分类、两个维度分类、三个维度分类等。例如，一堆图形卡片的分类，有的幼儿按大小分类，有的幼儿按颜色分类，有的幼儿按数量分类，有的幼儿先按颜色分类，再按大小分类，这些都是按照一个维度进行分类。如果幼儿能够根据"大的且红色的"图形特征进行分类，这就属于按两个维度分类。如果幼儿把"大的且红色的圆形"归放在一起，这就是按三个维度分类了。

分类还可以从肯定和否定的角度考虑。例如，在分房子游戏中，把小白兔卡片分在一间房子里，其他不是小白兔卡片的，如小灰兔、小狗、小鸡、小鸭、小猫等的卡片分在另一间房子里。或者把两条腿的小鸡、小鸭、小鸟的卡片分在一间房子里，把不是两条腿的小狗、小猫等的卡片分在另一间房子里。

除此之外，还可以引导幼儿进行层级分类（图3-1）。层级分类是利用各种实物在层级分类底板上开展的多级次分类活动。层级分类直接反映了物体类与子类的包含关系。例如，幼儿利用各种不同颜色、不同形状、不同大小的插塑玩具进行层级分类：先将所有的插塑玩具放进层级分类板最上面的方框；然后按"是红颜色的"和"不是红颜色的"分成两类放进中间一层的方框；接下来将已分成两类的插塑玩具再分别按"是圆形的"和"不是圆形的"分成两类放进下面一层的方框。如此连续地分下去。

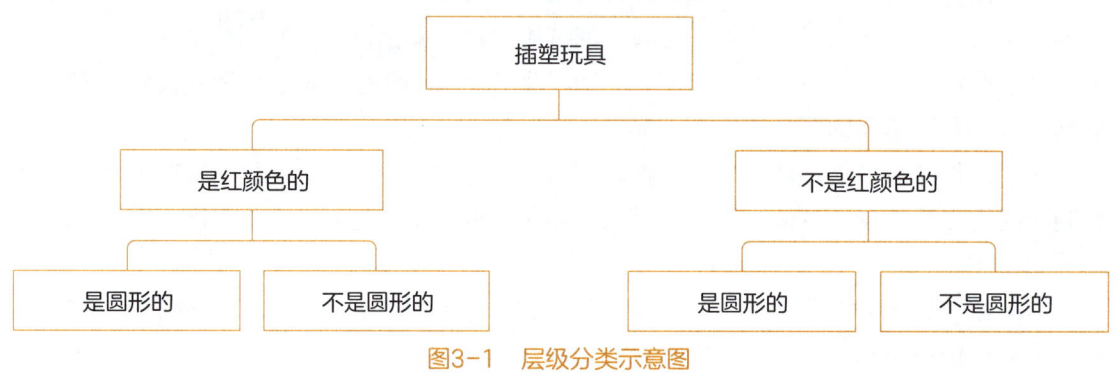

图3-1　层级分类示意图

2．分类操作活动设计流程

（1）首先应让幼儿感知和辨认分类对象的名称、特征和差异。例如，小班幼儿应对要区分的一堆物体分别说出它们的名称或者颜色等。

（2）幼儿操作体验。操作是幼儿学习分类有效的方法之一。教师应根据教学需要，为每个幼儿提供一份学具，让幼儿按一定要求操作学具，学习分类。

①说明要求和分类的含义。进行分类时只有向幼儿清楚地讲明按什么要求分类，同时要使幼儿理解"把一样的东西放在一起"的含义，才能使幼儿在行动上正确分类。

②按范例或口头指示进行分类。教师应根据幼儿不同的年龄特点、幼儿的个体差异提出不同的分类要求。

a．按范例分类。引导幼儿在观察物体的基础上，先由教师拿出一个物体作为范例，让幼儿学习从一堆物体中拿出和教师所取的一样的物体，并放在一起。继而可出示两个不同的物体作为范例，请幼儿将一堆物体分别归类。

例如，教师在桌子上摆放幼儿熟悉的物体，提问："请小朋友看看，桌子上都摆了什么？"引导幼儿边看边说："有小棒、皮球、积木、布娃娃……"然后教师从这些实物中，拿出一块积木，并问幼儿："我拿的是什么？"幼儿回答："一块积木。"教师把积木放在事先准备好的小筐里，再让幼儿像教师一样把积木找出来放在小筐里，直到把所有的积木全部拿出来为止。

在幼儿初步感知分类的含义之后，教师可逐渐增加难度，如上例中的积木可以大小不同、颜色不同，要求幼儿把所有的积木全找出来放在一起，并反复强调大积木、小积木、红积木、绿积木都是积木。这样引导幼儿初步学会排除物体大小、颜色等的干扰，正确进行分类。

b. 按教师的口头指示分类。由教师说出物体的名称或特征，请幼儿将物体分类。如"请小朋友把红色的插塑玩具放在这个小筐里，把绿色的插塑玩具放在另外一个小筐里"，"请小朋友把红色的圆形、蓝色的正方形、黄色的三角形分开放在3个小盒子里"，等等。

对小班幼儿可先由教师示范如何按范例进行分类，然后再按教师的口头要求进行分类。

③启发幼儿思考探究如何进行分类。当教师提出分类的要求后，应让幼儿在观察的基础上，认真想想教师要求的是什么，再动手进行分类。例如，对大班幼儿要求按两个特征分类时，请幼儿不要急于分类，而是先要仔细地对每件物体进行观察，想想是不是和教师所要求的条件相符合，再采取行动。小班幼儿往往不能把相同条件的物体全找出来，教师应提醒幼儿再仔细想想看看，是不是把相同条件的物体都找出来了。另外，对中、大班幼儿可以让他们对一堆物体自由分类，要求他们认真思考探究怎样分、按什么条件分，以及为什么这样分。

④对不同年龄阶段幼儿提出不同的分类干扰条件，以逐步提高分类的难度。例如，对小班幼儿分类的条件要单一，按颜色分类时，应选用不同颜色、相同形状、相同大小的物体；对中班幼儿要求按长短分类时，可提供不同颜色、不同长短的小棍，让幼儿能排除小棍颜色的干扰，正确按长短分类；对大班幼儿要求按宽窄分类时，可提供不同颜色、不同长度、不同宽窄的纸板，要求幼儿能排除颜色、长度的干扰，正确按宽窄进行分类。

（3）讨论分类的结果。在幼儿分类操作活动完成后，组织幼儿交流，用语言表述自己的分类结果是分类教学的重要一步，是幼儿巩固和加深对类概念理解的重要方法。例如，当小班幼儿把相同条件物体取出以后，教师分别请几个幼儿将他们拿出的物体给大家看，共同讨论分得对不对，并说明为什么。在中、大班幼儿分类后应和幼儿一起讨论他们是怎样分类的，为什么这样分类，在幼儿陈述理由过程中，引导幼儿理解类和子类的关系。例如，"我把毛巾、茶杯、牙刷放在一起，因为它们是日常生活用品"。或者"我把苹果、橘子、香蕉、草莓放在一起，因为它们都是水果"。教师可进一步提问，"苹果多还是水果多？""苹果、橘子、香蕉、草莓合起来和水果比哪个多？哪个少？还是一样多？""苹果、橘子、香蕉、草莓又是哪个多？哪个少？"经过幼儿的共同讨论，最后教师做出总结时，应重点强调类包含着子类、类大于子类的包含关系，从而渗透集合的思想。

3．分类操作活动中的注意事项

（1）重视分类教学活动中操作材料的提供。分类教学活动中，教师应给幼儿提供大量的操作材料，幼儿通过自身参与、体验和操作，感受不同形式的分类。因此，分类教学活动中的操作材料或学具对幼儿来说是非常重要的。首先，应为幼儿提供充足的操作材料。对于年龄小的幼儿，应尽可能提供人手一份的操作材料，并应在分类教学活动中坚持幼儿操作体验在前、教师归纳提升在后的原则。其次，教师应注意所提供操作材料的差异性。操作材料的差异性越大，儿童分类的难度就越大。因此，教师应根据分类的要求和幼儿的实际水平适当增加操作材料的差异性,这样不仅有利于幼儿的分类活动,更有利于幼儿思维的发展。例如,要求幼儿按两个特征分类,即把红色的三角形放在一起,那么教师提供的操作材料中必须有红色的三角形、不是红色的三角形(如蓝色的三角形)、红色的不是三角形(如红色的正方形)等至少三种差异的材料,只有这样才有利于幼儿正确地把红色的三角形区分出来。

(2)充分利用游戏引导幼儿分类。运用游戏的形式,让幼儿在游戏的情境中学习分类,可以激发幼儿对分类的兴趣,尤其是对于年龄小的幼儿来说,游戏是他们最自然、最喜欢的活动。在游戏中,教师通过活动、角色扮演和问题解决等过程帮助幼儿体验和学习分类。例如,幼儿戴各种小动物头饰,边玩边做各种小动物动作。当教师说:"天黑了,快回家吧!"每个幼儿迅速找到事先布置好的"家禽"或"家畜"的家。然后让幼儿互相检查,谁的家找对了,谁的家找错了。并说说哪里是"家禽"的家,哪里是"家畜"的家。

(3)充分利用日常生活情境引导幼儿练习分类。对于幼儿分类活动来说,不应当仅仅局限于几十分钟的集体教育活动或者区域活动的时间里,而应把分类活动渗透到日常生活或幼儿的一日生活当中,在幼儿接触社会生活及自然环境的过程中,潜移默化、随时随机地加以运用。例如,散步活动,在春天时,教师引导幼儿观察各种各样的花,进行分类;在秋天时,教师引导幼儿发现地上各种不同的落叶,通过拾落叶活动,进行对落叶的分类活动。同样,在日常生活及幼儿园一日生活的各个环节中,例如,在幼儿每次游戏结束后,可引导幼儿按玩具的种类把玩具分别整理好。幼儿整理房间时,应该按类别把东西整理好,分别放在固定的位置。分类活动不仅训练了幼儿的分类能力,也培养了幼儿做事的条理性和良好的生活习惯。

(4)活动过程注重幼儿交流分类的结果。在分类操作活动后,组织幼儿交流,让幼儿用语言表述自己的分类结果是分类教学中的一个重要环节。在交流环节中,教师可以引导幼儿讲解自己是按什么条件分类的、是怎样分类的。教师也可以组织幼儿互相观看,最后把看到的情况进行交流,例如,看到哪些小朋友和自己分得不一样,自己是怎样分的,别人是怎样分的,哪些地方不一样,等等。通过交流和表达陈述的过程,促进了幼儿之间的互动及对口语表达能力的锻炼。当然,在幼儿的交流和表述基础上,教师的适时归纳和提升也相当重要。教师应对幼儿的分类结果加以比较、归纳、总结,帮助幼儿获得分类的关键性经验。例如,帮助幼儿总结出分类的不同标准、分类的标记指示等。

(5)引导幼儿尝试多种分类形式。教师在教学中应当特别注意帮助幼儿拓展多个维度的分类及自由分类。在教学中,结合幼儿按一个维度分类的不同结果,帮助幼儿归纳分类的不同标准,并由此提示幼儿尝试一个维度特征的多种自由分类、层级分类,以及按两个(或以上)维度特征的分类,逐步帮助幼儿在分类活动中发展其思维的抽象性、发散性、灵活性。

(6)将分类同其他数学教学内容有机结合。分类不仅是幼儿学数前的主要教学内容之一,也是幼儿学数后的教学内容,教学中将分类同其他数学教学内容有机结合起来,不仅有利于幼儿知识的掌握,也有利于提高幼儿学习的主动性和积极性。例如,在幼儿体验

"1"和"许多"关系的活动中，幼儿扮演小猫捉了许多老鼠，1只大的老鼠放在大的箩筐里，许多小的老鼠放在小的箩筐里，这样，幼儿既了解了"1"和"许多"，又在游戏中练习了分类。再如，当幼儿学会计数后再进行图形分类活动时就可以数数共有几个图形、三角形图形有几个……幼儿既学习了分类，又练习了数数。

（三）配对操作活动的设计与实施

配对是不经计数确定物体数量的简单方法，能帮助幼儿理解集合和子集的等量关系，形成数量守恒的观念。例如，让幼儿理解"多""少""一样多"的概念时，可以做配对活动。下面介绍几种常见的配对操作活动的形式。

（1）关系配对。关系配对是指根据物体的特征、属性、功能、性质等进行配对。教师可以给幼儿提供具有一定对应关系的实物或实物卡片。例如，荷花与莲蓬、梨花和梨子等。

关系配对设计流程如下。

①教师提供给幼儿操作材料，激发幼儿活动的兴趣。

②教师引导幼儿观察物体的属性，讨论各对物体间的相关关系。

③幼儿动手操作，将相互关联的物体进行配对。

④教师总结，结束活动。

例如，中班区域活动关系配对活动。第一，教师先出示医生、农民、园丁、厨师操作卡，再出示听诊器、洒水壶、炒锅、锄头操作卡。第二，教师引导幼儿观察分类对象的属性，讨论各对分类对象间的相互关系。第三，幼儿动手操作。将听诊器放在医生旁边的空格，依此类推，分别将农民和锄头、园丁和洒水壶、厨师和炒锅进行配对。第四，教师检验结束。

注意事项如下。

①在设计这类活动时，教师可采取实物或图形两类不同层次的材料，材料中涉及的分类形象应该是符合幼儿生活经验的常见形象。

②在组织活动时，教师首先应引导幼儿讨论各对实物间的相互关系，让幼儿领会成为一对好朋友的物体应该是相互有一定关系的物体，然后再让幼儿利用一一对应的方法对实物或实物卡片进行配对。

（2）做等价集合。做等价集合能帮助幼儿发现集合间等数性，从而进一步抽象出"数"概念。例如，在种花游戏中，教师请幼儿在每个花盆里种上一棵百合花，做成花盆与百合花的一对一等价集合，也可以请幼儿在每个花盆里种上两棵百合花，做成花盆和百合花的一对二等价集合。

做等价集合设计流程如下。

①教师提供给幼儿操作材料，激发幼儿活动的兴趣。

②教师引导幼儿观察物体的属性，讨论物体间的相互对应关系。

③幼儿动手操作，按照物体的对应关系做等价集合。

④教师总结，结束活动。

例如，教师引导幼儿按数量与数量的对应做等价集合。第一，教师以小兔子住蘑菇房激发幼儿的兴趣。第二，教师引导幼儿观察讨论，发现数量的对应关系。观察每一间房子顶上的黑点标记，有几个黑点？每张卡片上有几只小兔子，这些黑点是标记，表示哪间房子应放哪张小兔子卡片。第三，幼儿动手操作。第一层：先看一看每张卡片上有几只小兔子，它应该住在哪间房子里面，送小兔子时，要一边送一边说哪只小兔子我送你回哪个家。第二层：喂小兔子吃萝卜，一只小兔子喂一根萝卜，两只小兔子喂两根萝卜，边送边说一只小兔子我请你吃一根萝卜，萝卜送完了，再说，我送了几根萝卜。第四，教师小结，结束活动。

注意事项如下。

①设计组织此类活动时，除了利用游戏活动来设计各种问题情境外，教师还需要结合生活，引导幼儿练习，例如，进餐前请幼儿给每个小组分发餐具；美工活动时请幼儿分发每人所需的材料、工具等。

②在组织活动时，教师应允许幼儿出现各种"多余"的动作，让幼儿在多次集合间元素的比较中领悟操作策略。例如，在"给小动物喂食"活动中，有的幼儿是先数一数共有几只小动物，然后一次拿了相应的食物数量；有的幼儿是先拿一堆食物，给每只小动物一一拿了一种食物后，再把多余的食物送回去；还有的幼儿可能是每次拿一种食物，来来回回地跑，当在喂了第三只小动物后，发现还有两只小动物没有食物，就一次拿两种食物来。因此，教师在幼儿操作过程中，要有必要的等待过程，允许幼儿根据自己的思维进行操作，幼儿只有在操作的过程中，才能不断进步，真正理解。

（3）集合间的比较。用一一对应的方法，比较两个集合中元素的数量，确定它们是一样多还是不一样多，以及哪个多和哪个少。两个集合相等与不相等的比较活动可以帮助幼儿准确地感知集合中的元素及其数量。引导幼儿比较两个集合物体的数量，常用的方法有重叠法和并置法。

重叠法是将一组物体从左向右摆成一行，再将另一组物体逐个一对一的重叠到前一组物体上面，然后比较两组物体的多少。例如，蜜蜂采蜜的游戏，教师第一次给幼儿6朵花和6只蜜蜂的卡片，指导幼儿重叠比较。教师第二次给幼儿6朵花和5只蜜蜂的卡片，指导幼儿比较哪个多，哪个少。

并置法是把一组物体从左向右摆成一行，再将另一组物体一对一地并排放在前一组物体的下方，具体的实施方法与重叠法类似，两者的区别主要在于摆放的位置。

集合间的比较设计流程如下。

①教师提供给幼儿操作材料，激发幼儿活动的兴趣。

②教师引导幼儿观察物体，感知集合中的元素及其数量。

③幼儿动手操作，比较两个集合物体的数量。

④教师总结，结束活动。

例如，教师引导幼儿比较两个集合物体的数量。第一，教师以"做客的娃娃"激发幼儿的兴趣。第二，教师紧紧围绕"做客的娃娃"展开活动。演示部分：教师引导幼儿观察讨论，发现数量的多少关系。7个娃娃养猫，将6只猫一一对应摆在娃娃下边，启发幼儿说出娃娃多1个，猫少1只，怎样变成一样多。（再添1只小猫）7只猫吃鱼，启发幼儿说出猫多1只，鱼少1条，并想办法使猫和鱼的数量一样多。第三，幼儿操作活动。教师请幼儿把盆子中画有许多娃娃的卡片拿出，给娃娃分苹果，把苹果一个对一个地摆放在娃娃的下面，比一比，娃娃和苹果是不是一样多？用什么办法使娃娃和苹果一样多呢？给娃娃戴帽子。1个娃娃戴1顶帽子，把帽子一个对一个地放在娃娃的上面，比一比，娃娃和帽子是不是一样多？（娃娃多，帽子少）怎样才能使它们变成一样多呢？（老师再给每个幼儿1顶纸剪的帽子）在整个活动中，教师为幼儿创设了良好的精神环境和物质环境，利用游戏法，围绕"做客的娃娃"的情境游戏，让幼儿在轻松愉快的氛围中，练习一一对应，完成目标。

注意事项如下。

①幼儿掌握并置法要难于重叠法。虽然这两种方法都要求幼儿精确分辨元素，学会用对应的方法，但并置法除了要求会一一对应外，还有距离和方位的要求，上下对齐，并保持一定的间隔。教学中应先采用重叠法，再使用并置法。

②摆放物体时，教师要教幼儿使用右手从左向右摆好，以培养幼儿动作的规范性，为数数打基础。

③在比较中，教师要先教幼儿比较两组数量一样多的物体，再比较数量不一样多的物体。比较不一样多的物体时，两组物体数量要相差为1。

④物体的数量一般不超过5个。因为这是数前教育，目的在于感知集合及学会对应。数量过多会给幼儿带来困难，影响活动主要目标的达成。

⑤对应比较时要用具体的实物或教具，但不要要求幼儿说出数词，不要用数进行比较。

⑥创设游戏情境，引导幼儿在游戏中学习和掌握一一对应的比较方法。例如，选择"小熊请客"这一主题，先把请来的"客人"和家里的"凳子"重叠对应比较多少或是否一样多，然后请"客人"吃"蛋糕"，把"蛋糕"和"客人"重叠进行比较，最后"客人"和"小熊"跳舞，把"客人"和"小熊"重叠对应比较。通过游戏形式学习，幼儿对多次的重叠比较不仅不会感到枯燥，而且兴趣还会很高。

⑦在日常生活中为幼儿提供丰富的材料，供幼儿比较，满足幼儿比较的兴趣，如瓶子和瓶盖、盒子和盒盖、小碗和小盘等，鼓励幼儿自己探究比较，同时，为幼儿提供参与发放物体的活动，如餐前分发碗、筷，美术活动中分发活动材料等，使幼儿在生活中更多地体验多和少。

任务二 数概念活动

一、数概念发展

数概念发展

"数"是数学中古老、原始、基本的两个概念之一。数概念是数学中的基础知识，也是幼儿积累数学的感性经验时首先要遇到的问题之一。幼儿掌握数概念是一个比较复杂的过程，要经历感知物体，产生数的表象，最后形成抽象数概念的复杂的智力活动过程。这个过程既有连续性，又有一定的阶段性，不同年龄的幼儿，发展水平和接受能力是不同的。学前儿童数概念的发展主要表现在计数能力的发展、数序概念的发展和认识数的组成等几个方面。

我国心理学家对学前儿童数概念的发展进行了大规模的研究，将3~7岁儿童数概念的发展大体上分为三个阶段。

第一阶段：对数量的感知阶段（3岁左右）。这个阶段的主要特点是：对数量有笼统的感知，能区分明显的大小和多少的差别，对不明显的差别则不会区分；会口头数数，但一般不会超过10；逐步学会手口一致地点数5以内的实物，但不会说出总数。总之，这一阶段幼儿主要通过感知和运动来把握物体的数量，只具有对少量物体的模糊的数观念，还算不上真正具有了数概念。

第二阶段：数词和物体数量间建立联系的阶段（4~5岁）。这个阶段的特点是：点数实物后能说出总数，即有了最初的数群的概念。末期开始出现数的"守恒"现象；这个阶段前期的幼儿能分辨大小、多少、一样多，中期能认识第几和前后顺序；能按数取物；逐步认识数与数之间的关系。例如，能比较数目大小，能应用实物进行数的组合和分解；能开始做简单的实物运算。这一阶段幼儿所反映出来的特征表明，他们已经在较低水平上达到了形成数概念的水平。

第三阶段：简单的实物运算阶段（6~7岁）。这个阶段的特点是：对10以内的数大多数能保持"守恒"；计算能力发展较快，大多数从表象运算向抽象的数字运算过渡；基数概念、序数概念、运算能力等各个方面都有不同程度的扩大和加深，大多数幼儿可以学会计数到100甚至100以上。幼儿能学会20以内的加减运算，个别的甚至可以做100以内的加减运算。这一阶段的幼儿已经在较高水平上形成了数的概念，因此，教师应根据幼儿的年龄特点，从实际情况出发，分别提出不同的教学要求，运用恰当的教学方法，有效地促进幼儿初步数概念的形成和发展。

（一）幼儿认识基数的特点

基数是指表示物体数量的自然数或正整数。幼儿在日常生活中，很早就接触到食物、玩具、用品等各种各样的物体，积累了由同类的单个物体组成的一个整体的初步经验。两岁以前的幼儿就能说出单个的物体或一组物体的整体，如"1辆车""1个皮球""很多人"

等。但这时幼儿对物体数量的感知是模糊的、不精确的。例如，在幼儿面前摆放若干相同的物体，在幼儿不注意时，减少或增加少量的同类物体，尤其是从一排物体的两端取走或添加少量的物体，幼儿发现不了数量上的变化。这说明幼儿不是一个一个地感知集合中的元素，他们还没有精确地意识到物体的数量。

1. 幼儿计数的特点

学前儿童数概念的发展是从计数开始的，幼儿通过计数活动来实现对基数的认识。计数是一种操作活动，是以数的形式表示物体数量的活动。计数活动的实质是将具体集合的元素与自然数列里从"1"开始的自然数之间建立起一一对应的关系。在不遗漏、不重复的情况下，数到最后一个元素所对应的数就是计数的结果，也就是总数。幼儿计数能力的发展顺序是：口头数数、按物点数、说出总数和按数取物。

（1）口头数数。口头数数就如幼儿学"数鸭子"儿歌中的"二四六七八"，带有顺口溜的性质，并没有形成一个数词与相应的实物一一对应的联系。幼儿尚不理解数的实际意义，只是一种机械记忆，实际上是一种"唱数"，是计数的最低水平。

（2）按物点数。按物点数比口头数数发展得要晚一些，指将数字与客观事物的数量联系起来，建立数与物之间的一对一的联系，做到口手一致地点数。3~4岁幼儿点数事物，特别是点数5以上的实物时，往往手口不一致，不是手点得快，口说得慢，就是口说得快，手点得慢，经常漏数或重复数。5岁以上的幼儿基本上具有按物点数的能力。

（3）说出总数。说出总数意味着幼儿理解了数的实际含义，知道数到最后一个实物时，它所对应的数词就代表这一组实物的总数，能把数过的实物作为一个整体来把握。一般来说，5岁以上的幼儿大多能说出数量在10以内的物体的总数。标志着幼儿已经形成了最初的数概念。

（4）按数取物。按数取物是对数概念的实际运用。首先要求幼儿记住所要求取物的数目，然后按数目取出相应的实物。3~4岁的幼儿一般只能按数取出5个以内的实物。5~6岁的幼儿基本上能按指定的数正确取出实物。

2. 幼儿认识数序的特点

数序是自然数的顺序，每个数在自然数列中的排序都是按照后一个自然数比前一个自然数多1的规律排列起来的，也就是说，数序指的是每一个自然数在自然数列中的位置及与相邻两数之间的大小关系。

幼儿比较数的大小的能力比计数能力的发展要晚一些，3~4岁的幼儿多数能按物点数5以内数量的物体，但问起"4个"和"5个"哪个多时，相当多的幼儿并不知道。有的幼儿可以通过数实物的方式来做比较。这说明幼儿只能看着实物，依靠数数来比较数的大小，还没有建立起抽象数的顺序与数的大小的明确关系。4~5岁的幼儿大约有一半能比较10以内数的大小。5~6岁的幼儿一般能顺利地比较10以内数的大小。

（二）幼儿认识10以内序数的特点

幼儿的序数概念是在基数概念的基础上建立起来的，因为当需要幼儿回答第几个的时候，他首先应该依次点数，如点到"6"的时候，这个"6"就表示一共有6个物件，同时也表示这个物体是排在第六的位置上，如果没有点数，没有基数的基础，也就无法表示序数（数的位置）。

幼儿在认识序数时还容易受到基数概念的影响。因为过去幼儿知道数字表示的是数量，而现在同样的数字却表示在一个数序中的位置。这种影响，一方面表现为幼儿混淆序数和基数；另一方面，即使幼儿知道序数的意义是表示"位置"，但这个"位置"还不能脱离其具体的物体的位置，远不是表示数序中的抽象的"位置"。

（三）幼儿认识数的组成的特点

1．幼儿认识10以内数的分合的特点

数的组成又称为数的分合，是指一个数（总数）可以分成几个部分数，几个部分数又可以合成一个数（总数）。数的组成实际上是数群与子群之间存在等量关系、互补关系、互换关系的反映。学习数的组成是理解加减运算的基础。幼儿对数的组成的理解比对基数、序数的理解要晚一些。

2．幼儿学习加减运算的特点

幼儿学习10以内数的加减运算，其目的是让幼儿初步理解加法、减法的含义（加法就是把两组物体合并在一起，计算一共有多少；减法就是从物体的总数中去掉一部分，求还剩多少）。掌握10以内整数的加减运算，并会以此解决日常生活和游戏中遇到的实际问题。在解决问题的过程中，教师可以帮助幼儿理解加减互逆关系和加减交换关系，发展幼儿的可逆性思维。

（1）幼儿加减运算能力发展的年龄特点。

①实物运算阶段（3~4岁）。3岁半以前的幼儿对加、减运算还处于朦胧状态。这时，幼儿在操作活动和数目之间还没建立起联系。在面对实物时，并不知道可以用它帮助进行加减运算。他们要依靠成人将实物分开、合拢给他们看，才能说出一共有几个或还剩下几个。他们不理解加减的含义，不认识加减运算符号，数的运算对这个年龄幼儿来说很困难。

②表象运算阶段（4~5岁）。4岁幼儿一般会自己运用实物进行加减运算，但在进行加法运算时，他们需要将表示加数和被加数的两堆实物合并，在逐一点数后得出总数（即得数）；在进行减法运算时，也一定要把减掉的实物部分拿掉，再逐一点数剩下的实物个数，得到剩余数。而对于抽象的加减运算既不理解也不感兴趣。

③按数群运算阶段（5~6岁）。5岁以后的幼儿能够将顺数和倒数的经验运用到加减运算中去。此时，多数幼儿可以不用摆弄实物，而用眼睛注视物体，心中默默地进行加减运算。这种加减方法实际上是顺数和倒数，还不是按数群加减。5岁半以后，随着数群概念的发展，特别是在学习了数的组成以后，幼儿在教师的引导下，开始运用数的组成的知识进行加减运算，这样就从逐一加减向按数群加减的水平发展，幼儿在加减运算方法上的进步，实质上反映了幼儿在加减运算中思维抽象性的发展，但幼儿之间存在着一定的个体差异。

（2）幼儿学习加减运算的特点。

①学习加法比学习减法容易。根据皮亚杰的观点，数的加法运算与减法运算有同样的逻辑基础。加法不是增加，而是合并，并且它是一种可逆的运算，减法作为加法的逆运算，应该能同时掌握。但实际情况却是幼儿学习加法比学习减法容易，这可能是因为一方面幼儿受生活经验的影响，在生活中接触加法先于减法，如计数就是从小到大。减法是加法的逆运算，幼儿在运用数的组成知识学习减法时，需要具备两个数群关系逆反能力，即需要将两个部分数合起来等于总数，同时还需要转换为总数减去一个部分数，等于另一部分数。在解决减法问题时，很多幼儿常常是"做减想加"。由于幼儿在思考时需要做个逆转，因此幼儿学习减法要难于学习加法。

②学习加小数、减小数的问题容易，学习加大数、减大数的问题难。幼儿在学习加法时，大数加小数容易掌握，而小数加大数则感到困难；在学习减法时，运算的数量小容易掌握，运算的数量大则较难掌握，出现错误也较多。这可能与幼儿已有的数概念经验有关。

③理解和掌握应用题比算式容易。应用题是用文字或语言叙述生产或生活实际中一些已知数量和未知数量的关系，而要求得未知数量的题目。应用题一般包括三个组成部分：一是内容，反映生产或生活的实际事实；二是条件，已知数量及它与未知数量的关系；三是问题，要求解答的未知数量。幼儿学习的应用题是语言叙述的应用题。

二、数概念活动设计与实施

数概念的教育内容主要包括认识10以内的基数、认识10以内的序数和数序、认识10以内自然数的分合及加减。

（一）认识10以内的基数

1. 教幼儿熟悉口头计数

幼儿早期就已经开始学习计数了，而且很多幼儿很早就具有一定的数数能力，能从1数到10或者20，甚至更多，但这种数数大多属于"顺口溜"的性质，即口头按顺序说出自然数，没有手与实物的对应，是机械记忆的结果，并不代表对数的实际含义的理解。不过，它对帮助幼儿了解自然数的顺序还是有一定积极意义的。很多流传至今的数字童谣和儿歌备受幼儿欢迎，在幼儿口头计数的过程中发挥着重要作用。

数概念活动设计

数字歌

一二三，爬上山，

四五六，翻筋斗，

七八九，拍皮球，

伸出两只手，十个手指头。

五只猴子荡秋千

五只猴子荡秋千，嘲笑鳄鱼被水淹，鳄鱼来了，鳄鱼来了，嗷嗷嗷！
四只猴子荡秋千，嘲笑鳄鱼被水淹，鳄鱼来了，鳄鱼来了，嗷嗷嗷！
三只猴子荡秋千，嘲笑鳄鱼被水淹，鳄鱼来了，鳄鱼来了，嗷嗷嗷！
两只猴子荡秋千，嘲笑鳄鱼被水淹，鳄鱼来了，鳄鱼来了，嗷嗷嗷！
一只猴子荡秋千，嘲笑鳄鱼被水淹，鳄鱼来了，鳄鱼来了，嗷嗷嗷！
没有猴子荡秋千，鳄鱼再也不来了。

2．教会幼儿计数的方法

（1）按物点数。按物点数是幼儿计数的基本方式，是幼儿认识数的实际意义的基础。按物点数就是教幼儿用数词去清点物体的数量，将数词与集合中的元素一一对应起来，使幼儿认识到数词可以表示任何有限集合中元素的数量。

首先，把要数的物体排成一排，从左往右数，边数边说出数词。根据幼儿按物点数的特点，教师在示范时，可以采用边出示实物边数，或边移动实物边数的方法。例如，教师从盒子里取出3块积木，每取出一块，同时说出相应的数量词。为了进一步让幼儿知道数到最后的一个数就是表示所数物体的总数，教师要提醒幼儿每次点数完毕，都要说出一共是多少个。

练习计数的方式有很多，除了用手指点数外，还可以让幼儿运用各种感官计数或按数取物。

对幼儿点数的要求要逐步提高，中班幼儿在掌握按物点数的方法后，可以从用手点数逐步达到用眼睛点数，大班幼儿可以学会默数。

（2）比较数量的多少。在小班，结合幼儿按物点数，教师可以把两组物体一一对应摆放，让幼儿观察比较两组物体的数量。例如，让幼儿学习点数4个物体（图3-2）时，教师可以先出示3个西红柿和3个西瓜，一一对应地摆放，引导幼儿说出西红柿和西瓜一样多，然后幼儿点数，说出西红柿和西瓜各是几个。教师再出示1个西瓜，然后教幼儿学习点数4个，再引导幼儿比较西红柿与西瓜的多少。

图3-2　学习点数4个物体

通过这样的比较，幼儿初步认识到：3个添上1个是4个，4个比3个多1个，3个比4个少1个，等等。

在中班，教师可以进一步教幼儿进行不对应的比较，即把两组物体不规则地摆放，然后让幼儿边数边比较。通过比较，幼儿可以更清楚地理解数的顺序和数的大小。

在大班。教师可以结合点数10以内的数。进一步使幼儿理解数的守恒，使幼儿初步知道物体数量的多少不因空间排列形式的改变而改变。

3. 通过操作活动帮助幼儿理解数的意义

操作活动是指在数学教育中供给幼儿足够的实物材料，创设一定的环境引导他们按一定的要求和程序，通过自身的实践进行学习的活动。现代心理学认为，单纯地用眼睛看，并不能解决知识内化的问题，即使再用语言表达一下，也不能形成完善的认知结构，幼儿在相当程度上还要依靠直觉行动进行思维，需要实际操作物体，对物体施加动作，经过反复地摆弄和探究，把外部动作转化为内部智力的操作，进而在头脑中解决问题，解答那些需要逻辑思维的问题，发展数学能力。数学是一种高度抽象的逻辑数理知识，适宜的操作材料是幼儿活动的物质基础，它能使幼儿在动手动脑的过程中获得思维的发展。

（1）验证性操作活动。验证性操作活动是指教师先讲解、演示、归纳，再让幼儿通过实物或图片进行操作验证而获得数学知识的一种操作形式。例如，教师出示两排橙子卡片（每排各5张），其中一排排列疏松，一排排列紧凑，让幼儿观察比较数量的多少，在幼儿回答后，教师将两排橙子一一对应排列（图3-3），引导幼儿通过点数来检验他们自己的结论。

 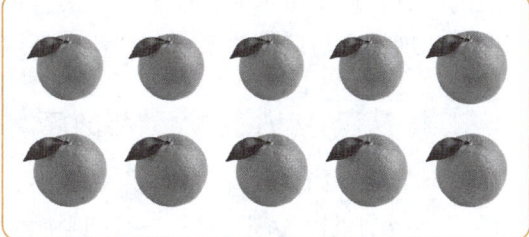

图3-3　两排一一对应排列的橙子

（2）探究性操作活动。探究性操作活动是指围绕某一数学问题，让幼儿通过自己对实物或图片进行摆弄、操作、尝试、探究，在动手实践的基础上发现有关规律的操作形式。

教师发给每个幼儿装有10张橙子卡片的盲盒，让幼儿先拿出5张卡片，点数后说出总数，再拿出一张卡片，说出5个添上1个是6个，有6张卡片。接着，教师敲小铃3下，让幼儿从盲盒中摸出3张橙子卡片，练习凭听觉取出相应数量的橙子卡片。

（3）创造性操作活动。创造性操作活动是指提供某一材料让幼儿自己设计出具有多种选择性结果的一种操作形式。教师请幼儿在物品箱中任选一个果汁容器，看看上面有哪些数字，这些数字的意义是什么。

4. 学习认读阿拉伯数字

数字是表示数的一种符号。通常用到的数字为阿拉伯数字，即1、2、3、4、5、6、7、8、9、10。幼儿认识数字能巩固对10以内数的认识，提高对数的抽象性的理解。由于数字符号比数量抽象，大多数4~5岁的幼儿对数字不易理解，有些幼儿虽然能够读出数字，但也仅限于知道这个数字的发音，而不是对这个数字所代表的意义有所认识。

（1）体验数字与数量的关系，理解数字的含义。在教幼儿认读数字时，教师要引导幼儿先认识数量，在认识数量的基础上认识数字。使幼儿意识到数字是对数量的反映，理解数字的含义。

（2）借助经验的迁移记住数字的字形。根据幼儿的认知特点，教师可以用形象的比喻，让幼儿产生联想，加深对字形的直观印象，如儿歌所描述。

认识1～10

1像铅笔细又长，2像小鸭水上漂，
3像耳朵听声音，4像红旗迎风飘，
5像秤钩来买菜，6像哨子嘟嘟响，
7像镰刀割青草，8像麻花拧一圈，
9像勺子来盛饭，10像火腿加鸡蛋。

（3）体验数字的意义，并用数字来表征数量。教师要让幼儿注意观察的数量意义是什么，尝试使用数字来表示事物的量。如"我在花园二班""我有3串冰糖葫芦"等。

基数的学习是幼儿学习的开端，关系到后面一系列数学活动的实际效果，这部分活动对幼儿数概念的形成极为重要。《指南》中指出，要"利用生活和游戏中的实际情境，引导幼儿理解数概念。"这就意味着，在组织幼儿认识基数的过程中，要密切结合幼儿思维发展的特点，遵循由具体到抽象的原则，将"数"与"量"紧密结合，以大量生动的事例帮助幼儿理解数与量的关系，并把这种理解运用到实际生活中去。

（二）认识10以内的序数和数序

"1个苹果、2个苹果、3个苹果……第一棵苹果树上有5个苹果，第二棵苹果树上有7个苹果。"一个小朋友边走边说。这段话中的数字有的是基数，有的是序数，幼儿掌握基数和序数是一个循序渐进的过程。

1．教幼儿理解序数的含义，学会判断序数的方法

教师可以采用直观教具进行演示、讲解。教师将不同大小、颜色、形状或性质的物体排成一行，再让幼儿明确从哪里数起，按什么方向数，如从左到右、从上到下、从前到后等。教师还可以通过设立标志物，如树、旗子等，帮助幼儿记住起始点，然后用数数的方法去数，数到几就是"第几"。教师要讲清楚序数的意义，两个序数只是顺序不同，位置不同，不靠比较大小和多少。

2．循序渐进，逐步提高要求

幼儿刚开始学习序数时，教师可用不同种类、不同形状、不同颜色、差异较大的物体进行排列，使幼儿比较容易区别和记住物体的位置。以后，教师再选用种类、大小、形状和颜色相同的物体进行排列，并通过不同的方式提问，提高幼儿正确判断序数的能力。如可以请幼儿说出物体的名称，物体的位置，序数名；也可以请幼儿找出是什么物体；还可以让幼儿进行抽象判断："第四的前面是第几？"

3．体验基数和序数之间的转换

区分基数和序数（教学片段）。

教师出示果盘图片（不按盘内苹果的数量多少的顺序排列，可以用5以内任何一个数做开头），请几个幼儿数一数有几个盘子，再说一说从左到右（或从红盘子开始数）每个盘子的顺序。幼儿数对以后，教师再请几个幼儿数一数，每盘有几个苹果，引导幼儿发现盘子里有几个水果和盘子在第几是不一样的。教师提问："有几个"和"第几"一样不一样？怎么不一样？引导幼儿讨论。然后教师小结："有几个"和"第几"不一样，一个是说有几件物品，另一个是说排在第几。

数概念

教师请幼儿两人一组，轮流用手里的图片任意排队，互相说各个果盘的次序，并数一数各个盘中水果有几个，进一步明确有几个和第几的区别。

（三）认识10以内自然数的分合及加减

1．10以内数的分合

（1）通过操作活动，积累有关分合的经验，理解数的组成的含义。

（2）初步掌握数的分合规律。在幼儿有了大量的分合经验的基础上，教师要将幼儿先前的分合经验进行归纳、总结，引导幼儿进入新的探究规律的学习之中，让幼儿领会、掌握数的分合规律，主要是让幼儿解决好以下几个问题：每个数的分合顺序是怎样的；每个数的分合方法有几种，和它自身比有什么规律；分合过程中的互补、互换规律。

（3）通过多种活动形式，巩固对数的分合活动的认识。

①实物操作练习。幼儿园里的插片、纽扣、瓶盖等都是让幼儿进行数的分合活动的材料。例如，教师为幼儿准备6个梨子，两个果盘，问幼儿："如果把这6个梨子放在两个果盘里，可以怎样放呢？有多少种放法？"同时，教师可以把幼儿分的结果用图示表示出来，并逐渐用数字代替。

②分合作业单练习。教师给幼儿提供分合作业单，让幼儿将分合作业的结果写在作业单上，可采用画图、涂色点图分割、添补数的方法练习。

③游戏练习。教师创设游戏情境，引导幼儿在游戏中体验数的分合。如"水果店"游戏。

今天老师要和小朋友玩"水果店"的游戏，你们看老师这个水果店里有什么？（苹果、梨子、香蕉）现在老师来当售货员，请一个小朋友当顾客。请幼儿选定一种水果，买两次。提问：刚才顾客买了1个香蕉，又买了2个香蕉，他一共买了几个香蕉？

按照这个思路，请幼儿两两一组进行游戏，一个提问，一个回答，让幼儿在游戏中理解并体验加减法的含义。

（4）学习书写阿拉伯数字。在中班，幼儿能够认读阿拉伯数字1～10，并能运用数字正确表示10以内物体后，可在教幼儿学习数的组成时教幼儿学习书写阿拉伯数字。大班幼儿在书写阿拉伯数字时要做到姿势端正、笔顺正确、书写工整。

2. 10以内数的加减

（1）理解、体验加减法的含义。

①结合生活情境，在解决问题的过程中理解体验加减法的含义。根据幼儿初期直觉行动思维占主导的特点，教幼儿学习加减运算，不能从数字运算开始，而应从实物运算开始。教师可以列举幼儿生活中的事情或有意识地组织一些活动，通过口述应用题的形式帮助幼儿理解加减法的含义。

②迁移已有操作活动的经验、理解加减法的含义。抽象逻辑性是人类思维的典型方式。

（2）学习列加减算式。在幼儿掌握了实物口头加减运算方法以后，教师就可以提出把运算过程用简单的符号记录下来的问题借此引入"加号""减号""等号"的表示方式，教幼儿用算式将活动过程和结果记录下来。

（3）自编简单的口头加减法应用题。幼儿在解答和自编应用题时，通常会表现出以下特点：一是常常受到题目情节干扰，被题中的情节内容所吸引而忽略了题目里的数量关系和问题，忘记计算的任务；二是幼儿在学习自编应用题时，常因对应用题的结构理解掌握不够而表现出较大困难。大多数幼儿不会提出问题，或者直接给出答案，或者缺少已知条件，也有的幼儿编出的题目违反生活逻辑或事物发展的规律。因此，引导幼儿学习自编应用题的重点是引导幼儿掌握应用题的结构，发展幼儿对生活中简单数量关系的理解。

任务三　量概念活动

一、量概念发展

（一）量概念

量是指客观世界中物体或现象所具有的可以定性区别或测定的属性。它可以分为不连续量和连续量两种。不连续量也叫分离量，是表示物体的集合元素多少的量；连续量也叫相关量，是表示物体属性的量，如长度、面积、体积等。物体量的测量结果可以用数来表示，即数量。幼儿初步认识的是生活中一些基本的、常见的量，如大小、长短、粗细、高矮、宽窄、厚薄、轻重、远近等。

量概念发展

（二）幼儿认识物体量的过程

幼儿认识物体量的过程包括三个阶段。第一个阶段是从明显差异到不明显差异。3~4岁的幼儿往往只对量的明显差异能够感知和区分，能够在差异明显的变量中辨别出最大的（最长的）或最小的（最短的），而随着年龄的增长，幼儿才逐渐能对差异不太明显的量进行认识和区分，能够根据物体量的差异（如大小、长短、高矮、厚薄、粗细等）进行数量在10以内的正、逆排序。其认识、区别量的精确性也有所提高。

第二个阶段是从绝对到相对，幼儿对量的认识最初是一种绝对化认识，他们常把所掌握的具体物体量的特征（如大小、长短等）看成是完全绝对的，如有幼儿常争论"我的爸爸高"，因为在他们的这个年龄阶段将"爸爸高"当成一个不变的绝对量了。只有当幼儿从对两个物体的选择、比较，逐渐过渡到对三个或更多物体的选择和比较的过程中，他们才能逐步理解量的相对性。

第三个阶段是从模糊、不精确到逐渐精确。虽然幼儿在生活中已经积累了关于物体大小或长短的不同经验，且能区分它们，但有时还不能用准确的词汇来表达它们的意义。如3~4岁的幼儿常常用"大""小"的词汇来代替长度等其他变量的准确名称，把长的、粗的、厚的等都说成是大的；把短的、细的、薄的等都说成是小的。

在幼儿面前有两个玻璃杯，一个玻璃杯口径大，一个玻璃杯口径小。在口径大的玻璃杯中倒入清水若干，然后将口径大的玻璃杯中的水倒入口径小的玻璃杯中，让幼儿观察水的变化。如果幼儿说水变多了，就说明量的守恒概念尚未形成，如果幼儿说水没有变，可以初步判断幼儿形成了量的守恒概念。5~6岁的幼儿一般能准确熟练地感知物体的量并能用语言准确地表述物体的量，他们认识到物体的量是相对的，可以测量，并掌握了简单的测量方法。这个年龄段的幼儿开始形成量的守恒概念，逐步理解物体系列间的各种关系。

二、量概念活动设计与实施

（一）感知和比较量的特征

量的比较主要是引导幼儿知道生活中有大小、长短、高矮、粗细、厚薄、远近、轻重等各种不同的量，通过比较使幼儿知道量的差异是相比较而言的，并掌握一些基本的比较方法来正确区分量。

量概念活动设计

引导幼儿在进行量的比较时，一般可以用如下方法。

第一种是调动各种感官感知、比较物体的量。幼儿对物体量的认识主要是通过感官的感知，如通过视觉、触摸觉、运动觉等感觉通道体验到物体的大小、长度、重量等方面的特征。因此，在教学中，教师要让幼儿在看看、摸摸、摆弄等活动中加以比较，认识物体的量。

第二种是运用重叠、并放法比较物体的量。一般用重叠法比较物体的大小，先把一个物体放在下面，再把需比较的物体放在这个物体的上面，以区分它们的大小。用并放法一般比较物体的长短、高矮、厚薄等，即把一个物体放在需比较的另一个物体的旁边，以区分它们之间量的差异。

第三种是运用发现法认识物体的量。教师通过创设一定的情境引导幼儿观察或操作，从而获得对量的感知的方法。如让幼儿进行穿珠比赛，看谁穿得又快又多，但教师提供给幼儿穿珠的线却有粗有细。结果有些幼儿很轻松地穿好了一长串珠子，有的却怎么也穿不进去，幼儿在活动中自然会发现是线的粗细的问题。

（二）学习排序的方法

排序是指将两个以上的物体按照某种特征方面的差异或一定的规则排列成序。按次序规则排序包括按物体量的差异和数量的多少排序。按特定规则（模式）排序包括按物体的外部特征、量的差异、数量多少、摆放位置的特定规则排序。幼儿学习按次序规则排序一般在小、中班进行。活动的一般顺序是：观察发现物体量的差异；对物体的量进行比较与判断，找出最大（长、高、厚、粗等）或最小（短、矮、薄、细等）的量；学习按一种量的差异顺序来排列。幼儿学习按特定规则（模式）排序活动的一般顺序是：首先，通过模仿特定规则（模式）排序，感知规则（模式）规律及规律产生的美，能认出并延续、复制简单的规律；然后，学习发现规则（模式）排序，积累规则（模式）排序经验，能认出并复制、延续、填充规律，形成次序概念；最后，学习创设规则（模式）排序，能自主发现一定的规律，关注到物体之间的关系，并运用具体物品、声音和肢体动作来体现规律。

（三）学习量的守恒

量的守恒教育应在认识了相应的量的基础上进行，幼儿受年龄和思维发展所限，往往在量的比较中容易受到外在形式、视觉判断等方面的干扰而不能很正确地意识到物体的量。教师可以通过变换图式和添加干扰因素来帮助幼儿感知、体验量的守恒。

在长度守恒学习中，教师可用绳子、木棍、火柴棍、纸板等，摆出长度的各种变式，让幼儿判断它们是否一样长。在体积守恒学习中，教师用橡皮泥、积木等摆出体积不同的变式。在容积守恒教学中，如果要确定一个细长瓶里的水与一个宽短瓶里的水是否一样多，可以一把塑料小匙为单位，测量一下这两个不同瓶子里各有几匙水，从而判断两个不同瓶子里的水是否一样多。

（四）学习自然测量

自然测量是指利用自然物（如自己的手、脚、绳、小棍等）作为直接测量的方法，通常在大班开始学习。自然测量的教学一般会通过教师的讲解演示和幼儿在日常生活或游戏等活动中的练习来进行。测量物体的长度，开始时老师可以让幼儿在被测量的物体上摆放量具，将量具一个接着一个地摆放在被测量的物体上，摆好后，将所有的量具数一数，数出的点做一记号（例如，用笔画一条线），并让幼儿了解，第一次测量的终点是第二次测量的起点，量完后，数一数，一共有几个记号，这个数量也就是被测量的物体的长度。在日常生活中或游戏活动中，还可以让幼儿用脚步量房间的长度和宽度，用小绳测量树干或柱子的不同粗细。

任务四 几何形体活动

一、几何形体概念发展

（一）幼儿几何形体概念发展的特点

1．常把物体与形体相混淆

生活中看到的具有各种形状的实物而非抽象的形体，幼儿对物体比较熟悉，而对几何图形比较陌生，如把圆形叫作"皮球""太阳"等。

几何形体概念发展

2．平面图形与几何体相混淆

幼儿对物体的认识是从整体开始的，例如，寻找正方形时幼儿会说"桌子是正方形"的，这就是典型的以体代面。几何形体是对物体形状的抽象和概括，具有普遍性和典型性，在数学概念中的"形"包含平面和立体两部分，几何图形是指点、线、面及它们的集合。其中，同一平面内的点、线、面所构成的图形称为平面图形（二维平面），它是在同一平面内的图形，没有厚度；空间点、线、面所构成的图形称为立体图形（三维空间），它是由面所围成的封闭图形，有长、宽、高。

3．幼儿对几何形体的认识与生活经验有关

生活中常见物体的形状幼儿容易认识，反之，少见的物体的形状幼儿认识起来较困难。因此，幼儿认识平面图形的顺序是：圆形、正方形、三角形、长方形、梯形、椭圆形。认识几何体的顺序是：球体、正方体、长方体、圆柱体。学前儿童几何形体教学中涉及的概念及适宜的语言表达如表3-1所示。

表3-1 几何形体概念与适宜的语言表达

几何形体名称	概念	适宜的语言表达
圆形	在平面内，到一定点距离等于定长的点的集合	圆溜溜的，没有尖角的平面
正方形	有一个角是直角且有一组邻边相等的平行四边形	有四个角，四条边：四个角一样大，四条边一样长的平面
三角形	由不在同一直线上的三条线段所围成的封闭图形	有三个角、三条边的平面

续表

几何形体名称	概念	适宜的语言表达
长方形	有一个角是直角的平行四边形（两组对边分别平行的四边形）	有四个角，四条边；四个角一样大、四条边中相对的两条边一样长、相邻的两条边不一样长的平面
梯形	只有一组对边平行的四边形	有四个角，四条边；有两条对着的边是平行的、样子像梯子的平面
椭圆形	在平面内，到两定点距离的和等于常量的点的集合	长长的圆形
球体	一个半圆以它的直径为轴旋转所得的曲面围成的几何体	从哪个方向看上去都是圆，从哪个方向放着都能滚动的物体
正方体	棱都相等的长方体	有六个面，六个面都是一样大的正方形的物体
长方体	底面是长方形的直平行六面体（底面是平行四边形且侧棱和底互相垂直的平行六面体）	有六个面，六个面都是长方形，相对的两个面一样大；或有两个面是一样大的正方形，其他四个面是一样大的长方形的物体
圆柱体	以长方体一边所在直线为轴旋转一周形成的曲面所围成的几何体	两端是一样大的两个圆形，中间是一样粗细的圆柱子

4. 没有形成形体守恒的概念

幼儿对形体的认识会受到几何形体的大小和摆放位置的影响。例如，正方形旋转45°摆放，幼儿就无法辨认。

（二）幼儿等分概念的发展特点

幼儿在日常生活中经常会遇到等分问题，例如，将一块蛋糕切成相等的两块，将一张正方形纸折出一样的四个小正方形等。等分就是把一个整体分成几个相等的部分，等分的份数越多,每一份就越小,即整体大于任一部分,任一部分小于整体。通过等分的教学,不仅可以帮助幼儿学会有关等分的知识和技能,了解整体和部分的关系,同时也能为其将来学习除法和分数积累感性经验,让幼儿等分几何图形(或实物)时,教师应注意选择具有轴对称性质的图形或几何体,如圆形、等腰(等边)三角形、正方形、长方形、等腰梯形、球体、圆柱体、正方体、长方体等都可进行二等分,其中除等腰三角形、等腰梯形外还可以进行四等分。等分活动采取实际操作的形式,如让幼儿将8粒一样的糖分成2份或4份;将12粒一样大小的花生分成2份或4份等。

二、几何形体活动设计与实施

(一)认识平面图形

几何形体
活动设计

认识平面图形的过程有辨认图形、巩固认识图形、了解图形关系三个部分。幼儿是在对物体的触摸和摆弄中发现形体特征的。在辨认图形时,教师首先引导幼儿抚摸、观察物体的面,感知面的轮廓;然后出示与物体的面形状相似的几何图形,介绍其名称、特征;最后,出示颜色不同、大小不同、排放形式不同的图形,巩固幼儿对图形的认识。例如,教师让幼儿抚摸桌子的面,然后,出示长方形卡片,介绍长方形的名称及特征,最后出示不同颜色、不同大小的长方形卡片及含有长方形组合图形卡片。在巩固认识图形时,教师可引导幼儿通过制作图形,例如,用小棍拼出正方形、长方形、三角形等图形,也可以通过涂色、折纸、拼搭等方式让幼儿加深对图形的认识。例如,使用七巧板拼搭出自己喜欢的图画。在了解图形关系时,可以采用分割和拼合的方式让幼儿加深对已知图形的认知,初步培养幼儿思维的变通性和灵活性,例如,折纸飞机、剪纸等。

(二)认识几何体

1. 通过观察、触摸认识几何体特征

教师在教幼儿认识几何体时,要让幼儿充分地观察、触摸、摆弄几何体,感知几何体的特征。例如,认识球体,教师准备各种大小不同的皮球、乒乓球、玻璃球等,让幼儿自由地观察,触摸和摆弄,并思考它们是什么样子的?摸上去有什么感觉?放在桌上看看它们会怎样?等等。然后组织幼儿讨论,使幼儿认识到球体无论从哪个方向看都是圆的,放在平面上能向任何方向滚动。

2. 通过自然测量认识几何体特征

幼儿可用木棒量正方体、长方体的棱,发现它们各自的特点;也可以平面图形纸片为工具测量正方体、长方体的面,发现它们各自的特点。

3. 通过平面图形与几何体及几何体之间的比较认识几何形体

将平面图形与相应的几何体比较,既加深了幼儿对平面图形的认识,又突出了几何体的特征,可帮助幼儿克服将平面图形与几何体混淆的现象。例如,幼儿认识球体,可与

圆形进行比较。同时把两个不同的几何体进行重叠比较，也是认识几何体的一种有效方法，它能在对比中突出几何体的特征，使幼儿在原有认识几何体的基础上获得新的知识。例如，认识长方体，可以用已经认识的正方体与长方体进行重叠比较（要求长方体两个对称的侧面与正方体的面一样大），让幼儿看到长方体也有6个面，但它的6个面与正方体不一样，不是一样大小的长方体有4个面是长方形，还有2个面可以是长方形，也可以是正方形。

4．在泥工、手工和建筑游戏等活动中巩固对几何体的认识

泥工塑造的是立体的物体，例如，大班幼儿认识球体后，教师引导幼儿用橡皮泥团出各种球体状的物体，如皮球、荔枝、不倒翁等，加深幼儿对球体的认识。在手工活动中，通过纸张的剪裁粘贴，幼儿直观地感受到立体的物体是由面构成的。

各种大小的积木都是较好的几何体，幼儿按照自己的构思，根据几何体积木的特征，选择最适宜的积木正确放置，搭建成小木房、立交桥、滑梯等形象，不仅可以加深对几何体的认识，同时也学到了拼搭建筑的技能。

（三）学习等分

幼儿学习等分需通过动手操作来掌握，操作方式也是多种多样的。幼儿可以用剪刀剪、小刀切等方式进行等分；也可以通过把纸对折撕开的方式进行等分；还可以通过拼搭进行等分练习。

当幼儿有了等分的初步知识后，教师还可出示一些二等分、四等分及不等分的图形，让幼儿判断哪些是二等分，哪些是四等分，哪些既不是二等分也不是四等分。

任务五　空间和时间活动

一、空间概念发展与活动设计

（一）学前儿童空间概念发展

空间概念发展
与活动设计

客观世界的任何一个物体都存在于一定的空间之中，都占有一定的位置并且与它周围的物体之间存在着相互位置关系，称为空间方位。空间方位一般用上下、前后、左右等词汇予以表示。学前儿童空间方位概念发展的一般过程如下。

1．上下—前后—左右

幼儿对基本的空间方位的认识和判断的难易顺序是：上下—前后—左右，这是由方位本身的复杂程度决定的。上下的方位是以"天地"为基准确定的，天为上，地为下，且上、下位置的区别较明显，不会因为方向的改变而改变，所以幼儿容易辨别。前后、左右的位

置都具有方向性，随着方位判断者自身面向的改变会发生变化，例如，幼儿转动身体位置后，原来的前面（或左面）就变成了后面（或右面），这就给幼儿在辨别中造成了一定的困难。但前后可有参照，一般正面为前，背面为后，左右对幼儿来说就更难辨别了。

2．从以自身为中心到以客体为中心

辨别空间方位往往有两种参照体系：一种是以自身为参照，判断客体相对于主体的空间位置关系；另一种是以客体为参照（其他的人或事物），判断客体与客体之间的空间位置关系。幼儿在辨别空间方位的过程中经历了从以自身为中心过渡到以客体为中心的定向过程。幼儿掌握空间方位，在以自身作为定向的出发点时，首先应学会的是自己身体各部位的方位。例如，身体最上面的是头，身体最下面的是脚；头的前面部分是脸，头的后面部分有头发；鼻子上面是眼睛，鼻子下面是嘴巴；一般拿筷子的手是右手，扶碗的手是左手……在这基础上再开始以自身为中心来确定客体所处的空间方位。幼儿在以自身为中心认识空间方位的基础上，逐步过渡到以客体为中心的定向，即从客体出发，确定与其他客体之间的相互位置关系，例如，"桌子上面有娃娃，桌子下面有小汽车""钢琴前面有椅子，钢琴后面有纸篓"。幼儿辨别以客体为中心的左右则较困难。因为当幼儿与客体面对面时，要以客体为立足点确定左右方位，显然是比较较困难的。

3．由近及远的区域扩展

当幼儿以自身为中心确定相对于自己的客体所处的空间方位时，一开始往往是局限在离自己身体不远的、较狭窄的空间范围内的面向自己的客体。对稍稍偏斜的客体或离自身较远的客体的空间方位的判定往往存在一定的困难。例如，对斜置于幼儿身体左前方的某个物体，年龄较小的幼儿往往不会把它列入"在你身体前面"的物体的范围之列中。随着幼儿年龄的增加，尤其是对于空间方位的相对性、连续性的逐渐理解，较大的幼儿开始意识到并且辨别出离自身较远的上下、前后或左右的空间方位，同时对位于主体斜前方（后方）或偏左（右）的客体的空间方位有了正确的定向。由此可见，幼儿空间方位辨别的区域也是逐渐扩展的。

（二）空间概念教育活动的设计

1．以自身为中心辨别上下、前后、左右

教师在教学中，可运用观察、寻找、操作、游戏等方法和手段，帮助幼儿认识以自身为中心的上下、前后、左右。教师可组织幼儿在自然环境中或在布置好的环境中，观察自己的上面（前面）有什么，下面（后面）有什么，或要求幼儿把帽子戴在头上，把包放在自己前面的桌子上等。

2．以客体为中心辨别上下、前后、左右

幼儿学习以客体为中心区分上下时，一般以客体为界，区分上下方位。例如，桌子上有洋娃娃，桌子下面有小汽车玩具。幼儿在以客体为中心区分前后时，一般以物体的正面为前面，背面为后面。例如，以洋娃娃脸的方向为前面，洋娃娃背的方向为后面。

除了教师的演示与幼儿的观察比较外，操作和游戏的方法也是可以充分运用的。同时，教师可以通过确定不同的物体作为主体进行比较或采用改变主体位置的方式，让幼儿在演示性操作中感知和理解空间方位的相对性、连续性和可变性。

二、时间概念发展与活动设计

（一）学前儿童时间概念发展

时间是物质运动变化过程的持续性和顺序性。任何客观物质都要经过一个持续发展的过程。例如，物体从空中落到地面，花开花谢，这些物质运动过程的持续性都是物质的时间属性。

时间概念发展与活动设计

时间具有流动性、不可逆性、周期性、均匀性、无直观性、相对性。时间虽然看不见摸不着，但时间的痕迹是鲜明的。如太阳的升落、昼夜的交替、季节的变化等，此外，时间还是可以测量的，沙漏、日晷、钟表和日历都可以作为测量时间的工具。

日晷

幼儿对时间的感知是在感性经验的基础上形成的。例如，对"早晨"的理解就会与起床、洗漱、吃早餐等生活事件相联系，而无法确定早晨是几点钟。在对时间顺序和周期的理解上，幼儿往往较易理解的是短的时间周期，如一天（早晨、中午、晚上），再逐渐发展到理解更长的时间周期，如一个星期、一个月、一年（四季）。这是因为在"早、中、晚"概念的理解上，幼儿容易找到明显的时间参照物和具体事件。星期、月、年没有较明显的时间参照物。

（二）时间概念教育活动的设计

教幼儿认识时间，主要是通过日常生活、游戏等予以指导。不论对哪个年龄班的幼儿，不论采用什么活动形式，在让幼儿理解表示时间阶段（单位）的词汇时，教师均应将它们与幼儿日常生活中的活动、具体事件及他们的生活经验联系起来，使幼儿对时间的认识建立在生动的直观形象的基础上。

1. 认识"早晨与晚上""白天与黑夜"

在幼儿园的一日生活中，有许多可用谈话的形式来引导幼儿认识时间的环节。例如，在晨间、午饭前或散步时及等待某种活动的间隙，教师均可与集体、部分或个别幼儿谈话。

2. 区分"昨天""今天""明天""星期"

（1）通过谈话帮助幼儿区分时间。在中班教幼儿理解昼夜的交替，认识昨天，今天和明天，首先，教师应结合幼儿生活经验，特别是他们感兴趣的、对他们有吸引力的、印象较深的事情（已经做的、正在做的、打算做的），提出问题，相互交谈。例如，"昨天玩了什么游戏？"或"哪天玩的电动玩具？"

（2）通过日常活动强化幼儿对时间的认识。例如，教师可结合值日和做气象记录的活动，提醒幼儿哪天（今天或明天）谁做值日或记录，今天是星期几，并让幼儿相互了解每个人哪天（昨天、今天或明天、星期几）做值日，以此强化幼儿对昨天、今天和明天及星期几的认识,理解天与天的交替和流动。

3. 认识时钟(整点、半点)

教师可通过给幼儿猜谜语的方式出示时钟,例如,"会走没有腿,会说没有嘴,它能告诉人们什么时候起来,什么时候睡",幼儿猜对后,出示时钟;也可以通过时钟的闹铃声响,先让幼儿猜是什么,再出示时钟;还可以直接出示手表、闹钟、挂钟等各种不同形状的时钟给幼儿看,让幼儿知道它们都是时钟,然后引导幼儿了解时钟有什么用途。通过幼儿讨论,教师讲解,幼儿认识时钟,能说出爸爸妈妈什么时候上班、小朋友什么时候到幼儿园等。

引导幼儿观察,认识钟面的结构,让幼儿知道钟面上有1~12的数字,这些数字是按1,2,3,……,12的顺序排列的;还要让幼儿知道钟面上有两根针,长的叫分针,短的叫时针。

演示讲解时针、分针转动的方向及规律,教师把时针、分针都拨到12上,以演示时针、分针都是顺着1,2,3,……,12的方向走动的。提醒幼儿看清楚分针走得快,时针走得慢,分针走一圈,时针才走一个数字,使幼儿知道当分针走一圈、时针走一个数字时,表示过了一个小时。

总结整点、半点规律。教师在多次演示讲解整点的基础上,可告诉幼儿"分针在12上,时针在几上,就是几点整",从而让幼儿掌握规律,认识整点。教师在多次演示讲解半点的基础上,可告诉幼儿"分针在数字6上时,时针在两个数字的中间,表示前面那个数字的几点半",让幼儿掌握规律,认识半点。

幼儿练习,巩固对整点和半点的认识。教师可分给幼儿每人一只小时钟模型,教师报时间,幼儿拨动指针,通过操作活动巩固对整点、半点的认识。教师可以组织幼儿玩"送钟宝宝回家"的游戏,把钟面为6点整的钟宝宝送到挂有"6:00"牌号的家里,钟面为4点整的钟宝宝送到挂有"4:00"牌号的家里……使幼儿巩固对整点和半点的认识。

教师在演示时,应注意按顺时针方向拨动指针。报时间也要按照时间的一般规律有序报时。

案例研读

案例一 甜甜饼干屋   小班

一、设计意图

此活动以"甜甜饼干屋"开张,邀请小朋友帮忙为主线,以不同小动物想吃形状、大小不同的饼干,幼儿要按需匹配分装饼干,来巩固幼儿对圆形与方形、大与小主要特征的掌握。结合课件操作,进行实物分装,让幼儿在所创设的游戏情境中排除大小、形状干扰进行匹配活动，体验活动的乐趣，激发幼儿的探索欲望，发展幼儿的观察力、记忆力和初步的数学分类（匹配）能力。

二、活动目标

（1）初步感知数学的有用和有趣。
（2）感知和区分圆形饼干、方形饼干、大饼干、小饼干的特征。
（3）能进行形状、大小的匹配。

三、活动准备

（1）知识经验准备：幼儿在生活中已有关于圆形、方形以及大小的认知经验。
（2）物质材料准备：大小圆形、方形饼干若干；盘子每人一份；自制PPT课件《甜甜饼干屋》；贴有圆形、方形标识的饼干包装袋和贴有大、小标识的饼干袋若干。

四、活动过程

（1）教师出示甜甜饼干屋开张画面，提问：
①甜甜饼干屋开张啦，看看胖胖猪做了哪些饼干？
②这些饼干有什么不一样？（圆形饼干、方形饼干、大的圆形和方形饼干、小的圆形和方形饼干）
（2）教师出示小狗和小猫预订饼干画面，提问：
①有新订单来啦！看看是谁要买饼干？（小狗、小猫）
②小狗要吃什么样的饼干？（圆形）
③小猫要吃什么样的饼干？（方形）
（3）教师出示交互式操作游戏画面，请幼儿操作课件，通过点击屏幕将圆形饼干分给小狗吃，方形饼干分给小猫吃。
（4）操作体验，认识包装袋上的图形标识，将圆形和方形饼干分别装进对应包装袋。
（5）教师出示小熊和小兔预订饼干画面，提问：
①又有订单来啦！看看又是谁来买饼干？（小熊、小兔）
②小熊想吃什么样的饼干？（大的饼干）
③小兔想吃什么样的饼干？（小的饼干）
（6）教师出示交互式操作游戏画面，请幼儿操作课件，通过点击屏幕将大的圆形和方形饼干分给小熊吃，小的圆形和方形饼干分给小兔吃。
（7）操作体验，认识包装袋上的大小标识，将大的圆形饼干和方形饼干以及小的圆形饼干和方形饼干分别装进对应包装袋。
（8）师幼共同检查是否装对。
（9）邮寄饼干。
①教师出示四个分别贴有圆形标识、方形标识、大标识和小标识的快递箱，提问：饼

干已经装好了,可以给小动物们寄过去啦,我这里有四个快递箱,请小朋友们看看第一个快递箱上面贴着什么标识?(圆形)应该放什么样的饼干?(圆形饼干)第二个……应该放什么样的饼干?

②幼儿将小狗、小猫、小熊、小兔的饼干分别放进贴有对应标识的快递箱。

③教师扮演"快递员"收件,结束活动。

(活动设计:湖北省孝感市直属机关幼儿园 黄梅、高雅琴)

案例二 《吃了魔法药的哈哈阿姨》 中班

一、设计意图

中班幼儿对圆形、三角形以及方形等图形有了初步的认识和了解,知道各种图形的不同特征,但缺少对图形组合的经验和认识。本次活动以生动有趣的绘本故事《吃了魔法药的哈哈阿姨》为主线,让幼儿通过欣赏绘本故事,感知不同图形的特点,了解各种图形的不同作用,从而巩固对各种图形特征的认识,体验故事中图形组合拼贴的乐趣,引导幼儿发挥想象力和创造力,通过合作拼贴出不同的工具帮助哈哈阿姨解决困难,体会到帮助别人的快乐。

二、活动目标

(1)欣赏绘本,体验图形组合拼贴的乐趣。

(2)感知物体的形体结构及长方形、圆形、三角形的特征。

(3)能用长方形、圆形、三角形拼搭出大狗、大鸟和小船。

三、活动准备

(1)知识经验准备:认识各种图形,知道各种图形的基本特征。

(2)物质材料准备:PPT课件《吃了魔法药的哈哈阿姨》、圆形、三角形、长方形等彩色卡片若干。

四、活动过程

(1)教师出示魔法棒,激发幼儿兴趣。

(2)教师讲述故事。

(3)根据故事情节引导幼儿观察长方形拼搭大狗,并感知长方形拼搭与圆形拼搭的不同。

①教师继续讲述故事,引导幼儿观察长方形拼搭的特征。

②教师引导幼儿比较圆形拼搭的大狗和长方形拼搭的大狗有什么不同。

③教师小结:长方形有四个角四条边,可以一个挨着一个来拼搭,而圆形是圆圆的没有角的,中间有空隙。

（4）教师引导幼儿使用圆形卡片拼搭大鸟。

①根据故事情节引导幼儿说出拼搭大鸟可以帮助哈哈阿姨。

②讨论大鸟可以用什么图形来拼搭。

③引导幼儿感知圆形分开能变成两个半圆形。

④拼搭小鸟。以合作游戏的方法感知图形数量的变化。

（5）教师继续讲述故事。

（6）教师引导幼儿使用三角形卡片拼搭小船。

①根据故事情节引导幼儿说出拼搭小船可以帮助哈哈阿姨。

②观察不同三角形的特征（相同点，不同点）。

③幼儿分组操作：每个人有5个三角形，用这些三角形来拼搭一条小船，帮助哈哈阿姨过河。

（活动设计：湖北省孝感市直属机关幼儿园 黄梅、李心怡）

案例三 认识6以内的序数 （中班）

一、设计意图

幼儿的思维有着直观性和形象性的特点，无论是基数还是序数都是抽象的概念，幼儿学起来会比较困难。为了让幼儿认识、理解6以内的序数，创设故事情境来激发幼儿学习兴趣。用自制教具、连线图供幼儿操作。通过游戏，充分调动幼儿感观，让幼儿在轻松的状态下学习观察、操作，从而快速理解序数的概念，知道序数可以用来描述物体的位置。

二、活动目标

（1）感知序数知识的有用，体验数学操作游戏的有趣。

（2）认识6以内的序数。

（3）能区别基数和序数，会用第几准确地描述物体在序列中的位置。

三、活动准备

（1）知识经验准备：会点数10以内物体的数量、对数学排序活动有一定的经验。

（2）物质材料准备：自制教具小动物的新家（共6层，每层都有1扇可以打开的门）、磁性教具（6只小动物）、1列有6节车厢（每节车厢的颜色不一样）的火车、小动物住在第几层的图片、数字连线图人手1份。

四、活动过程

1. 玩一玩，巩固并进一步理解基数

（1）手指游戏：手指变变变，用手指的个数表示数字宝宝。

（2）看数字宝宝击掌：教师出示数字几，幼儿就拍几次手掌。

教师小结：数字宝宝可以表示手指的个数，还可以表示拍手的次数。

2．在故事情境中学习6以内的序数

（1）昨天，森林里发生了火灾，有的小动物的房子被大火烧没了，黑猫警长接到消息后，立即派出了一列火车去帮它们搬家。听，咔嚓……咔嚓……，火车来了，数一数一共有几只小动物要坐车？就用数字"几"来表示？（6只小动物要坐车，用数字6表示6只小动物）

（2）这么多动物应该怎么上车呢？（排队上车）现在动物们排成一横排，它们都排在第几呢？请箭头老师来帮忙（出示箭头），引导幼儿说一说箭头代表什么意思？理解箭头是指引方向的，并请幼儿按箭头方向，尝试说出每只小动物的横向位置。（箭头指向哪边就往哪边数，从起点开始数，数到"几"，那只小动物就排第几）

（3）为什么这里同时出现了两个数字宝宝6？它们分别是什么意思？（上面的数字宝宝6表示有6只动物，下面的数字宝宝6表示老虎排在第6位）

（4）游戏：少了谁？

游戏玩法：出示箭头标识，在6只动物中每次任意拿走1只，请小朋友说一说少了谁？它是排在第几的？（如狐狸不见了，它是排在第2的）

（5）小动物坐火车。马上就要上车了，你们发现了什么问题？车厢不够，应该怎么办？（再添上1节车厢，5节车厢再添上1节车厢就是6节车厢）快请小朋友们来帮他们安排位置吧！出示箭头，大象说它要坐在第2节车厢里，请你说一说第2节车厢是什么颜色的？狐狸说它要坐在第4节车厢里，老虎说它要坐在第1节车厢里，依此类推……直到所有的动物都坐上车。

（6）小动物搬新家。操作磁性教具，将小动物送进相应的家。

呜、呜、呜……火车到站了，黑猫警长把小动物们接到了城里，还给他它们准备了新家，数一数这栋新房子一共有几层？（6层）大象说：我住第1层；狐狸说：我住第2层；老虎说：我住第3层；斑马说：我住第4层；狮子说：我住第5层；小熊说，我住第6层，请幼儿按小动物的要求把它们送到相应的家。

（7）游戏：捉迷藏，找找小动物住在第几层？

游戏玩法：小动物们关上门，躲起来了，找一找，第1层里住着谁？第2层？第3层……依此类推，请几名幼儿按要求依次打开门，并说说是哪一层？里面住着谁？

（8）操作练习：出示图片（房子有6层，每层住着不同的动物，旁边有1～6的数字），森林里还有一些小动物也搬进了新家，它们的家在第几层呢？住在第几层，就请你把小动物与相应的数字宝宝连线，例如，小猪住在第2层，那么就把小猪与数字宝宝2连线做朋友。

3．教师小结

今天收获可真大呀！小朋友们知道了数字宝宝不仅可以表示物体数量的多少，还可以表示物体的排列位置；还帮小动物们坐上了火车，搬了新家。为了感谢大家，小动物们要请大家去做客呢！我们开火车去吧，老师当火车头，请×××排第一，×××排第二，×××排第三……

五、活动延伸

将自制教具小动物的新家（共6层，每层都有1扇可以打开的门）、磁性教具（6只小动物）、1列有6节车厢（每节车厢颜色不一样）的火车投放在科学区，供幼儿继续学习序数使用。

（活动设计：湖北省孝感市直属机关幼儿园 黄梅、罗巧玲）

案例四 5以内的相邻数　　　中班

一、设计意图

中班幼儿形象思维开始占主体地位，幼儿对相邻数的理解会比较容易。《指南》中也提出，要引导幼儿感知和理解数量及数量关系，在实际操作中理解数与数之间的关系。本次《相邻数》的教学活动主要是让幼儿在轻松愉快的游戏活动中和积极参与操作的过程中初步理解相邻数的含义，知道5以内的相邻数是几，并且在游戏中掌握相邻数之间的关系。

二、活动目标

（1）乐意参与游戏，体验找到相邻数的成就感。
（2）了解相邻数的概念，掌握5以内各数的相邻数。
（3）能够理解出相邻数之间多1或少1的关系。

三、活动准备

（1）知识经验准备：知道自己家住在哪里并理解邻居的意思。
（2）物质材料准备：小动物坐火车图片、1~6的数字卡片、饼干点卡、幼儿操作数字卡、可佩戴的数字卡、音乐《找朋友》、红花。

四、活动过程

1. 教师出示小动物们坐好火车厢去游玩的图片，导入活动主题

教师：周末到了，小动物们要出去旅游了，1头小象、2只小熊、3只小兔、4只小猫、5只小鹿、6只小狗分别坐到了不同的车厢。
（1）教师提问：小熊的邻居是谁？小兔的邻居是谁？
（2）教师小结：挨在一起坐的叫作邻居。

2. 给车厢编号，引出相邻数的概念

教师：小动物们需要下车去游玩，但是它们担心回来找不到自己的车厢，需要小朋友

们帮助它们把车厢按照从左到右的顺序依次编上1~6的序号。

（1）教师出示1~6数字卡片，引导幼儿为车厢编号。

（2）教师提问：每个数字宝宝都有自己的好朋友，它们喜欢跟自己的好朋友挨在一起，2的好朋友是谁？3的好朋友是谁？4的好朋友是谁？5的好朋友是谁？

（3）教师小结：在数字王国里，它们的这种关系叫作相邻，排好顺序之后紧紧挨在一起的数字就叫作相邻数。

3．观察饼干点卡，理解相邻数多一和少一的关系

教师：车厢里的小动物们饿了，想要吃饼干，请你将对应的饼干数量放到对应的车厢。

（1）教师提问：请幼儿观察一下，每相邻的一节车厢里饼干的数量有什么变化？那每个相邻数之间有什么关系？

（2）教师小结：相邻数之间有多1和少1的关系。

4．幼儿动手操作数字卡，巩固对相邻数的认识

（1）教师说出一个数字，幼儿找出它的相邻数，并把数字卡片举起来。

（2）幼儿自主操作数字卡，教师巡回指导。

5．游戏：我的朋友在哪里

游戏玩法：幼儿胸前佩戴数字卡片1~6，围成圆圈。播放音乐《找朋友》，幼儿传递手中的花，音乐一停，手中有花的小朋友站在中间，说出自己的好朋友序号。

游戏规则：音乐没停，花需要继续传；音乐一停，拿花的小朋友立马站在中间。

五、活动延伸

教师在益智区投放关于相邻数的点卡、数卡、扑克牌等材料，请幼儿巩固相邻数及其规律。

（活动设计：湖北省孝感市直属机关幼儿园　黄梅、张晓晏）

案例五　一模一样的爱　中班

一、设计意图

绘本《双胞胎兄弟》以双胞胎兄弟的不友好、常常为你多我少发生争执为开端，通过妈妈的帮助，最后兄弟俩变得友好。故事中通过不同事物的容器、外形、形状比较多少来加深幼儿对测量概念和测量工具的理解。这个绘本故事蕴含了很深的关于量的守恒的知识，如果离开了绘本进行量的守恒的教学活动，大班幼儿也是很难理解的。借助这个绘本故事，挖掘里面蕴涵的数学元素——量的守恒。把深奥的数学内容游戏化、生活化，引导幼儿通过简单的测量进行比较，让幼儿在"学中玩、玩中学"。

二、活动目标

（1）体验探究、测量两组物体多少的乐趣。
（2）感知物体的量不因外形、容器、堆放的不同而发生变化。
（3）能在引导下，推理、猜测比较两组物体量的多少，并能通过简单的测量进行比较。

三、活动准备

（1）知识经验准备：有比较大小、多少的经验。
（2）物质材料准备：①PPT课件《双胞胎兄弟》；②幼儿操作材料：第一次操作材料，每两名幼儿一个托盘，托盘里放形状不相同但体积一样大的面团两个；第二次操作材料，每两名幼儿一个托盘，托盘里放两个形状不同的瓶子，两个大小相同透明的玻璃瓶；第三次操作材料，每两名幼儿一个托盘，托盘里放两堆形状不一样的沙子，大小一样的杯子两个。

四、活动过程

1. PPT讲述《双胞胎兄弟》故事
2. 故事引出第一次操作

（1）PPT展示两种形状不同的面团。

教师提问：你觉得谁的面团比较多呢？为什么？用什么方法可以证明他们的面团是一样多的呢？

（2）幼儿操作：幼儿两人一组将面团搓成团状，比一比。

教师提问：通过刚才的实验，你发现了什么？

教师小结：他们的面团虽然一个又扁又平，一个又圆又长，面团的形状改变了，其实两个面团的体积还是相同的，弟弟的面团和哥哥的面团一样多。

3. 看绘本引出第二次操作

（1）PPT展示，大小、形状不同的两杯牛奶。

教师提问：请你仔细观察后，说说谁的牛奶多？为什么？有没有什么好办法让兄弟俩一看就知道谁多谁少？

（2）幼儿操作：幼儿两人一组，将两杯牛奶分别倒入大小相同的玻璃瓶中，比一比。

教师提问：把他们兄弟俩的牛奶倒入相同的瓶子中，你发现了什么？为什么相同量的牛奶放在不同形状的杯子中，会看起来不一样？

教师小结：相同量的牛奶，因为装的杯子大小不同，有的杯子比较高，有的杯子比较矮，所以看起来就会不一样多，可是把牛奶倒在两个大小一样的瓶子中，发现其实牛奶的量是一样多的。双胞胎兄弟的牛奶也是一样多的。

4. 绘本故事引出第三次操作

（1）PPT展示堆放形状不一样的两堆沙子。

教师提问：小朋友们，你们看看，你觉得谁的沙子比较多呢？为什么？做个实验证明一下！

（2）幼儿操作：幼儿两人一组，分别将两堆沙子倒入两个大小一样的杯子中比一比。

教师提问：通过实验你发现了什么？

教师小结：三角形的沙子铺开，圆形的沙子聚拢，因为堆放的形状不同，所以看起来会不一样多，把沙子倒在两个大小一样的杯子中，发现其实它们的量是一样多的。兄弟俩的沙子也是一样的。

5. 教师总结

在生活中，也常常会遇到类似的问题，测量物体的多少，不能单靠眼睛去比较，可以用今天学到的办法去解决。因为相同量的物体不会因为摆放的形状、容器大小的而发生改变。

（活动设计：湖北省孝感市直属机关幼儿园 黄梅、邹萌）

案例六 体验1分钟  大班

一、设计意图

"时间"在幼儿脑海中是个较模糊的概念，幼儿园教师在日常教学中需常常提示，"5分钟后收玩具了"，"给大家5分钟时间喝完水快速回到自己的座位上"，"男孩1分钟后就要换女孩玩了"等。为了让幼儿把时间概念由模糊转为清晰，让幼儿亲身体验1分钟的长短，故设计了本次活动。

二、活动目标

（1）通过活动让幼儿领悟到做事要专心，不拖拉，要珍惜时间。

（2）让幼儿知道1分钟在钟面上如何表示。

（3）幼儿能对自己的活动情况做出选择并能简单分析。

三、活动准备

（1）知识经验准备：已经初步认识了时钟的时针、分针、秒针。

（2）物质材料准备：时钟、正方形纸、PPT课件、字宝宝"长""短"。

四、活动过程

（1）感知：认识时钟。

教师提问：这是什么？钟面上有什么？（3根针）这3根针有什么不同？

教师小结：钟面上有数字，有时针、分针还有秒针。

教师提问：秒针滴答滴答走1圈有多长？

教师小结：秒针走1圈就是60秒，60秒就是1分钟。

（2）体验：1分钟长短。

①教师把写有"长"和"短"的字宝宝贴在黑板左右两边，让幼儿选择站在自己答案的旁边。

②玩木头人游戏，感受1分钟有多长。

游戏规则：要摆1个有难度的动作，保持1分钟不能动。

教师幼儿选择"长""短"站在答案旁边。

（3）幼儿折纸，再次感受1分钟。

教师提问：和刚才玩的游戏相比你觉得这1分钟时间过得怎么样？（时间过得很快）

幼儿再次选择1分钟时间"长""短"站在答案旁边。

（4）引导幼儿对自己的活动情况进行分享交流。

教师提问：为什么同样的1分钟，感觉却不同呢？

教师小结：同样是1分钟，有的事情比较难，感觉时间很长。有的事情比较简单，就会感觉时间过得很快。在相同的时间里做同样的事，也会因为每个人的动作有快有慢，所以结果也不同。

（5）幼儿看时钟，一起数一数1分钟有多长。

（6）播放视频，了解1分钟时间里可以做什么事。

教师：人们在1分钟里能做什么事情呢？大家都来说一说吧！

（7）结束部分：幼儿用1分钟的时间站成1队。

（活动设计：湖北省孝感市直属机关幼儿园 黄梅、邹萌）

岗位体验

一、设计数学认知活动方案

（1）以小熊水果店为主题，设计分类活动方案。

（2）以七巧板为主题，设计认识几何形体活动方案。

（3）以沙漏为主题，设计感知时间的活动方案。

二、实施数学认知活动

（1）以小组为单位开展模拟教学。一名同学扮演幼儿园教师，小组其他成员扮演幼儿。模拟教学完成后，集体研讨修改完善活动方案。

（2）利用课余时间到幼儿园实施数学认知活动，观察幼儿的反应，听取幼儿园老师的建议，修改完善活动方案。

赛证练习

项目三选择题
参考答案

一、单项选择题

1. 由于幼儿是以自我为中心辨别左右方向的，幼儿教师在动作示范时应该（   ）。

    A. 背对幼儿，采用镜面示范　　　　B. 面对幼儿，采用镜面示范

    C. 面对幼儿，采用正常示范　　　　D. 背对幼儿，采用正常示范

2. 桌面上一边摆了3块积木，另一边摆了4块积木，教师问："一共有几块积木？"从幼儿的下列表现来看，数学能力发展水平最高的是（   ）。

    A. 把前3块积木和后4块积木放在一起，然后一个一个点数

    B. 看了一眼3块积木，说出"3"，暂停一下，接着数"4、5、6、7"块

    C. 左手伸出3根手指，右手伸出4根手指，暂停一下，说出7块

    D. 幼儿先看了3块积木，后看了4块积木，暂停一下，说出7块

3. 关于幼儿对时间概念的掌握，下列说法正确的是（   ）。

    A. 对一日时间延伸的认识水平低于对当日之内时序的认识

    B. 对一日时间延伸的认识水平高于对当日之内时序的认识

    C. 对过去认识的发展水平高于对未来的认识水平

    D. 对未来认识的发展水平高于对当日的认识水平

4. 下列幼儿行为表现中数概念发展最低的是（   ）。

    A. 按数取物　　　B. 按物说数　　　C. 唱数　　　D. 默数

5. 小红知道9颗花生吃掉5颗，还剩4颗，却算不出"9减5"等于多少。说明小红的思维具有（   ）。

    A. 具体形象性　　　　　　　　　　B. 抽象逻辑性

    C. 直观动作性　　　　　　　　　　D. 不可逆性

6. 芳芳数积木，花花问她有几块三角形，芳芳点数："1、2、3、4、5、6，6个三角形。"花花又给她4块，问她："现在有多少块三角形积木？"芳芳边点数边说："1、2、3、4、5、6、7、8、9、10，我有10块啦！"就数学领域而言，下列最贴近芳芳的最近发展区的是（   ）。

    A. 认识和命名更多的几何图形

    B. 默数，接着数等计数能力

    C. 以一一对应的方式数10以内的物体，并说出总数

    D. 通过实物操作进行10以内加减法的运算能力

7. 在引导幼儿感知和理解事物"量"的特征时，恰当的做法是（   ）。

    A. 引导幼儿感知常见的大小、高矮、粗细等

    B. 引导幼儿识别常见食物的形状

C. 和幼儿一起手口一致点数物体，说出总数

D. 为幼儿提供按数取物的机会

8. 科学活动中，教师观察到某幼儿能用数字、图表整理自己观察到的现象，该幼儿最可能的年龄是（　　）。

A. 6岁　　　　　B. 5岁　　　　　C. 4岁　　　　　D. 3岁

二、简答题

1. 茵茵已经上了中班，她知道把2个苹果和3个苹果加起来，就有5个苹果。但问她2加3等于几？她直摇头。

根据上述案例简述中班幼儿数学学习的思维特点以及对教育的启示。

2. 幼儿园新入职的王老师，在第一次带大班小朋友做早操时，发现大家的动作有些混乱，有的胳膊向左伸，有的向右伸。"这是为什么呢？昨天老教师带操时，明明大家的动作都很整齐呀！"王老师有些不明白。

问题：

（1）从幼儿左右概念发展水平的角度分析，幼儿动作混乱的原因。

（2）针对问题，请提出建议。

3. 为了解中班幼儿分类能力的发展，教师选择了"狗、人、船、鸟"四张图片，要求幼儿从中挑出一张不同的。很多幼儿拿出来"船"，他们的理由分别是：狗、人和鸟常常是在一起出现的，船不是；狗、人、鸟都有头、脚和身体，而船没有；狗、人、鸟是会长大的，而船是不会长大的。

问题：

（1）请结合上述材料分析中班幼儿分类能力的发展特点。

（2）鉴于上述材料中幼儿的发展特点，教师如何实施教育。

三、活动设计题

1. 老师发现，大班的孩子们在玩"做买卖"的游戏时，不管物品的价格多少总是随意的付款和收款，比如，3元钱的东西，孩子们总是会拿1元，5元，10元的代钱币付钱。有的幼儿不计算总和，不管多少钱都随意给钱，收款的幼儿也随意收下。

针对幼儿这一问题，设计教育活动。要求写出设计思路、活动名称、活动目标、活动准备和活动过程。

2. 幼儿用扑克牌比大小、搭房子，徐老师希望培养幼儿的数学能力，请帮助徐老师用扑克牌为大班幼儿设计2个数学游戏。

项目四 研析集体活动
——幼儿园集体科学教育活动

学习目标

● **认知目标**
1. 了解幼儿园集体科学教育活动的特点。
2. 熟悉幼儿园集体科学教育活动的基本结构。
3. 掌握设计幼儿园集体科学教育活动的基本方法。

● **能力目标**
1. 具备组织和指导幼儿园集体科学教育活动的一般能力。
2. 初步掌握评价幼儿园集体科学教育活动的方法。
3. 能独自完成给定主题的集体科学教育活动设计与实施。

● **素质目标**
1. 在活动方案设计与完善的过程中,提升创新意识和精益求精的品质。
2. 不怕困难,敢于尝试,在小组合作中体验学习的乐趣。
3. 注重因材施教,促进幼儿发展,逐步形成科学的集体教育活动理念。

内容导览

幼儿园集体科学教育活动
- 幼儿园集体科学教育活动的设计
  - 幼儿园集体科学教育活动的特点
  - 幼儿园集体科学教育活动的设计
- 幼儿园集体科学教育活动的实施
  - 幼儿园集体科学教育活动的组织策略
  - 幼儿园集体科学教育活动的指导要点
  - 对于生成性科学教育活动的指导
- 幼儿园集体科学教育活动的评价
  - 幼儿园集体科学教育活动的评价对象
  - 对幼儿发展的评价
- 幼儿园说课
  - 幼儿园说课稿的结构
  - 幼儿园说课的技巧

情境导入

神奇的小草

每天放学回家的路上,呦呦都要走过一条长长的石板小巷。快要走到拐角的地方,总会遇见一位从城外回来的老爷爷。老爷爷的背篓里,装满了刚采回来的新鲜草药。

"咦，你这个小姑娘，天快黑了，怎么不回家呀？"

"爷爷，这些小红果，一定很甜很甜吧？"

"哦，你是说野山楂呀？来，你尝尝。"

老爷爷挑出小野果递给了呦呦。

"甜不甜呀，小姑娘？"

"甜，好甜，还有一点酸。谢谢爷爷！"

"这些野山楂啊，也是爷爷采回的药材哟。"

老爷爷一边说着，一边轻轻地拔着那些绿色的草药。

"爷爷，你为什么要把小草晾干呀？"

"咦，这可不是普通的小草，它们都是宝贵的草药。"

老爷爷是城里的老中医，这家小店铺就是他的中药房。老爷爷指着一排柜子说："你看！那每个小抽屉里都装着晒干的草药。这叫车前草，这叫蒲公英，这是远志，这是柴胡……"

老爷爷摇一摇、尝一尝晒箩里草药的味道，一株一株又一株，说着草药们的名字。

"爷爷，草药能救活病人吗？"

"当然能，当然能啦！"老爷爷拿起一株草，仔细看着。

"爷爷，草药都长在哪里呀？"

"大山上啊、田野里呀，还有树林里，越是宝贵的药材越不容易找到呢。所以呀，爷爷经常要背着背篓出去找呀，采呀。"

老爷爷的话听得呦呦都忘了回家吃饭。圆圆的月亮升起来的时候，妈妈沿着小巷找到了这里。

呦呦对妈妈说："妈妈，你看！爷爷给我的野果，这可是非常神奇的草药！我长大了也要像老爷爷一样去山上和树林里采草药好不好？"

"好啊，小呦呦也要当采药人啦，爸爸妈妈，还有爷爷奶奶、外公外婆再也不怕生病啦，哈哈哈哈……"

后来，妈妈给呦呦讲了采药爷爷的故事。有一位被毒蛇咬伤的小哥哥，本来要锯掉一条腿的，可是敷了老爷爷捣的草药，小哥哥的腿保住了。还有一位得了伤寒病的农民伯伯，也是喝了老爷爷给他熬的中药，又能下地干活了。

跟着爸爸、妈妈去田野里玩耍，她采到了嫩嫩的"茅针草"……

"妈妈，给你！茅针草吃起来甜甜的哟，不信你尝尝呀！"

"咦，呦呦，谁告诉你茅针草是甜甜的啊？"

"我自己尝出来的呀！这是金樱子，给爸爸的。"

"什么？你还知道金樱子？"

"当然啦，小心，爸爸，金樱子身上的小刺会扎人的，可是吃起来也很甜哟！"

很多年过去了，呦呦长大了。

她带着小时候的梦想，成了一名中医研究院的研究员。

她的实验室里，摆满了各种各样的小草。

她经常要亲口咬一咬、尝一尝这些小草的味道，就像小时候遇见的那位采药老爷爷一样。

这一天，呦呦站在了美丽的领奖台上，全世界都在看着她。

"感谢您！尊敬的女士，您用绿色的小草救活了很多人的生命，您用绿色的小草改变了世界。"

"不！不是我，这是中医药给世界的一份礼物。"

呦呦微笑着，双手接过了诺贝尔生理学或医学奖证书。这时候，呦呦好像看见小时候遇见的采药爷爷，也背着背篓站在人群里，正朝着她点头、微笑……

思考：中医药文化如何融入幼儿园集体科学教育活动？

学习任务

任务一 幼儿园集体科学教育活动的设计

幼儿园集体科学教育活动一般是面向全体幼儿的统一的集体活动，是学前儿童科学教育活动最常用的组织形式。尽管集体活动具有其自身的局限性，但集体教育活动是符合我国国情的教育组织形式，是有实效的活动形式，在今后相当长的时间内还将继续存在。

一、幼儿园集体科学教育活动的特点

幼儿园集体科学教育活动要求全体幼儿参与，在集体科学教育活动中，教师对幼儿给予集体的统一指导或个别指导，每个幼儿经历科学教育活动的过程，从而使自己能在原有水平上获得发展。幼儿园集体科学教育活动具有以下特点。

（一）幼儿园集体科学教育活动具有预定性

幼儿园集体科学教育活动是根据已拟订的计划开展的，是预定性的活动。在活动前，教师根据学前儿童科学教育的目标和任务，有计划、有目的地选择课题，确定活动内容与方法，并提供相应的活动材料，以实现活动目标。预定性科学教育活动一般以集体的组织形式开展。

（二）幼儿园集体科学教育活动具有开放性

幼儿园集体科学教育活动是一个开放的系统，它为幼儿创设可操作的环境，让幼儿自己去探究和实践。与封闭的、程式化的科学教育活动相比，开放性的科学教育活动要求避免使用千篇一律的固定模式，强调活动的灵活多变和伸缩性，它否定对幼儿的严格控制，提倡让幼儿根据原有经验和认知水平，在自由、宽松的气氛中进行自主的探究，寻求答案。

（三）幼儿园集体科学教育活动具有发展性

幼儿园集体科学教育活动的设计应着眼于促进幼儿的全面发展。发展性既表现为活动本身的发展性，也体现在幼儿通过活动得到发展。幼儿园集体科学教育活动的设计应适应幼儿的发展水平，活动内容与方法应以幼儿身心发展的成熟程度为基础，要求过高过低都不合适。

（四）幼儿园集体科学教育活动具有活动性

幼儿园集体科学教育活动以活动为基本形式，幼儿的发展是通过活动逐步形成的。在幼儿园集体科学教育活动中坚持活动性要求，就是要引导幼儿积极主动地参与活动，在活动中动手动脑，获得经验，得到发展。

二、幼儿园集体科学教育活动的设计

幼儿园集体科学教育活动的设计就是对科学教育活动的各个要素进行处理，也就是教师在活动之前对科学教育活动内容的选择、活动方法的确定、活动效果的预测。一个完整的活动方案一般由活动名称、活动目标、活动准备和活动过程组成。这里所说的幼儿园集体科学教育活动的设计是指对幼儿园某一具体科学教育活动的设计，包括对活动课题的设计、活动目标的设计、活动材料的设计及活动过程的设计四个方面。

集体活动
主题设计

（一）活动课题的设计

活动课题的设计（或活动名称的确定），就是从学前科学教育的内容范围中，选择出适合幼儿探究学习和教师组织开展的活动课题，具体说就是将课程的内容转化为活动的内容。在设计集体教育活动的课题时，应考虑以下几点。

（1）要选择最基本的科学经验。
（2）要贴近幼儿的实际生活经验。
（3）要选择适合开展集体教育活动的内容。

（二）活动目标的设计

1. 对活动目标设计的要求

对某一具体活动的目标设计也就是将总目标、年龄阶段目标具体化，设计活动目标时应注意以下一些要求。

（1）设计的活动目标应具有针对性，所设计的活动目标必须围绕具体活动内容，并体现出该活动内容的特色。

（2）设计的活动目标应尽量体现可操作性，根据活动目标可以看出活动过程。

（3）设计的活动目标应呈现层次性，充分考虑不同发展水平的幼儿所能达到的层次，

集体科学教育
活动的目标构成

使每个幼儿都能得到不同程度的发展。

活动目标是活动的指南,是一个基本方向,具有较大的灵活性,在设计与实施活动的过程中,可以根据需要加以调整。

2. 活动目标的设计方法

(1) 设计思路。从研究具体活动内容开始,同时分析开展该活动的年龄班幼儿发展的需求,最终以《纲要》《指南》的精神为准则制定目标。

(2) 表述方法。活动目标是整个科学教育活动方案的起始部分,是整个方案的点睛之处,其表述有以下要求。

① 活动目标的陈述要简洁、明了,只需说明要达到的各方面的要求,语言要简短、概况、明确。

② 确定的活动目标要具体,且便于操作。防止泛泛而谈,难以操作,导致目标在活动过程中落空。

③ 活动目标应从促进幼儿发展的角度表述,拟定的每条目标必须保持一致。

雨中乐(小班)

活动目标

① 观察伞的外形和色彩,知道伞是一种挡雨的用具。

② 在教师的帮助下学习开伞、收伞的方法。

③ 充分感受雨中游戏的乐趣,萌发热爱大自然的情感。

优化方案

鞋子配对(小班)

活动目标

① 让儿童初步了解鞋子成双的特点,并能尝试配对。

② 引导儿童养成整理衣物的良好习惯,萌发对数学活动的兴趣。

③ 培养儿童良好的观察能力和动手能力。

优化方案

长江大桥(中班)

活动目标

①知道桥的构造,了解桥的承受能力。
②学会如何使用纸张搭建稳固的桥。
③通过活动,感受搭桥的乐趣。

优化方案

豆浆吃醋啦(中班)

活动目标

①乐意尝试科学实验,对科学活动产生好奇、探索的兴趣。
②能大胆地将自己的发现表述出来,并将结果记录在记录单上。
③了解豆浆遇到酸性物质会发生改变的现象。

优化方案

冰糖葫芦(大班)

活动目标

①了解冰糖葫芦的做法。
②能根据自己的喜好选择材料。
③体验制作冰糖葫芦的乐趣。

优化方案

桂花米酒香又甜(大班)

活动目标

①知道米酒的制作过程。

②能在老师的指导下完成制作。
③愿意参与桂花米酒的制作活动，体会与同伴协作的快乐。
优化方案

（三）活动材料的设计

活动材料的投放是一门艺术，如果能巧妙地投放安全、适量和能激发幼儿探究欲的活动材料，科学教育活动一定会让幼儿感到更精彩。活动材料的设计主要包括活动材料的选择、加工和准备。

1. 活动材料的选择

科学教育活动的材料主要是根据活动目标来选择的，自然界中可供选择的材料很多，教师应选取适合幼儿操作的材料。

2. 活动材料的加工

教师提供给幼儿的材料尽量是低结构材料，教师需要对原材料进行适当加工，为幼儿的探究提供前提条件。例如，开展科技小制作活动时，常选用废旧物品（如酸奶瓶、包装盒等）作为活动材料，这些活动材料往往不能直接满足活动的需要，而且幼儿的动手能力有限，所以需要教师在活动之前对材料进行适当的加工或简单的处理。

3. 活动材料的准备

在准备活动材料时，应充分考虑活动目标的要求、活动材料的结构性和数量。不同的活动对材料的要求不同，有的需要人手一份，有的可以每个小组一份。在观察玉米活动中，可以分组观察，每组提供一个玉米，一人一份观察记录表。在神奇的不倒翁活动中，教师可以为每个幼儿提供鸡蛋、乒乓球、纸杯等材料，以保证每个幼儿都可以动手操作。为了让幼儿充分探究，每组或每人的材料可以有所不同，给幼儿更多启发。

夏天的声音（小班）

材料准备
①分别装有黄豆、沙粒（或米粒）的小玻璃瓶或其他容器。
②搪瓷杯、筷子、不锈钢小勺、塑料垫板、塑料袋、空纸盒、铁盒、硬币、木块等。
③雷声、雨声、蝉鸣声、蛙鸣声、蚊子叫声、电风扇运转声等夏天里声音的录音资料。
补充材料

弹性的秘密（中班）

材料准备

松紧带、弹簧、海绵、皮球、棉花、气球、橡胶等各式各样的弹性物品。

补充材料

_____

_____

_____

泡茶（大班）

材料准备

①绿茶、红茶、茉莉花茶、干菊花、干玫瑰花等若干，每组一份。
②小盘子、小勺、喝水杯等人手一个。
③开水壶一个、有关茶叶制作的视频一个。

补充材料

_____

_____

_____

（四）活动过程的设计

活动过程就是活动的展开过程，是在教师指导下幼儿主动的科学探究过程。教师在设计活动过程时，要能做到以幼儿为主体，教师引导、观察、支持幼儿的探究。在活动实施过程中可以根据幼儿的反应及时调整活动过程。

幼儿园集体教育活动的过程一般包括三个部分，即开始部分、展开部分和结束部分。在活动开始时，教师通过多种形式导入该活动的主题；在活动展开部分，教师通过各种方法引导幼儿进行深度探究；活动的结束一般以幼儿的交流讨论，教师的总结、评价为主。

开始部分和结束部分相对整个活动来说比较简单，占用的时间不宜多，而展开部分是整个活动的核心，应占整个活动的大部分时间。教师在设计活动过程时，可根据确定的课题、内容及目标，参考以下思路。

1. 进行总体构思

（1）该活动过程大体分为几个环节？（一般3~5个环节）

（2）每个环节需完成哪些内容？（概括并列出提纲性的标题）

（3）哪一个或哪几个环节是整个活动的重点？（以幼儿为主体的探究性活动是活动的重点）

（4）前、后环节之间如何过渡？（关键的指导语或活动的转换）

（5）各个环节所占的时间如何分配？（不是平均分配，重点环节应有所侧重）

2．列出每个环节的步骤

（1）依据每个环节需完成的内容设计若干步骤。

（2）步骤是环节的具体体现，包括教师的指导、幼儿的语言及活动表现。

（3）对每个步骤的表述必须具体、详细、可操作。

（4）每个环节的步骤应围绕该环节所列出的标题设定。

3．在活动过程设计中技巧的运用

（1）活动的导入。导入是活动的开始，是为了引起幼儿的好奇，激发幼儿参与探究活动的兴趣和积极性。导入的具体方法如下。

①指令导入。通过简短的指令导入活动。例如，在"有趣的磁铁"活动中，教师直接告诉幼儿可以用磁铁去吸铁质物品。

②材料导入。让幼儿直接操作材料而导入活动。例如，在"沉与浮"活动中，可直接让幼儿将教师提供的物品分别放入水中，看看哪些物品会沉下去，哪些物品会浮起来。

③经验导入。利用幼儿已有经验，通过提出问题导入活动。例如，在组织"好听的声音"这一活动时，在教师的启发下，幼儿通过回忆，想到青蛙"呱呱呱"，小鸟"喳喳喳"，小鼓"咚咚咚"……

④演示导入。通过教师演示现象导入。例如，在"有趣的不倒翁"活动中，由教师先演示制作好的不倒翁玩具，引起幼儿的兴趣。

⑤谜语、儿歌、故事导入。例如，在观察花生的活动之前，教师可以让幼儿猜一个有关花生的谜语。再例如，《小熊请客》的故事，讲的是小熊请客时由于不懂得各种动物朋友的食性而闹出了笑话。教师可以先向幼儿介绍这个故事，再引入"动物吃什么"的活动。

⑥环境导入。在活动前先将幼儿带到相关环境中。例如，在组织"秋天的树叶"这一活动时，先带幼儿去户外欣赏美丽的景色、捡落叶，然后再回到室内继续活动。

（2）提问的技巧。在集体教育活动的过程中，教师的提问是启发、引导幼儿思考的有效措施，是指导幼儿探究活动的重要方法，因此，对教师提问的设计也非常重要。

针对不同的科学教育活动内容有不同的提问类型，以下提供几种类型供参考。

①设疑型提问。引导幼儿积极思考，探求问题答案，例如，"你有什么办法……""这是为什么？"

②激趣型提问。以激发幼儿的学习兴趣为目的，激发幼儿积极参与活动的欲望。例如，在"滚动"活动中，玻璃小球在不同材料的斜面上滚动，教师提出问题"哪个小球滚得快""哪个小球滚得慢"。

③探究型提问。这类问题可以引导幼儿进一步探究。例如，"请你试一试、玩一玩，等一会儿告诉大家，你发现了什么。"

④迁移型提问。这一类型的提问，可以帮助幼儿将已有的知识经验迁移到新的内容上去，例如，"你可以用这种方法试试吗？"

⑤发散型提问。这是激发幼儿创造性思维的有效方法，例如，"如果没有……会怎样。"

总的来说，教师设计的问题应以开放性问题为主，避免限制幼儿的思维。问题的答案也不是固定的、统一的，允许有多种答案。

4．活动结束的设计

教师应帮助幼儿提升经验，让幼儿感觉整个活动是个完整的过程。一次活动虽然结束了，但幼儿的探究并没有结束，因此，活动结束的设计既是总结又是活动的延伸。以下一些结束方式可作为参考。

（1）与幼儿通过谈话一起总结并评价本次活动，这种方式是常用的。

（2）围绕本次活动提出要求或建议，让幼儿在活动结束以后继续探究，以使活动继续延伸。

（3）制作活动可以幼儿相互展示自己的制作成品结束，这样，没有完成活动的幼儿也可以在轻松的气氛中继续完成。

（4）让幼儿在轻松愉快的气氛中以游戏的方式结束活动。

（5）以艺术的方式（如绘画、情境表演等）结束，这样可以让幼儿充分、自由地表现自己在活动中的发现或感受。

任务二　幼儿园集体科学教育活动的实施

幼儿园集体科学教育活动的设计是活动实施的核心，而在活动的实施过程中，教师的组织能力和指导技巧往往是活动成功的关键。幼儿园集体科学教育活动是在教师的指导下，幼儿通过操作和探究活动实现预设目标的。在活动实施过程中，幼儿是活动的主体，教师是活动的参与者、引导者、支持者和帮助者。

一、幼儿园集体科学教育活动的组织策略

在幼儿园集体科学教育活动的实施中，教师应具有组织活动的能力和方法。在组织活动之前，教师不仅要对活动做深入的研究，而且要对活动的主体——幼儿，进行全面分析。在组织幼儿园集体科学教育活动时可参照以下策略。

集体活动
实施策略

（1）组织活动前要有充分的准备。准备工作包括知识准备和活动材料准备。知识准备是指教师为开展活动需对相关知识进行收集及整理，幼儿需有一定的经验作为铺垫。在活动前，应为幼儿选择适宜的活动场所，创设活动环境，准备适宜的活动材料，并考虑以恰当的方式呈现。

（2）对幼儿已有经验把握到位。教师在开展活动前需对幼儿的实际水平进行分析，特别是与该活动相关的经验和水平，教师应有比较准确的了解，这样才能使幼儿在已有经验的基础上，通过活动得到提高和发展。

（3）面向全体并重视个别差异。幼儿园集体科学教育活动是面向全体幼儿的教育活

动，教师在组织活动时必须兼顾集体和个别幼儿的需要。在组织集体科学教育活动时，教师应该让每个幼儿都有参加活动的机会，在活动组织过程中应根据全体幼儿的需求把握活动的各个环节。同时也要重视幼儿个体之间的差异，使每个幼儿都能得到最大限度的发展。

（4）制定相应的活动规则。依据活动的内容，在活动前教师应确定一定的活动规则及要求。在活动组织过程中应让幼儿了解相关活动规则及要求，并提醒幼儿遵守活动规则。

（5）围绕课题突出活动过程。整个活动过程以探究活动为主，教师在组织活动中应合理分配时间，对各个环节的把握要有分寸，让幼儿的操作和探究时间有充分的保障。

（6）让幼儿直接参加活动。在组织幼儿园集体科学教育活动时，必须避免教师"教"科学的现象，突出"活动"的特点，要尽量创造条件让幼儿参加探究活动，并保证活动的有效性。

二、幼儿园集体科学教育活动的指导要点

在组织和安排幼儿园集体科学教育活动时，教师可以通过多种方式实现对全体幼儿的指导，同时可在幼儿进行操作和探究活动时给予个别指导。也可以小组为单位进行操作和探究活动，教师分别予以指导。总之，教师对集体科学教育活动的指导是至关重要的，指导方法应根据活动进展的情况而定，按幼儿的需要灵活掌握。

教师在组织活动过程中，应该注意下面几点。

（一）明确活动任务，激发幼儿兴趣

依据已拟定的活动目标，教师从活动一开始就应明确本次活动需完成的任务。教师要满怀热情，以生动活泼的方式导入活动，引起幼儿对活动的兴趣，并使幼儿以积极饱满的情绪投入活动中去。

（二）引导幼儿亲手操作，适当参与幼儿的活动

在集体科学教育活动中，教师的指导作用十分重要，在教师的指导下整个活动将自然而有序地进行。教师应通过指导发挥幼儿的主动性、积极性和创造性，使幼儿真正成为活动的主体，幼儿在教师的引导下认识事物多方面的特征，在教师的指导下动手动脑，通过操作活动获取知识和技能。

教师还可以适当参与幼儿的活动，教师的参与能够使幼儿获得亲切感，也能使自己成为幼儿的好朋友，当好幼儿学科学的合作者，形成共同学习的气氛。教师通过直接参与活动、与幼儿共同解决问题，可以更好地了解幼儿学习的情况，分享幼儿成功的乐趣。

（三）观察、分析幼儿的行为，及时提供帮助

在幼儿园集体科学教育活动中，教师的指导贯穿活动的始终。而在一切指导之前，教师最重要的是仔细观察幼儿的行为，理解和分析幼儿的行为。教师的观察包括幼儿在活动过程中的情绪表现、参与活动的能力、与同伴交往合作的情况，等等。

在观察的基础上,教师应密切关注幼儿遇到的问题和困难,及时给予帮助,可以直接帮助幼儿解决问题,也可以指导幼儿通过自身的探究活动寻找答案;教师还应允许和支持幼儿用自己的方法去操作,引导幼儿从多个角度去思考问题,从而获得成功。

(四)把握活动环节,掌握活动节奏

前面提到幼儿园集体科学教育活动过程是根据幼儿年龄、活动内容设计的,一般可设计3~5个环节。由于活动时间有限,教师在组织活动过程中要把握住活动的每一个环节,既要使活动能完整地实施,又要突出重点,给幼儿充足的探究时间,保证幼儿的活动取得成效。

(五)合理运用评价的手段,促进活动成功

在幼儿园集体科学教育活动中,教师的评价一直伴随着活动的进程,穿插于活动的各个环节中。评价的方式是多种多样的,可以是一句鼓励的话或暗示的话,也可以是一个赞许的眼神或动作。这种评价式的指导多是积极的评价,即肯定和强化幼儿在活动中好的行为,对于幼儿创造性的想法及行为给予鼓励和帮助,让幼儿体验到发现和成功的快乐。

总之,集体教育活动能否成功开展,教师对活动的组织指导至关重要。幼儿园集体科学教育活动的组织形式和指导方法没有固定的模式,也不可能千篇一律,实质上体现的是"因材施教"的教育思想。为了使活动达到预定的目标,取得最佳效果,教师应在活动过程中随时根据幼儿的表现,调整自己的角色,给予幼儿最合适的指导,让每一个幼儿都能通过活动提高自己的水平。

三、对于生成性科学教育活动的指导

生成性科学教育活动也称为偶发性科学教育活动,是在教师完全没有计划的情况下形成的活动。它是指在幼儿的生活中,突然出现的某种有趣、新奇的情境,激起幼儿的好奇,幼儿自发投入的一种科学探究活动。这种探究活动由偶然的情境引起,教师无法预料,更谈不上事先计划和设计了。由于生成性科学教育活动的内容广泛,因此,幼儿园科学教育的内容范围也拓展到幼儿的全部生活,活动随机性很强,生活中随时随地都有可能发生。

把偶发事件变为教育契机

尽管生成性科学教育活动不是教师专门计划、设计和组织的,但也不可忽视它的价值。作为幼儿日常生活中最常出现的一种科学活动,它对于幼儿学科学具有独特的作用。生成性科学教育活动使幼儿的好奇心得到了强化和充分满足。同时促使他们更加关注和探究周围世界,增进和大自然的亲近感。生成性科学教育活动有助于具有科学潜能的幼儿获得进一步发展。

教师的态度对幼儿的生成性科学教育活动具有重要的影响,教师对待幼儿日常生活中出现的生成性科学教育活动,应给予鼓励和支持。教师有责任对幼儿的生成性科学教育活动加以正确引导,使其发挥应有的作用。

任务三 幼儿园集体科学教育活动的评价

幼儿园教育活动评价是指在一定教育价值观的指导下，基于适宜的教育目标，运用可操作的科学手段，通过使用一定的工具、技术和方法，系统收集信息资料并进行分析整理，对各种教育活动设计、实施过程及结果进行科学判定，从而实现自我完善并有效提高教育活动质量的过程。

教育活动过程是一个不断观察、记录、分析、计划的过程，无论是教育活动目标的制定，还是教育活动内容的选择，以及教育活动的实施，都需要教师观察儿童，倾听儿童。

> **拓展阅读**
>
> 2023年全国学前教育宣传月活动以"倾听儿童相伴成长"为主题，展示宣传近些年基层幼儿园贯彻落实《3—6岁儿童学习与发展指南》《幼儿园教育指导纲要（试行）》的实践探索，聚焦基层幼儿园保育教育实践中的专业难点和困惑问题，征集幼儿园教师坚持以幼儿为本，在日常保教工作中倾听理解幼儿、有效支持幼儿学习发展的视频案例，重点宣传：一是如何发现幼儿在游戏和生活中有意义的学习；二是怎样回应、支持和拓展幼儿的学习；三是结合实际，分享深入观察了解幼儿对改进保育教育实践，促进教师专业成长的真情实感。

幼儿园集体科学教育活动的评价内容主要包括集体科学教育活动本身和幼儿发展两部分。

一、幼儿园集体科学教育活动的评价对象

对幼儿园集体科学教育活动的评价，可从教育活动的目标、内容、方法、过程、结构、对教育资源选择与运用、对教师与幼儿互动关系等方面展开。

集体活动
内容评价

1. 对科学教育活动目标的评价

活动目标是指教师期望活动所达成的教育结果。评价活动目标应从以下几个方面来进行。

（1）评价活动目标与学期目标、年龄目标以及总目标之间的联系是否一致。从理论上看，应该是每个科学教育活动目标的积累，构成了阶段目标和终期目标，每一项活动目标的实现，都是向阶段目标、终期目标迈进一步。

（2）评价活动目标与本班幼儿的实际是否相适应。每个班级虽然在总体上符合该年龄阶段幼儿发展的一般趋势，但各有不同的实际情况。有时候某个活动目标被孤立起来看时，可能是合理的，一旦和上一级目标及本班幼儿的实际情况联系起来看时，就有可能有不完善的和不合理之处，评价活动目标是否合理，一定要结合上一级目标和本班幼儿的实际水平。

（3）在活动目标中是否包含了情感、认知、能力三方面的内容。科学教育的总目标包含了以上三方面的内容，在每个具体的活动目标中，也应有这三方面的要求。当然，每次活动的具体情况是有所不同的。例如，在了解现代科技的内容时，比较多地注重培养幼儿的科学情感、态度方面的目标，而在了解某些非生物（如石头、沙土）的特性时，比较多地注重培养幼儿的操作能力、探究能力，以及丰富科学经验等方面的目标。所以，每次活动的目标是有所侧重的，但不能完全偏废。

（4）整个活动的设计与实施是否围绕活动目标而进行。活动目标确定以后，整个活动设计及实施应围绕活动目标来展开。例如，内容的选择、教师提问的设计等。

2．对科学教育活动内容的评价

活动内容是实现活动目标的手段。科学教育活动内容的评价包括活动内容的选择和活动内容的设计两个方面。活动内容的选择是指从科学教育所涉及的内容范围中选取合适的内容，活动内容的设计是指针对所选内容，确定学习范围和深度。评价活动内容应从以下几个方面来进行。

（1）活动内容的选择是否与活动目标相一致。科学教育所涉及的内容范围十分广泛，选什么内容的首要依据便是目标。

（2）活动内容是否符合科学性。幼儿科学教育的目的是对幼儿进行科学素养的早期培养，因此科学教育的内容必须具有科学性。首先，科学性是指科学活动所给予幼儿的知识应是准确的，应选取那些能被幼儿感知的、真实的、可靠的材料，有利于幼儿科学态度的形成。其次，科学性是指内容的处理是否突出重点、详略得当、难易适宜，并能考虑探究对象的特点。

（3）活动内容的选择是否符合时代性。科学教育活动的一大特点就是要反映科技发展成果，时代性极强。前两年还是最新科技成果的产品（或是对某地区幼儿来说是新产品），不多久就成为司空见惯的物品了，所以评价内容时要注意，该内容是否符合时代特征，是否增加了现代科技的含量。如同样是认识鸡、鸭，如果和养鸡场、科学饲养、人工孵小鸡等内容结合起来，就比单纯地介绍鸡、鸭要符合时代性。

（4）活动内容的分量是否适当。每一个科学教育活动，特别是集体活动，总有一个时间的限制，从幼儿的角度看，他们的注意力在一次活动中不会维持太久，评价内容时还要看该内容的分量是否适当，有无过多或过少的现象。

（5）活动内容的来源是否考虑了来自幼儿的生活经验，是否能关注幼儿的兴趣和需求，从幼儿的关注点中生成内容。

3．对科学教育活动方法的评价

科学教育活动方法既是教师为了完成科学教育任务，实现科学教育目标所采用的工作方法，也是幼儿在教师指导下学习科学的方法。活动方法使用得当与否，直接影响活动的开展，最终影响幼儿学习目标的达成。评价活动方法应从以下几个方面进行。

（1）是否根据活动目标、活动内容及幼儿实际，选择与运用生动、直观、形象的活动方法。

（2）在一次活动中，是否采用多种合适的方法。

（3）是否根据幼儿园的环境和设备条件选择合适的方法。

（4）活动方法是否能保证幼儿积极主动参与活动并得到了发展，即不是教师灌输知识，幼儿被动地学习的方法。

4．对科学教育活动过程的评价

（1）活动是否采用了多种科学教育活动的组织形式。专门的科学教育活动的组织形式，从教师指导的不同程度来分析，有预定性科学活动、选择性科学活动和偶发性科学活动三种。从幼儿参与活动的规模来分析，可分为集体活动和个别活动，其中集体活动又可分为小组活动和班级活动。要评价在活动中是否根据实际情况，考虑了预定性科学活动、选择性科学活动和偶发性科学活动的结合，全班、小组、个人活动的合适组织及结合。

（2）在活动过程中，是否考虑了因人施教的问题。幼儿之间存在很大的差异，在班级、小组、个别活动过程中，是否有为孩子的专门设计与指导。

（3）在分组时，是否考虑了人际关系以及幼儿的情感因素。换言之，小组活动或个别活动时，是硬性规定幼儿的分组，还是根据幼儿的意愿来分组。

（4）在活动过程中，是否能随机调整预定的活动目标，并生成目标。是否能根据活动的开展情况，作出方法、组织形式、提问等多方面的调整。

5．对科学教育活动结构的评价

（1）活动结构是否严密，即活动是否组织紧凑、程序严密、环节交替自然有序，是否能有效利用时间。

（2）活动的结构是否合理，即是否能根据幼儿活动和学习的规律，注意动静交替等。

（3）活动中的每一步骤是否有效，即在科学教育活动过程中，每一步骤都应和达成目标有关，尽量减少和目标无关的环节。

6．对教育资源选择与运用的评价

科学教育资源是学前儿童科学教育活动达到预期目标的物质保证。教育资源选择与运用的评价应从以下几个方面进行。

（1）是否选择了能达成科学教育活动目标、适合活动内容与幼儿实际的教育资源。例如，教育资源是否紧扣目标、是否有趣。

（2）选用的教、学具是否适合科学教育活动的展开，例如，提供的教具是否具有典型性，学具在数量上能否保证活动的进行。

（3）选用的学具是否适合幼儿操作。例如，学具的安全性、易理解性，是否适合幼儿的体力与能力等。

（4）在活动过程中，是否最大程度地利用了教具、学具所具有的功能。

7．对教师与幼儿互动关系的评价

科学教育活动中教师与幼儿如能处于良性的互动关系，就能从一定程度上保证科学教育活动效果的达成。教师与幼儿互动的评价应从以下几个方面进行。

（1）是否正确发挥了教师的主导作用。例如，教师的提问是否得当、新奇、有启发，是否富有魅力及指导意义。

（2）是否创造条件使幼儿成为活动的主体。例如，创造宽松的心理环境，鼓励每个幼儿积极探究，学习科学。

（3）教师与幼儿在活动过程中的交往是否和谐融洽，是否积极主动地相互交往。例如，当个别幼儿未能完成探究活动时，教师是采用鼓励，还是采用讥讽的语言与手段。

（4）幼儿参与活动的态度如何是主动积极地参与活动，还是被动地参与，甚或是成为旁观者。

在开展科学教育活动评价时，往往将评价指标制作为表格，进行逐项量化评分，如表4-1所示。教师在完成教学活动后，应对活动实施过程进行复盘，填写教学反思表，如表4-2所示。

表4-1 幼儿园教育活动评价表

年龄班_____ 活动名称_____ 教师_____

评价项目	评价标准	总分100分		
		分值	得分	小计
教育目标 10%	活动目标凸显本领域教育价值，能体现多元化、层次化，注重促进幼儿知识、能力、情感等方面的全面发展	5		
	目标定位明确、具体，体现适宜性、可操作性	5		
教育内容 10%	选材符合幼儿兴趣、现实需要和发展水平，有一定的挑战性	5		
	内容能围绕教育目标，体现教育领域的相互渗透，兼顾群体需要和个体差异	5		
教育过程 50%	活动的方式手段合理恰当、有效	10		
	活动中各环节清晰，围绕目标层层递进，重点突出，时间安排合理	10		
	为幼儿提供合适的环境、材料，满足幼儿操作需要，为幼儿创造自主探索、观察、情感体验的机会与条件	15		
	教师能观察幼儿，根据幼儿需要提供有效支持，师幼互动积极良好	15		
活动效果 10%	幼儿在活动中情绪愉快、态度积极，参与意识强，各种能力在原有水平上得到提高	5		
	活动目标能在过程中基本得以落实	5		
教师素质 20%	教态亲切自然，与幼儿关系和谐融洽，善于鼓励调动幼儿积极性	6		
	语言简练、规范，富有感染力，提问简洁明了	6		
	教师基本功扎实，调控活动能力强，有灵活的教学方法和应变能力	8		
简要评析：		合计		

表4-2 教学反思表

目标达成情况及方式	活动目标		目标达成情况	目标达成方式
	情感目标			
	认知目标			
	能力目标			
幼儿典型行为表现（正向）				
幼儿典型行为表现（负向）				
改进设想与措施				

二、对幼儿发展的评价

幼儿发展评价

对幼儿发展的评价是指通过科学教育活动，对所达到的教育效果的评价，这种效果应体现在幼儿的身上，即幼儿的科学素养的提高。具体评价内容可根据《指南》所列"科学探究""数学认知"各年龄阶段发展的典型表现。

《上海市幼儿园办园质量评价指南（试行稿）》中列出了各领域行为表现，其中探究与认知领域行为表现，如表4-3所示。教师可以通过观察幼儿的行为表现，评价幼儿的发展程度，为改进教学活动设计提供参考。

表4-3 《上海市幼儿园办园质量评价指南（试行稿）》（节选）

	领域五：探究与认知				
	表现行为	表现行为描述			信息来源
		表现行为1	表现行为3	表现行为5	
子领域1：科学探究	1. 喜欢探究	喜欢摆弄各种物品，好奇，好问	经常乐于动手、动脑探索未知的事物	乐于在动手、动脑中寻找问题的答案，对探索中的发现感到高兴和满足	1. 观察集体教学活动、区角活动以及游戏中幼儿的探索过程。观察游戏及自由活动中幼儿的计划、表达等行为表现 2. 观察项目（方案）活动中幼儿的行为表现 3. 观察幼儿使用新玩具和活动材料的行为表现 4. 观察散步、外出活动中幼儿认识事物的行为表现 5. 家长问卷调查及访谈
	2. 用一定的方法探究周围感兴趣的事物与现象	1. 能仔细观察自己感兴趣的事物，发现其明显特征 2. 能用多种感官或动作探索事物，对结果感兴趣	1. 能观察、比较事物，发现其异同，并进行简单描述 2. 能根据观察结果提出疑问，并运用已有经验大胆猜想 3. 能通过简单的调查，收集自己需要的相关信息 4. 能用图画或其他符号记录自己的探究过程或结果	1. 能在观察、比较与分析的基础上，发现并描述事物的特征或变化，以及事物之间的关系 2. 能用一些简单的方法来验证自己的猜测，并根据结果进行调整 3. 在帮助下，能制订简单的调查计划，并按计划收集信息 4. 能运用数字、图画、图表或其他符号等记录探究过程和结果 5. 能在探究中与同伴合作，并交流自己的发现、问题、观点和结果等	
	3. 在探究中认识事物与现象	1. 认识常见动植物，能发现和了解周围动植物的主要特征和多样性 2. 能感知和发现材料在软硬，光滑和粗糙等方面的特性 3. 能感知天气变化，体会其对自己生活和活动的影响 4. 能初步了解和体会动植物与人类生活之间的关系	1. 能感知和发现生活中常见动植物生长变化的过程及所需的基本条件 2. 能初步感知和发现常见材料的溶解、传热等性质及在生活中的用途 3. 能感知和发现光、影、磁、摩擦等简单物理现象 4. 能感知和发现不同季节的特点，体验季节的变化对动植物和人类生活产生的影响 5. 能初步感知常用科技产品的用途及与自己生活的关系	1. 能发现和了解典型动植物的外形特征、习性与其生存环境之间的适应关系 2. 能了解常见物体的结构和功能，发现两者之间的关系 3. 能探索和发现光、影、沉浮、水的形态等简单物理现象产生的条件或影响因素等 4. 能感知并了解四季轮回及变化的顺序 5. 初步了解人类生活和自然环境之间的关系，懂得尊重和珍惜生命，知道保护环境的重要性 6. 知道一些事物具有两面性，汽车、手机、电脑等产品有利也有弊	

续表

表现行为		领域五：探究与认知			信息来源
		表现行为描述			
		表现行为1	表现行为3	表现行为5	
子领域2：数学认知	1．初步感知生活中数学的有用和有趣	1．能感知和发现生活中物体的形状是多种多样的，对不同的形状感兴趣 2．能体验和发现生活中很多时候会用到数 3．能结合生活感知在不同的时间做不同的事	1．能感知事物的形状，方位，并用相应的词语来描述 2．能用数字符号来描述事物，对环境中数字符号的各种意义有探究的兴趣 3．理解活动或事件发生的先后顺序，能用语言描述事情发生的前后经过	1．能感知空间的大小与人们活动的关系 2．能发现生活中简单的排列规律，并尝试创造新的规律 3．能发现生活和游戏中的许多问题可以用计数、排序、分类、测量等数学方法来解决，体验解决问题的乐趣 4．在活动中感受和理解时间的先后与长短，逐步形成时间意识	1．观察一日生活环境及环节中幼儿的行为表现 2．观察集体教学活动及区角活动中幼儿的探索表现 3．观察游戏及自由活动中幼儿运用数学的状况 4．观察幼儿与教师，同伴的日常交谈等 5．家长问卷调查及访谈
	2．感知数、量及数量关系	1．能感知和发现物体的大小，多少、高矮，长短等方面的差别，并用相应的词语描述 2．能运用一一对应的方法比较两组物体的多少 3．能运用手口一致点数的方法数5个以内的物体，说出总数，并能按数取物 4．能使用数词来描述常见事物或动作	1．能感知和发现物体的粗细、厚薄、轻重等方面的差别，并用相应的词语描述 2．能运用数数的方法比较两组物体的多少 3．能借助实际情境和实物操作，理解数的大小和形成等。能使用数词来描述事物的排列顺序和位置	1．能初步感知和理解量的相对性 2．能借助实际情境和实物操作，理解"加"和"减"所表达的实际意义 3．能运用实物操作等方法进行10以内的加减运算 4．能运用简单的记录表、统计图等来表示数量关系	
	3．感知形状与空间关系	1．能感知和发现物体较明显的形状特征，并用词语来描述 2．能感知物体基本的空间位置与上下、前后、里外等方位，并理解这些方位词的意义	1．能感知和发现物体的形体结构特征，并运用绘画、拼搭等方式表现物体的造型 2．能发现常见几何图形的基本特征并进行比较、分类 3．能使用"中间""旁边"等各种方位词来描述物体的位置和运动方向	1．能组合运用常见的几何形体拼搭、制作和画出物体的造型，富有一定的创意 2．能按指示空间方位的语言或简单图示来取放物品，反应正确 3．能辨别以自己为中心的左右方位	

任务四 幼儿园说课

在科学教育活动中,"说课"是一种新兴的教研形式,它在备课的基础上,要说清三件事:教什么、怎么教、为什么教。教师在说的过程中不仅要将教学方案说出来,更要将隐含于教学方案后面的设计思想、教育理念、具体依据说出来。

说课稿的结构与说课技巧

一、幼儿园说课稿的结构

幼儿园说课稿是按照说课内容的内在逻辑来撰写的,没有固定格式,一般包括以下几个方面。

(一)说设计思路

主要说明选题的原因、课题的来源,通过分析所选主题内容的特点,指明它在整体或主题教学中的地位,所以教师首先要说清楚为什么要选择这些内容。

(二)说学情

简要分析幼儿现状,主要包括幼儿的年龄特点、身心发展状况、幼儿原有知识和技能的掌握情况,以及幼儿的非智力因素等。

(三)说活动目标

目标贵在挖掘,挖掘的前提是对教学内容的分析。老师要分析教材的重难点,从而确定活动的情感、认知和能力。

(四)说活动准备

活动准备必须与幼儿的能力、兴趣和需要相适应,它包括活动前的准备、活动中的准备。

(五)说教法、说学法

教学方法是教师有效传递信息、指导幼儿的途径。说教法主要是说明本次活动中所采用的教学方法和手段。说学法是说明幼儿要"怎样学""为什么这样学"的环节。

(六)说活动流程

这是说课的重点,一般要说清楚活动过程"有几大环节",以及各环节的主要达成目标。要分环节讲清"教什么""怎么教""为什么这样教",以及如何保证教学目标的达成,如何保证重难点的突破,要保证所有孩子最大限度地获得发展。

（七）说特色与亮点

说课在于说理，重点要说清为什么要这样教，教学重点和难点如何突破，要突出说明自己的教学风格与特色，将与众不同展示给大家。

二、幼儿园说课的技巧

说课是动态生成的过程，现场有听众，能否调动听众的情绪和思想在很大程度上决定着说课的成败，所以在说课准备、说课过程中要注意以下几个问题。

（1）课前说课是课前的预案，想象空间较大，所以说课设计要根据对内容的理解，给自己的说课赋予一些基本思想。

（2）根据幼儿的特点，问题和需要拟定教育对策，仔细分析教育内容的价值与内涵以及与幼儿发展的关系，然后拟定精准的活动目标。

（3）说课整体要流畅，不作报告式，流水式的介绍，流程中许多分环节的介绍过渡要自然。

（4）说课要有层次感，不要面面俱到说得很细，因为说课只是教学预案。要多谈谈幼儿在学习中可能碰到的困难和教师的教学策略。

（5）说课要自信。富有激情和个性的说课才能感染听众，但同时也要针对自身情况，注意扬长避短。

说课是职业院校技能大赛（高职组）"学前教育专业教育技能"赛项的比赛项目之一，可参考该赛项的评分标准对说课效果进行评价，如表4-4所示。

表4-4　幼儿园教师说课评价表

内容		评价标准	分值	
说课 20分	说内容	1. 能结合主题网络图、根据幼儿年龄特征和发展水平阐述内容选择的理由 2. 能正确分析、理解教学活动内容（素材） 3. 在客观分析幼儿的发展状况和已有经验的基础上，充分挖掘教材的价值，选取适合幼儿学习的内容	4	
	说目标	1. 阐述目标的具体内容并说明目标制定的理由和依据 2. 准确把握重点和难点，说明确定重难点的理由和解决重难点的方法和策略	4	
	说过程和方法	1. 能清晰说明各环节的设计与目标达成的关系	3	8
		2. 能清楚阐述主要的教学方法及选用的理由	3	
		3. 合理设计，准确预估教学效果，措施得当，应变性强	2	
	现场表现	1. 仪表大方，举止文雅，表情自然、丰富，有亲和力 2. 语言规范，条理清楚，逻辑性强，表达流畅，有感染力 3. 时间把握准确（超时相应扣分）	4	

案例研读

案例一　有趣的溶解　　大班

一、设计意图

在班上，幼儿看到冲糖水、果珍、板蓝根冲剂的时候，会说："糖化了""果珍融化了""板蓝根不见了"……本活动联系幼儿的实际生活，利用身边的事物和现象激发幼儿对科学的兴趣和探究欲望，让幼儿正确地理解、初步掌握溶解知识。

二、活动目标

（1）激发幼儿对溶解的认识兴趣和探究欲望，体验发现的乐趣。
（2）初步了解溶解，知道被溶解的物质仍然存在。
（3）能简单地区别溶解与非溶解。

三、活动准备

（1）知识经验准备：看过并吃过各种蛋制品。
（2）物质材料准备：①透明塑料杯、小勺、搅拌棒、装水的盆若干；记录表一张；酒精灯、玻璃片、盐袋、荷叶若干；②盐、白糖、味精、板蓝根冲剂、绿豆、面粉、食用油、止咳糖浆、沙子等；标签；③课件：《小驴送盐》《盐的溶解（构图说明）》；录像片：《生活中的溶解现象》。

四、活动过程

（1）教师播放课件《小驴送盐》，导入课题，重点提问："盐袋里的盐哪儿去了？"
（2）幼儿实验：盐溶解于水。
方法：在杯上粘贴盐的标签→舀一杯水→放入一勺盐→搅拌。
教师提问：盐在水里怎么了？还能看得见吗？
（3）教师播放课件《盐的溶解（构图说明）》，引出溶解的概念：物质放入水里搅拌后，均匀地"化"了、看不见了，这种现象叫作溶解。
（4）教师引导幼儿观看实验材料，猜想哪些材料会溶解。
（5）引导幼儿实验。
方法：粘贴材料标签→舀一杯水→放入一勺某种材料→搅拌→观察→判断是否是溶解→按溶解与非溶解分类。
（6）引导幼儿交流、分享并填写实验记录。
教师提问：你做了哪些实验？你认为哪些材料像盐一样在水里溶解了？为什么？

教师小结：盐、白糖、味精、板蓝根冲剂、止咳糖浆放入水里搅拌后，均匀地"化"了、看不见了，是溶解；而面粉、沙子、食用油、绿豆在水里不是溶解。

（7）播放录像片《生活中的溶解现象》。

教师提问：你知道生活中还有什么材料放在水里能溶解？

（8）游戏：《给奶奶送盐》。

幼儿开动脑筋，利用身边的物品，帮助小驴完成给奶奶送盐的任务。

五、活动延伸

实验：盐又变回来了。

（1）提问：怎样把放入水里的盐变回来？（酒精灯烤、太阳晒、吹风机吹等）

（2）方法：舀一勺盐水倒在玻璃片上→点燃酒精灯→燃烧玻璃片→盐析出。

（活动设计：湖北省孝感市直属机关幼儿园 黄梅、叶玉兰）

案例二 好玩的斜坡　　大班

一、设计意图

山坡是孩子们较喜欢的户外自主游戏场地。孩子们自发地将许多泡沫正方垫、体操长方垫、大龟背等材料运到了山坡上，利用这些材料从山坡上往下面滑行。随着游戏的深入，有些孩子从家里带来了小浴盆、滑板车、纸箱等各种材料。孩子们尝试、感知和探究不同的材料以及不同的坡度对下滑速度的影响，他们更喜欢选择滑得快的材料来玩游戏。于是，利用孩子山坡滑行的经验来开展一节科学活动——《好玩的斜坡》。

二、活动目标

（1）体验、探究及发现斜坡滑行快慢的乐趣。

（2）感知不同材料在斜坡上滑行以及相同材料在不同坡度上滑行速度的快慢。

（3）能发现及表达滑行材料的光滑度以及山坡坡度与滑行速度的关系。

三、活动准备

（1）知识经验准备：幼儿有山坡滑行游戏以及用积木搭建滑道游戏的经验。

（2）物质材料准备：各种形体的原色积木，小的圆柱体积木。

山坡游戏视频①：米米小朋友分别用材质粗糙的正方形泡沫地垫和材质光滑的长方形海绵体操垫在相同坡度的山坡上尝试滑行。

山坡游戏视频②：小朋友们用光滑的迷彩垫在陡坡上铺了长长的滑道，感知和探索泡沫正方垫、体操长方垫、大龟背、小浴盆、滑板车、纸箱等材料的滑行速度。

山坡游戏视频③：蓝蓝小朋友拿着材质光滑的长方形海绵体操垫分别在高矮不同的山坡尝试滑行游戏。

四、活动过程

（1）观看山坡游戏视频①，感知光滑材料和粗糙材料滑行速度的快慢。

教师提问：米米小朋友从相同坡度的山坡上往下滑，为什么长方垫能滑下去，正方垫很难滑下去呢？（长方垫表面光滑很容易就滑下去了，正方垫表面粗糙滑不动。）

教师小结：从山坡上往下滑行的时候光滑的材料滑得快，粗糙的材料滑得慢。

（2）观看山坡游戏视频②，探究各种材料滑行的快慢。

教师提问：小朋友们还带了哪些材料？滑行的速度有什么不一样？哪些材料滑得快，哪些材料滑得慢？你能将它由快到慢排个序吗？（滑板车，体操长方垫，小浴盆，大龟背，纸箱，泡沫正方垫）

（3）观看山坡游戏视频③，探究相同材料在不同坡度上滑行速度的快慢。

教师提问：同样用长方垫滑，蓝蓝在哪个山坡上滑成功了？为什么会成功？（蓝蓝坐在光滑的长方垫上，在高的山坡往下滑就滑下去了，山坡越陡越好滑）

教师小结：同样的材料，平缓的山坡滑得慢，陡峭的山坡滑得快。

（4）幼儿分组操作，用积木搭建滑道探索滑行快慢。

①将幼儿分成三组，每组自由协商合作，用积木搭建斜坡滑道。

②斜坡滑道搭建成功之后，用同一种小的圆柱体积木来探索斜坡滚动的快慢。

教师提问：哪个坡度平缓？哪个坡度陡峭？哪一组小朋友搭建的斜坡滑道滚起来的时候更快些？为什么？（第一组小朋友搭建的坡度平缓，第三组小朋友搭建的坡度陡峭。第三组小朋友搭建的斜坡滑道滚起来更快些。在其他条件一样的情况下，坡度越陡峭滑得越快）

教师总结：同样是小的圆柱体积木，平缓的斜坡滑得慢，陡峭的斜坡滑得快。同样的材料，滑行的快慢与坡度有关。

五、活动延伸

引导幼儿用积木搭建各种各样的斜坡滑道玩滚动游戏，探索不同材料滑行的快慢。

（活动设计：湖北省孝感市直属机关幼儿园　黄梅、邱石静）

 **案例三**　"磁铁的穿透力"说课稿　　中班

一、说内容

中班的幼儿经常会在区角活动中玩一些关于磁铁的游戏，例如，米中找物、猴子爬树等。幼儿对该类材料熟悉但不了解，知道却不会针对性地运用，而《指南》指出，要引导

幼儿通过观察、比较、操作、实验等方法，学习发现问题、分析问题和解决问题。因此，有了"磁铁的穿透力"这一节科学课，希望幼儿能在与材料的交互过程中，去发现、思考、解决各种问题，进一步激发幼儿探索科学活动的兴趣，发展幼儿的语言表达能力、观察和思维能力。

"磁铁的穿透力"说课案例

二、说目标

基于对教材的理解和分析，本次活动制定了以下的教学目标。

（1）了解磁铁能隔着一定厚度的物体吸铁的特性。

（2）能用清晰的语言表达自己的探索过程和发现，并能进行简单记录。

（3）乐于参加科学活动并能进行各种大胆的尝试。

本次活动的目标是从认知、技能、情感三个维度进行制定的，"了解磁铁能隔着一定厚度的物体吸铁的特性"是重点，期望通过整个活动让幼儿掌握磁铁的这个基本特性。结合中班第二学期幼儿的年龄发展特点来分析，本次活动的难点为"能用语言表达自己的探索过程和发现，并能进行简单记录"。

三、说准备

为了更好地服务于本次的活动目标和完成活动内容，活动准备如下。

（1）幼儿第一次的操作材料：每组硬纸板若干、塑料垫板薄木板若干、每人几枚铁质回形针、一块直径1厘米的小磁铁。

幼儿第二次操作材料：每人一本厚厚的杂志、一块厚木片、一块鼠标垫、一块直径1厘米的小磁铁。幼儿相对应的记录纸1份。

（2）教师演示材料：以上材料各1份。

这些材料都比较简单，而且容易操作，能够帮助幼儿更好地参与游戏，从中获得相关知识经验。

四、说教法、学法

教师应该成为幼儿学习活动的支持者，合作者和引导者。活动中力求形成良好的师生互动，于是我采用了以下教法。

（1）观察指导法：教师通过观察，能及时、有针对性地对幼儿的实验操作进行观察与个别指导，帮助幼儿获得正确的知识经验。

（2）提问法：善于运用启发性提问来引导幼儿有目的地仔细观察，积极思考，并鼓励用自己的语言大胆描述。

（3）演示法：将正确的操作过程进行演示，给予幼儿最直观的操作经验。

为体现本园以尊重幼儿为前提，以幼儿发展为导向，"以幼儿为本"的理念，所以在幼儿的学法上，我主要采用了以下学法。

（1）操作法：教师为幼儿准备了丰富、操作性强的材料，让每个幼儿都有机会参与尝试。

（2）体验交流法：在探索活动结束后，教师组织幼儿进行探讨、交流。
（3）记录法：让幼儿将探索的结果记录下来，为幼儿讨论、交流活动提供依据。

五、说活动流程

本次活动主要为设置疑问，激发兴趣；自主探究，集体交流；全课小结，拓展延伸三个环节。

（一）设置疑问，激发兴趣

一枚回形针会不会被磁铁吸住？要在回形针和磁铁间加入另外的物体，磁铁能不能隔着物体把回形针吸住？

（二）自主探究，集体交流

这一环节是我的重点环节，为重难点的突破而服务，因此我又具体将其分成6小步来实施。

1．幼儿大胆猜测、自由探索操作

结合教师提问，教师交代操作要求、提供第一份操作材料，幼儿进行第一次的自由操作、教师巡察并对个别幼儿进行指导。

2．交流结果，集体验证

教师请个别幼儿讲述实验结果与操作的经过，教师进行演示。根据实验记录得出结论，小磁铁能够隔着塑料片、硬纸板、薄木板吸住回形针。

3．变换操作材料，引发猜测

小磁铁能够隔物体吸住回形针，我将物体换成厚书和厚木板，或别的东西，你猜小磁铁还能吸住回形针吗？

4．演示记录单的使用

教师对幼儿第二次操作提出记录要求，启发幼儿对记录表进行观察，并演示记录表的用法，鼓励幼儿用自己的方式进行记录。

5．幼儿的第二次操作与验证

幼儿进行第二次操作、记录。教师巡回观察并对个别幼儿进行指导。

6．交流结果，集体验证

教师请幼儿交流自己的记录结果，集体验证，教师再次亲自演示后得出结论，原来磁铁不能隔着厚厚的书和厚木板吸住回形针，但能通过鼠标垫吸住回形针。关键提问：猜猜同一块磁铁为什么不能隔着木板吸住回形针，但却能隔着鼠标垫吸住回形针？

（三）全课小结，拓展延伸

1．结合幼儿的两次操作教师小结

同一块磁铁的穿透力会因为隔离物体的厚度变化而产生不同的结果（吸住或吸不住）。

2. 经验拓展

小磁铁不能隔着厚厚的书吸住回形针，如果想让磁铁透过厚厚的书吸住回形针，你有什么好办法？

六、说特色

教师采取"做中学"的方式，提供的科学经验符合幼儿的具体形象思维特点，满足了幼儿的经验奠基的发展需求，突出的是孩子的自我探究、自我发现、自我提高。反观教师，整个活动中教师始终以支持者、引导者、合作者的身份出现，教师的作用主要体现在创设学习氛围，调动孩子对活动的兴趣以及设疑与总结上，始终注意把活动的空间还给孩子。活动突出了幼儿主体、教师主导的理念。

岗位体验

一、设计集体科学教育活动方案

（1）以"神奇的小草"为主题设计集体科学教育活动方案。

（2）在幼儿园见习期间，观察孩子的兴趣，设计生成性科学教育活动方案。

二、撰写说课稿并完成说课

（1）按照幼儿园说课的基本要求撰写完整的说课稿。

（2）研读国赛"幼儿园教育活动设计"赛项中关于说课的评分标准，练习说课，并录制说课视频。

赛证练习

项目四选择题答案

一、单项选择题

1. 雨后天空出现了彩虹，教师不失时机地组织幼儿观看，体现了教育活动的（　　）特点。
   A. 广泛性和启蒙性　　　　　　B. 趣味性和游戏性
   C. 综合性和整合性　　　　　　D. 随机性和潜在性

2. 黄老师组织幼儿开展主题活动"秋天的落叶"。下列行为未体现黄老师是幼儿学习活动支持者角色的是（　　）。
   A. 创设"五彩秋天"主题墙　　　B. 提供放大镜给幼儿观察落叶
   C. 组织幼儿讨论落叶的特征　　　D. 准备叶给儿做粘贴墙

3. 在教学过程中，王老师随时观察和评价幼儿的行为表现，并以此为依据调整指导策略，该老师采用的评价方式是（　　）。
- A. 诊断性评价
- B. 标准化评价
- C. 终结性评价
- D. 形成性评价

4. 幼儿园保育教育质量评估应主要聚焦（　　）。
- A. 办园条件
- B. 保育教育过程
- C. 幼儿园管理
- D. 幼儿发展结果

二、活动设计题

1. 材料：菊花盛开了，枫叶红了，幼儿园准备组织大班幼儿去秋游。园里已经联系好公园和车辆。要求各班老师写出自己班的工作计划。

2. 要求：如果你是大二班的老师，请你写出你班的工作计划，包括内容、目的、方法等。

项目五 5

沉浸科学区域
——幼儿园区域科学教育活动

学习目标

● 认知目标
1. 了解区域科学活动环境创设的意义。
2. 理解区域科学教育活动的特点和价值。
3. 掌握区域科学教育活动的类型和实施的要求。

● 能力目标
1. 掌握创设幼儿园自然角、科学区（角）、数学角、科学发现室、科学活动园地及气象角的基本技能和常用方法。
2. 具有设计与组织各类区域科学教育活动的基本能力。
3. 能因地制宜地设计具有地方特色的科学区（角）。

● 素质目标
1. 乐于想象和创造，有尝试创设科学教育环境的创新精神。
2. 建立家庭—幼儿园—社会协同育人的教育理念。
3. 善于旧物利用，有强烈的环保意识。

内容导览

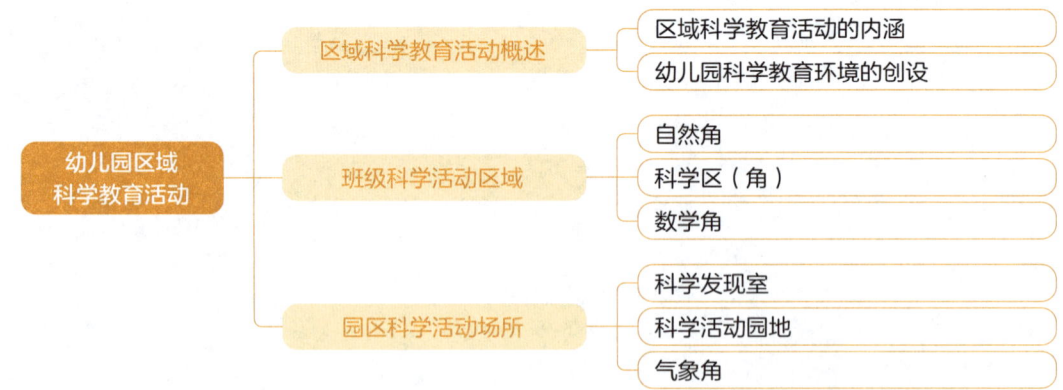

> 情境导入

阳光幼儿园里的区域科学活动

阳光幼儿园多年来开展了各类科学活动（集体科学活动、"主体科学游戏屋"、科学区域游戏、生活化学小实验、科学参观活动），创设科学化的科学环境，将科学活动渗透到幼儿日常生活中，使科学活动生活化、游戏化，激发幼儿探索欲望，为幼儿的探索搭建广阔的平台。

幼儿园将科学活动区域设置为以下五大类：①儿童"小厨房"；②科学"小超市"；③创意"纸工坊"；④"主题科学游戏屋"；⑤种植园地、饲养角、气象站。例如，"主题科学游戏屋"以物理现象为主，确定了电、光、力、空气、声音、比较与测量等主题，设计了许多科学游戏活动，在"主体科学游戏屋"里，老师提供丰富的材料、详细的游戏步骤图示和必要的帮助，孩子们在游戏时间可以自由进出、自由选择、自主操作、反复尝试。"主体科学游戏屋"成为孩子们动手玩科学的主要场所。

老师根据幼儿的认知特点和实际经验，选择了四个科学活动主题，分别是："它们相同吗""有趣的变化""好听的声音""神奇的磁铁"，并以各个活动区域为背景和依托，设计了系列游戏活动，从而赋予了区域游戏以新的内涵，充分发挥了区域游戏中的科学因素，凸显了生活处处有科学的理念。例如，在"它们相同吗"的主题活动中，在各活动区域设计如下游戏活动。

1. 艺术区

叶形图画——老师提供颜料，幼儿收集树叶，将树叶涂上颜色，拓印在纸上，让幼儿意识到树叶的形状存在相似点和不同点。

小画家——老师在墙上贴了不同的纸张，幼儿在不同的纸上作画，探索颜料能黏附在哪些材料上，感受这些纸张的特点。

2. 积木区

层层叠叠——老师提供各种形状的积木两套、用卡纸制作每种形状积木的分割片两套（分为两片或三片）。幼儿在积木上根据记号将分割片组合拼出积木的形状，再将相同形状的积木叠放。

积木拼拼乐——老师用各种形状的积木在纸上拼好不同图案，沿外轮廓拓印出实线图、空心图，贴在结实耐用的硬板上。幼儿寻找相同形状的积木放进实线图、空心图内。

3. 表演区

山谷回声——两名幼儿背对背，一名幼儿将其中的一种乐器发出声音，另一名幼儿根据声音选择相同的乐器也发出相同的声音。

小乐手——幼儿听音乐节奏，拍出相同的节奏。

4. 科学区

亲亲一家人——瓶子瓶盖配对、螺栓螺帽配对。

磁铁的吸引——幼儿用磁铁吸各种东西，并进行分类。

5．阅读区

猜猜我是谁——老师在不同的动物图片的上面蒙上一张纸，在动物的局部（嘴、角、脸、皮肤、尾巴、脚等）挖洞订成书。幼儿根据漏出的局部判断是什么动物。

老师自制半个动物的图片，幼儿寻找另一半，拼贴完整。

思考：区域科学活动的意义何在？

学习任务

任务一 区域科学教育活动概述

一、区域科学教育活动的内涵

区域活动是幼儿进行个性化的学习并获得发展的教育活动，区域活动可以为幼儿提供宽松的环境、自由的活动空间，使每个幼儿都能参与尝试，可以按照自己的需要、兴趣、学习水平和学习方式，自主选择活动内容和活动伙伴，自主探索，在活动中感受科学探究的过程和方法，体验发现的乐趣。由于这些优势使得区域活动越来越受到重视。

区域科学教育活动（一）

区域科学教育活动（二）

（一）区域学习活动的理论基础

幼儿是在与环境的互动中学习和发展的，良好的环境能激发幼儿内在的创造冲动和活动欲望，促使幼儿在生动活泼的活动中得到发展。《纲要》指出"环境是重要的教育资源，应通过环境的创设和利用，有效地促进幼儿的发展。"因此，幼儿园应为幼儿提供健康丰富的生活和活动环境，满足他们多方面发展的需要，使他们在快乐的童年生活中获得有益于身心发展的经验。

教师的作用不仅仅在于传授知识技能，还在于提供支持性的环境。幼儿学习科学具有好奇、好活动、好探索等特点，要在幼儿园里有组织、有计划地开展各类科技活动，必须为幼儿创设丰富宽松的探索环境，教学应该适合幼儿的学习需要，教师指导应该因材施教，注重个体差异。

（二）区域科学教育活动的含义

区域活动是指教师从幼儿的需要、兴趣出发，融合教育目标和正在进行的各种教育活动的要求，将活动场地划分为若干不同的区域，如阅读

区域活动

区、表演区、自然角、科学活动区或专门的活动室等，在其中投放各类活动材料，制定相应的活动规则，让儿童自由选择活动，在不同的区域内幼儿通过与材料、环境及同伴的相互作用，进行个性化的学习并获得发展的一种教育活动。区域科学教育活动，一般是指在自然角、科学活动区或专门的科学活动室中组织的科学教育活动。区域科学教育活动不仅有助于幼儿在科学领域内的发展，它对幼儿综合素质的提高也有着显著作用。

（三）区域科学教育活动的意义

区域活动为幼儿交往提供了良好的心理环境，能促进幼儿自主参与活动、自发地学习；为幼儿提供了协商、合作的机会，能增进幼儿、师生交流，培养幼儿的交往能力。区域活动是培养幼儿良好个性的有效途径，能锻炼幼儿动手操作能力，培养幼儿好奇好问的能力，增强幼儿的表现力，促进幼儿社会性的良好发展。区域科学活动将科学教育寓于科学游戏之中，情节性、趣味性更浓，能引发幼儿的好奇心、求知欲，培养幼儿动手动脑、探究问题的习惯，感受科学探究的过程和方法，体验发现的乐趣，从而促进幼儿的全面发展。

（四）区域科学教育活动的特点

1．区域科学教育活动是一种幼儿自由探索的活动

区域科学教育活动是一种宽松的共同学习或个人学习的活动，在活动中幼儿能按照自己的理解，自己的方式，用适合自己的节奏与材料相互作用，与环境对话，大胆地尝试，积极地思考，幼儿成为自主探究的主体，不断调整，拓展和深化认识，获取知识。幼儿可以自由支配面前的一切，不用关注教师的态度，其自尊和安全的需要得到满足，各方面能力得到发展。例如，在"奇妙的静电""有趣的影子"等活动中，幼儿自由地选择不同的材料进行操作，使科学区域真正成为孩子们自由探索的天地。

2．区域科学教育活动弥补了集体活动的不足

区域科学教育活动可以弥补集体活动的不足，使幼儿更大程度地发挥自主探究的潜能，对幼儿进行更为具体的个性化教育。在集体活动中，教师很难让每个孩子的能力得到充分发挥，在区域活动中，幼儿选择适合自己的学习内容，以自己的学习方式、能力方法进行着各种活动，按照自己的意愿探究、尝试，每个幼儿都能从事适合自己的操作活动，展现自己的学习能力和学习过程，获得更大程度的发展，这对挖掘幼儿的潜能提供了良好的条件。

3．区域科学教育活动中，教师是幼儿科学探究的支持者和观察者

《纲要》中指出"教师应成为幼儿学习活动的支持者、合作者、引导者。"在区域科学教育活动中教师成为活动的观察者和间接的指导者，教育的要求不再由教师直接向幼儿提出，而是以问题情境的方式呈现在幼儿面前，教师的作用转化为问题的设置和结构材料的提供，也就是说，将教师的指导隐藏在活动材料的设计之中，而较少有直接的言语指导。教师基本上不干预幼儿的操作，只是在幼儿遇到困难，需要帮助时给予一定的引导，或者在其不遵守活动区规则、妨碍了他人活动、可能发生危险等情况时，才会出面干涉。

在区域科学教育活动中,虽然十分强调儿童学习的主体地位,但教师的作用也是非常重要的,因为此类活动仍是由教师发起、设计和组织的。

(五)区域科学教育活动的价值

1. 有利于激发幼儿探索科学的兴趣

在区域活动中,幼儿可以自由选择老师为其提供的各种材料,按照自己的想法和看法进行探索,可极大地激发幼儿的探索欲望,满足幼儿好奇心。当幼儿为花草浇水,替小动物添加饲料时,他们会自然地亲近动植物,喜爱这些生命;当幼儿看到新奇的事物、现象时,会自然地去感受它的神奇,去关注事物的联系、发展与变化,进一步去思考原因,去大胆地探究事物变化的结果。他们在观看、倾听、触摸、感知、操作、尝试中了解了自然界,开阔了眼界,发展了观察、思维、操作和创造能力等,更激发了他们的求知欲和探究精神,培养了幼儿对科学的兴趣。

2. 有利于幼儿自主探究能力的发展

区域活动为幼儿提供了自主探究的条件,教师给幼儿较大的自由度,幼儿在与生俱来的好奇心和探索欲的驱使下,特别乐意选择适合自己需要的活动材料与内容,积极地投入各种活动之中,并对自己的探究活动进行自我调控,这时他们才真正地成为自己学习的主人。在区域科学活动中,幼儿学习的主动性、积极性表现得非常充分,每个孩子都会情不自禁地投入,他们尽情地玩水、玩颜料、玩磁铁等。他们在活动中还会提出许多问题,比如,树叶为什么在秋天会变黄?水为什么从高向低流?孩子们在区域活动里能尽情地探究、讨论,提出自己的观点、看法,获得相关的知识,思考着自己的发现。

3. 有利于幼儿科学经验和知识的获得

较之集体性教学活动,区域活动更强调幼儿的"学"。在区域活动中,教师为幼儿准备了丰富的材料,提供了合理的空间和充足的时间,这为幼儿的感知、操作、探究活动创造了条件。在区域活动中,幼儿表现得非常活跃,他们看见什么都想去试一试,操作、摆弄一下,所以能获得一些直接的经验。例如,为幼儿提供皮影材料,让幼儿在操作皮影的过程中,体验光与影的关系。

4. 有利于促进幼儿个性的发展

在科学区域活动中,教师应尊重幼儿的个体差异,提供层次性材料,这样能够满足幼儿不同的兴趣和需要,使每个幼儿采用自己喜欢的方式进行个性化的探究和学习,有利于促进幼儿个性的充分发展,使每个幼儿在原有基础上得到不同程度的发展。例如,在读完《曹冲称象》的故事后,尝试用工具称量物体的重量。

二、幼儿园科学教育环境的创设

科学教育环境可以分为社会科学教育环境(又称"社会资源")和园内科学教育环境(又称"区域科学环境")。社会科学教育环境包括博物馆、动物园、植物园、科技馆、

沙地

建构区

广播、电视等。园内科学教育环境大致可以分为两类。

（一）区域科学教育环境的类型与范畴

幼儿园科学教育环境主要包括心理环境和物质环境。心理环境是师幼之间、幼幼之间、亲子之间的相互接受、相互包容、相互欣赏、相互合作的良好的心理氛围。物质环境是指开展科学教育活动所需要的实物、材料、用具，以及环境布置、情境创设等构成的科学教育环境。由于关于区域活动的命名和分类还没有统一的规定，根据科学区域活动的内容和方式，可以把幼儿园内的科学活动区域划分为两种类型：一种是以班级为单位设立的活动区（角），一般为自然角、科学活动区（科学角）、数学角；另一种是全园共享性的活动场所，如科学发现室、种植园地、饲养角、气象角，供幼儿开展各种科学活动。

为幼儿选择科学教育活动区的内容时，要与科学教育活动的总体计划保持一致，并注意与其他教育活动密切配合，要考虑到幼儿的年龄特点，同时体现出地方性、季节性等特征。

（二）区域科学教育环境创设的意义

从教师的角度看，创设区域科学环境可以提高教师教学的效率。幼儿园的各种环境资源在科学教育中发挥着极其重要的作用，只有充分利用这些资源，才能让幼儿直接接触各种自然资源和物质材料，使幼儿获取直接的科学经验和知识。

从幼儿的角度看，科学教育环境中的各种资源具体直观，使幼儿学习科学变得更为容易。它可以提高幼儿对科学的认知，激发幼儿学习科学的兴趣，发展幼儿的多种能力。

（三）区域科学教育环境的特点

1．有利于实现学前儿童科学教育的目标

幼儿园科学教育环境是为促进活动的开展而创设的，每一个科学教育活动都制定了教育目标，环境的创设应围绕目标，促进目标的实现，所以科学教育活动的环境一定要真实形象。

2．能体现自然科学的特点

幼儿园科学教育的内容与自然环境有着密切的联系，在创设科学教育环境时必须充分利用自然物和自然环境，体现自然科学的特点，让幼儿尽量在真实的、自然的环境中接受科学教育。

3．充分利用家长的教育资源

为防止教育资源的浪费，提高家长参与科学教育的主动性和积极性，在创设科学教育环境时应以孩子为中心，使家长与孩子相互信任，密切合作。

4．教师与幼儿共同创设

环境创设的全过程必须发挥幼儿的主体作用，并随时跟着幼儿兴趣的转移而进行增添或更换。只有幼儿积极地与环境互动，才能让幼儿成为环境的主人。

5. 因地制宜，具有园本特色

环境的创设应紧密结合幼儿的日常生活，而且要符合幼儿的认知能力发展水平。因为只有从幼儿所理解和认识的各种事物、现象、感受中创设出来的环境，才能被幼儿所接受，才能使幼儿热爱环境，与环境互动起来。具体的幼儿区域科学环境创设路径可参照图5-1。

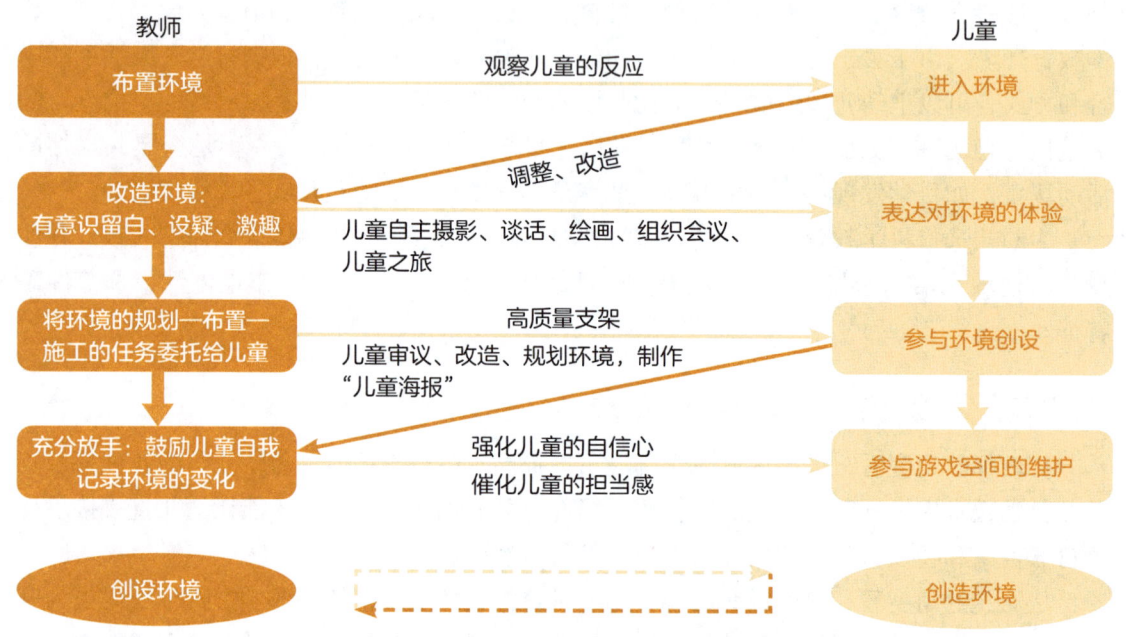

图5-1　南京鼓楼幼儿园"基于幼儿区域科学环境创设路径"

（四）区域科学教育环境创设的原则

1. 生活性

很多老师为区域科学教育环境创设挖空心思，其实不是没有材料，而是不善于发现和利用身边的材料，例如，可以用纸杯和棉绳制作传声筒，用梳子、乒乓球、纸片等材料做静电实验，甚至日常最普通的衣架，都可以用来探索平衡的原理，幼儿在玩衣架平衡的游戏时，可以清楚地比较物品的轻重，并可以自己动手利用积木使两边达到平衡，生活即教育。区域活动的材料要打破局限，发掘一切可利用的资源，真正做到生活化。

2. 体现幼儿年龄的层次性

不同年龄学前儿童的可接受性不同。大班、中班、小班科学教育环境创设要体现本班学前儿童年龄的特点，要有层次性。例如，针对小班幼儿，可以多提供一些需要认知的材料，让其多进行观察，也可让其从事一些简单的操作。中班和大班不仅要提供观察的对象，还要提供一些动手操作的材料和可探索的内容。

3. 开放性和安全性

科学教育环境是幼儿可以参与创设并且有发言权的环境，因此要体现开放性和安全性。环境创设不是简单摆放和展示物品的过程，而是一个创造的过程。在这个过程中，幼儿之间、师幼之间相互启发，产生创作灵感，并在合作中体验创作的快乐，因此，环境创设的过程不专属于教师，它的教育功能也不单单表现在环境创设完毕后，还表现在儿童通过与环境的互动所受到的影响。鉴于此，幼儿园完全有必要发动家长一同参与到幼儿园环境创设中。通过多方的交流，增加儿童对科学教育活动的丰富体验。

4．可操作性

区域科学教育环境的创设，尽量提供能让幼儿自己尝试去探索发现的内容或情境，通过对幼儿提供一些可操作的详细材料，培养幼儿的动作能力、操作能力、创造能力和实践能力。例如，投放沉与浮的材料，让幼儿操作什么材料能够沉下去，什么材料能够浮起来，怎么能让沉下去的材料浮起来，像这样材料的投放既体现了可操作性又体现了可探索性。

任务二 班级科学活动区域

班级的科学活动区域是在班级的活动室内，利用一个区域向幼儿提供科学操作或制作材料的环境。班级的科学区角是供幼儿进行自主科学探究活动的场所，为幼儿提供丰富的操作材料和充裕的操作时间，也为幼儿创设了相互学习、相互交流的环境。

班级的科学活动区域主要介绍自然角、科学区（角）和数学角环境的创设以及活动的设计与组织指导。

一、自然角

自然角

（一）自然角的含义和功能

1．自然角的含义

自然角是一种重要的环境教育资源。所谓自然角，就是指在幼儿园的教室内、廊沿或活动室有阳光的一角，供饲养小动物、栽培植物、陈列幼儿收集的生物样本的场地或场所。自然角是大自然的一个缩影，可使幼儿了解自然世界，树立对自然科学的兴趣，培养他们的观察能力和科学的学习态度。

2．自然角的功能

自然角是幼儿学科学重要而特殊的场所，它为幼儿提供学习科学的物质条件，具有特殊的作用。

（1）自然角是幼儿了解自然界的窗口。自然角是大自然的缩影，是幼儿认识自然界的一个窗口。自然角是幼儿认识自然界的最直接途径，为幼儿提供了天天接触、长期观察、亲自管理、动手操作的机会，能满足幼儿认识周围世界的需要，开阔幼儿的视野。

（2）自然角能激发幼儿的求知欲和探究热情。幼儿在自然角中，随时都有观察、触摸和探索各种物品的机会，而且还可以对自然角中的对象进行长期系统的观察。因此，班级自然角的创设和利用，可以激发幼儿的求知欲和探究热情，帮助他们建立起对自然科学的兴趣。在这里，幼儿开始关注生活中的事物，对周围生活环境中的动植物产生强烈的好奇心和探究欲。在照顾、管理自然角的过程中，幼儿观察和了解各种植物和动物，能增强探究精神，提高探究能力。

（3）自然角能培养幼儿的责任感。幼儿每天和自然角中的物品相处，自由地接触和观察这些物品，在潜移默化中会把自然角中种植的植物、饲养的小动物看成自己不可缺少的小伙伴，从而增加关注和照顾。它们每一个细小的变化都会引起幼儿的注意，从而培养幼儿对事物的观察力和关爱自然、保护生命的责任感。对自然角的管理能激发幼儿对大自然、小动物的热爱，使幼儿始终感到自然角是自己的园地，树立主人翁意识、任务意识，还可以培养幼儿的劳动习惯。

（二）自然角的设计

1. 自然角的内容要具有丰富性

自然角的设计要考虑内容的丰富性，符合幼儿的认知水平，激发幼儿的兴趣，特别要遵循季节变化的规律，同时还要与教育活动相配合。在创设自然角的时候，教师应征求和听取幼儿的意见和建议，充分考虑幼儿的

自然角，
用四季来装扮

兴趣、爱好和意愿，从而为幼儿在活动室内营造出"自然美景"。自然角应设置在室内阳光充足的地方，可以利用活动室的一角或廊沿、窗台；自然角设置的内容应丰富多样，一般可以设置以下一些内容。

（1）小动物。自然角饲养的小动物主要是作为幼儿观察的对象，通过活动培养幼儿观察的习惯，学会简单的观察技能。因此，自然角的动物应选择形体较小、无危险、便于喂养、管理方便、幼儿感兴趣的种类，最好随季节变化更换种类，使幼儿能接触到更多的小动物。例如，美丽的热带鱼、可爱的小乌龟、漂亮的小鸟、外形特征变化明显的小蝌蚪，也可以是小泥鳅、小蚯蚓、小蚂蚁、河蚌、小蜗牛等小动物。活动过程中要鼓励幼儿参与饲养照料，同时观察小动物的外形特征、成长过程和生活习性，并做好观察记录。

（2）植物。自然角种植的植物应该既可美化环境、陶冶情操，又是幼儿十分喜爱的种类。自然角放置的植物以适宜盆栽的种类为主，不宜过分高大，且颜色鲜艳美观、生命力顽强，具有较高观赏价值。

（3）其他。自然角除了动植物外，还可以放置各种各样的石头、贝壳、各种植物种子、植物标本、工艺品，还可选取花枝进行艺术插花，装饰自然角。

2. 自然角的变化要体现季节性

自然角是大自然的一个"微缩"景观，必须适应和反映季节变化。教师应针对幼儿发展的实际，结合四季的变化，精心制订自然角科学教育计划，发动幼儿及家长认真选择自然物品、相对集中地布置一些内容。例如，春天是生机勃勃的季节，可以投放各种鲜花；可以与孩子一起播下种子，观察种子的发芽和生长过程；可以饲养可爱的小蝌蚪，引导孩子观察小蝌蚪变青蛙的过程。秋天是硕果累累的季节，可以投放各种植物的果实，如石榴、柑橘、柿子、梨等应季的水果和核桃、杏仁、葵花子等干果。总之，自然角的内容一

定要随季节时常更新，这样才能使自然角充满活力，保持和发展幼儿关注自然的情感。

3. 自然角中物品的摆放要整洁、美观、安全

自然角中的物品是幼儿园隐性教育环境的组成部分，自然角应该设置成对幼儿有极大吸引力的活动场所，但是材料也不是越多越好，太多了会造成幼儿注意力分散、无所适从，达不到预期的效果。因此，各类物品应分类摆放，力求做到整洁、美观，教育幼儿观察或摆弄后归放原处。注意，在自然角中不要安放易使幼儿发生意外的物品，如有尖锐棱角的铁架、带刺的植物等，以免发生磕碰甚至划伤。

4. 自然角的管理

自然角里大多是有生命的动植物，需要周到细致的照料，应放手让幼儿来照顾管理，对自然角中的动植物采用领养的方式分配到个人，让幼儿轮流负责做好照顾和管理工作，每天安排值日生轮流负责，管理自然角。例如，给金鱼换水喂食，给植物浇水，整理自然角，并负责记录。这样的管理使孩子们主动自愿地投入自然角活动中，不仅可以减轻教师的工作，而且通过较长时间与动植物的近距离接触，让幼儿对动植物产生深厚感情，培养幼儿热爱大自然的情感，使幼儿在与老师、同伴的共同管理中培养合作精神，养成做事持之以恒、有始有终的好习惯。

（三）自然角活动的组织与指导

要充分发挥自然角对幼儿发展的作用，教师要在一日活动中加强对幼儿的指导，在自然角活动中教师要善于发现和保护幼儿的好奇心，充分利用自然和实际生活机会，引导幼儿通过观察、比较、操作等方法，学习发现问题、分析问题和解决问题。

1. 自然角活动的开展

对于放在自然角的任何动植物都应制定明确的观察或操作目标。教师一方面要鼓励幼儿每天自发地观察自然角，让他们报告新发现、提出新问题；另一方面要引导幼儿学习对观察到的现象做记录。当动植物发生明显变化时，教师应组织全体幼儿集体观察，例如，在凤仙花的果实成熟时，组织全体幼儿观察其种子是如何从果实中弹出来的。只有仔细观察，幼儿才能感受到其中的奥妙，这样才能达到设置自然角的目的。

自然角的活动还可以结合集体科学教育活动的主题进行，开展集体科学教育活动时可在自然角投放相应的材料，使幼儿的探究兴趣在自然角进一步延伸和扩展。例如，在科学活动"认识乌龟"结束后，幼儿可以继续在自然角进行细致的观察；在"美丽的秋天"主题活动中，自然角可以相应地增添秋天的水果、花卉、幼儿采集的树叶等，使自然角与集体科学教育活动互为补充、互相渗透与促进。

2. 教师的组织指导方式要符合幼儿的认知特点

在自然角中，虽以幼儿的自由探索、自由操作活动为主，但教师的指导作用不容小视。在指导过程中，教师应该考虑到不同年龄阶段幼儿的特点，指导策略也应有所不同。小班幼儿独立观察能力差、认识能力有限，观察活动需要在教师组织下进行，重点是引导幼儿充分运用自己的感官，获得对物品特征的充分感知。中班幼儿观察能力明显提高，教

师可以设计一些问题问幼儿，引导幼儿有目的地观察。大班幼儿思维活跃、好奇心强、爱提问题，已有自己去探究各种现象、寻找答案的能力，他们需要更多的动手操作和实验机会，教师应为幼儿创设条件，提供丰富的材料和工具，让他们自己去探究和发现，在充分探索中提高能力。

3. 支持和鼓励幼儿进行探究和操作活动

幼儿在自然角活动时，教师要关注幼儿的兴趣和需求，支持和鼓励幼儿进行探究和操作活动。例如，可引导幼儿讨论问题，让他们观察黄豆是如何发芽的，为了让幼儿验证自己的猜想，可在两个一次性的塑料杯中放入十多粒黄豆，一只杯子中放少量的水，另一只杯子中放半杯水，请幼儿每天认真地观察，记录种子发芽的过程。几天后，浸泡在半杯水中的黄豆由于水多只发小芽，没过多久就会泡烂，而放在少量水中的黄豆却能发芽长大。在活动中，教师要最大限度地调动幼儿的积极性，使幼儿不断地与自然角进行互动。

自然角活动案例

一、中班自然角计划

月份	科学活动	墙饰设计	展示内容	自然角活动项目
9月	认识牵牛花 认识葡萄 吹泡泡 认识丝瓜	会爬的叶子 （幼儿贴画，牵牛花，葡萄，丝瓜）	牵牛花 葡萄藤 丝瓜与丝瓜筋	记录牵牛花的生长 品尝葡萄的味觉 丝瓜筋造型
10月	好玩的沙子 土壤里有什么 认识花生 观察蚂蚁	沙子的用处 （图片：建筑物、沙坑）	各种颜色的沙子 各种土壤 花生 蚂蚁	沙子游戏 观察土壤 蚂蚁的实验
11月	认识石榴树 认识柿子 各种各样的梨	果实的世界 （图片）	石榴 柿子 梨	观察石榴 比较各种梨的不同形状
12月	梧桐与泡桐 认识菊花 种蚕豆、斜坡的妙用	树叶的变化 （树叶拼贴画）	菊花展 蚕豆种子	观察菊花 测量豆苗生长
1月	冰冻花 认识雪淞	雪的世界	冰冻花 小乌龟	制作各种各样的冰花 观察冬眠的小乌龟
3月	放大镜 自然角中的小动物 小蜗牛 认识桑树	春天（图片）	金鱼 小蝌蚪 小蜗牛 蚕种	观察照料金鱼 小蝌蚪 观察蜗牛 孵蚕
4月	认识小鸟、认识兔子、认识郁金香 有趣的影子	我和小鸟做朋友 （图片）	小鸟 各种花卉 蚕宝宝	喂小鸟 观察郁金香 观察蚕宝宝的生长
5月	日用小工具，玻璃的秘密，镜子、蚕宝宝	日用小工具（图片）	西瓜虫 蚕宝宝	观察西瓜虫 观察蚕结茧
6月	各种各样的水的过滤、沉下去浮上来、认识夏季	水的世界（图片）	水样（雨水、潮水、各种瓜果）	瓜果沉浮实验

二、自然角活动实例

1．喂养活动

在饲养角喂养小鸟、鸡、鸭、鹅、兔等，在自然角养蚕、蝌蚪、乌龟、鱼、螺蛳等。鼓励幼儿参与饲养照料，观察小动物的外形特征、成长过程和生活习性，并做好观察记录。

2．捕虫活动

用竹竿、铁丝、网袋或塑料袋安装一个捕虫网，让幼儿到户外去捕捉昆虫，或用铁丝圈安上一根竹竿，粘上蜘蛛网也可以捕虫。将活的昆虫放到笼子或瓶子里饲养。

3．人工孵蛋

准备一个孵化箱（安上一小块玻璃供观察用），内装灯泡，灯泡的瓦数因箱的大小而定，只要能保持箱内有38℃恒温即可，后6天温度可控制在37℃恒温，21天后小鸡出壳。此法可用于观察孵小鸡的全过程，简便易行。

4．制作昆虫标本

将捕捉到的死去的昆虫用大头针钉在泡沫塑料板上制成标本，或固定在纸盒上撒些樟脑粉末，然后用塑料膜封上口，制成昆虫标本盒。将制成的各种昆虫标本放在生物角，写上名称，再将介绍昆虫的图片、图书等收集在一起，供幼儿观察对比各种昆虫的特征。也可结合教学活动，让幼儿学会区分害虫和益虫，并知道要保护益虫。

5．种子发芽实验

在比较温暖的天气（15~25℃），取大豆种子浸泡在水中至膨胀，分别放在三个不同的容器中，其中：①将一组大豆种子放在盘中，上面盖上棉花或吸水纸，保持湿润；②取较深的容器放满水，将第二组大豆种子浸泡在水中；③将第三组种子放在干燥的容器中。让幼儿每天观察记录，最后的结果是只有第一个容器中的种子能发芽。实验结果说明要使种子发芽必须同时满足三个条件：适宜的温度、足够的水分、充足的空气。第二组种子因缺乏空气不能发芽，第三组种子因缺少水分不能发芽。

6．种植罐、饲养罐

将可乐瓶剪成各式各样的种植罐、饲养罐，种花养鱼，既简便又实用。

二、科学区（角）

科学区（角）活动作为一种非正规的、开放性的科学教育活动，为幼儿的感知、操作、学习提供了更广阔的天地，在幼儿科学教育中发挥着重要的作用。

科学区（角）

（一）科学区（角）的含义和功能

1．科学区（角）的含义

班级科学区（角）是指在班级的活动室内划出一定的区域和角落，利用柜子、桌子等构成活动场地，向幼儿提供操作或制作材料，让幼儿在其中进行操作、试验、探索等活动。班级活动区（角）为幼儿提供丰富的物质材料，能够保证幼儿自由地、独立地选择各种材料进行操作活动。

科学区（角）
藏着哪些奥秘

2. 科学区（角）的功能

在科学区（角）中没有追求结果的紧张压力，幼儿可以更从容地沉浸于科学探究的过程，尽情享受探究过程所带来的乐趣，有利于培养幼儿对科学活动的兴趣，发展思维能力，提高动手操作技能。在科学活动区中的活动形式也是由幼儿自己决定的，可以独立探索，也可以和小伙伴共同探索。在这种宽松、和谐的氛围中，幼儿的个性、合作精神和交往能力都将得到发展。

（二）科学区（角）的设计

1. 科学区（角）的材料内容

科学区（角）与自然角不同，一般而言，科学活动区中投放的材料应有助于提升幼儿的科学素养，让幼儿初步了解一些自然科学现象和现代科学技术，激发他们动脑思考和动手操作的愿望，所以科学活动区域中投放的材料应是多种多样的，以可操作的物质材料为主，包括操作材料、制作材料及制作工具等，其投放的材料一般可分为以下四类。

小乐手

（1）观察认知类。此类内容通过观察阅读的方式呈现，主要是用于那些无法提供实物让幼儿操作和实验，但对幼儿而言又是必要的科学经验。有以下几种呈现方式。

①模型：如地球仪、地图拼图等。

②挂图：悬挂或张贴在墙上的有关科学内容的画面，如港珠澳大桥、武汉长江大桥、美丽的四季景色，迷人的海底世界等。

③图书、画册及音像资料：科学知识类丛书如《小雨滴去旅行》《回家》《藏起来的能量》等，以及可让幼儿听的科普类录音故事和视频资料。

（2）科学玩具类。

①买来的蕴含一定科学原理的成品玩具：如电动玩具、声控玩具、遥控玩具、磁性玩具等。

②利用废旧物品自制的玩具：如利用薯片盒子、可乐瓶和笔杆制作的天平；利用塑料积木、笔杆、小雪花插片和冰糕棒制作的小水车；利用泡沫板、水彩笔后堵头制作的齿轮咬合玩具等。

（3）科学实验类。这类材料可供幼儿观察、实验、操作和探索，是幼儿最喜欢的一类材料，因而种类十分丰富。

（4）制作创造类。这类材料是幼儿进行各种科技小制作所需的材料。

2. 科学区（角）的设计原则

皮亚杰提出"儿童的智慧源于操作"，儿童是在对材料的操作、摆弄的过程中观察到科学现象中的某种关系的，是在与材料的相互作用中了解事物的特性，并建构知识经验的。因此，班级科学活动区的设计应该"以材料为中心"展开，活动目标和过程的设计应该蕴含于材料之中，其材料的投放和活动设计应满足以下六个方面的要求。

（1）为幼儿提供丰富多彩的、足够的活动材料。丰富多彩的材料是幼儿自主学习的基础，也是幼儿获取丰富科学经验的物质保证。同时，为了保证幼儿探究活动的顺利开展，活动中应备有足够的活动材料，使参加活动的幼儿不会因材料的不足而影响操作学习的过程。

（2）为幼儿提供多功能性的材料。多功能性体现了材料的内在教育容量，具体表现为同一种操作材料要有不同的操作方法，能让幼儿自由地用自己的方式操作、改变、组合它们，材料有比较广的操作余地，使幼儿能用许多方法进行研究探索，并获得不同的发现。这是幼儿主动探究、学习的重要前提和基本条件。

（3）为幼儿提供有层次性的材料。在科学活动中，教师应允许幼儿个体在操作同一份材料时所表现出来的速度、精确度上的差异，允许先操作完的幼儿尝试更深层次的探索，这就需要为幼儿提供有层次性的材料。也就是说，教师要认真分析每一份材料的难易等级和幼儿的个体差异，把同一份材料划分成难易不同的若干个等级投放于区域之中，通过不同层次材料的指示和引导，使具有不同认知和操作水平的幼儿均得到发展。

（4）为幼儿提供有序列性的材料。序列性表现在材料的内容应由浅入深，反映幼儿认知的年龄特点；操作方法应由简到繁，反映幼儿动作发展的特点；操作时间应由少到多，反映幼儿注意力的稳定和兴趣的持续特点。

（5）为幼儿提供有结构性的材料。有结构的材料，是指材料在被使用时能揭示自然现象间的某种关系。或者说，要将科学的原理蕴藏在材料和对材料的探索之中。在科学活动区中提供的材料都应该是有结构的，教师自己必须研究各种材料的结构及其蕴含的关系，才能有效地引导幼儿在操作材料时发现这些关系，获得各种经验。

（6）为幼儿提供有滚动性的材料。有滚动性的材料表现在投放每一批新材料时，要逐步减少原有的材料，或者是将同一品种的材料合并，使之既给一部分孩子以第二次操作的机会，也给一部分孩子选择新材料的机会，或者将同类材料合并，使材料的难度有所提高。

3. 科学区（角）的管理

（1）鼓励幼儿参与科学区（角）的布置和管理工作。教师在管理中应鼓励幼儿参与科学区（角）的各项工作，发挥幼儿参与的积极性，每天由不同的幼儿负责摆放和整理，培养幼儿的责任感，教师应随时倾听幼儿的需求，根据幼儿的需求及时调整活动内容，以满足幼儿的探究欲望。

（2）保证材料的安全性和可操作性。科学区（角）投放的材料应考虑安全性，选择无毒无味、对幼儿无伤害的制作材料。凡是投放到科学区（角）的材料，教师都应该进行严格的检查，不合格的要进行更换或加工。例如，制作类活动，教师应在投放前自己先试做，以了解难易程度，及时发现问题并找到解决办法，以便在幼儿制作过程中更有效地指导。

（3）拓展科学区（角）的活动功能。科学区（角）作为幼儿园活动室的一个区域，为幼儿开展科技活动提供了设施。随着幼儿教育活动的不断发展，幼儿园的活动内容越来越丰富，活动方法越来越多样。科学区（角）不仅有以上介绍的功能，还可以作为幼儿展示与交流的中心，如结合主题教育活动，幼儿将收集到的物品展示在科学区（角）供大家参观和交流；幼儿可将自己的作品展示出来，这些作品凝聚着孩子们的心血，他们会感到高兴和自信，这样就起到了互相交流、互相促进、共同提高的作用。

（三）科学区（角）活动的组织与指导

科学区（角）活动的指导和集体教学有所不同，其中显著的差别在于，区（角）科学教育活动中教师的组织指导具有隐性或间接性的特点。

1．科学区（角）的创设与活动

教师在创设科学区（角）时应充分考虑到内容的广泛性和幼儿的兴趣，利用科学区（角）的特点，拓展幼儿科学学习的内容，弥补集体科学教育内容的局限性。

科学区（角）的设置应方便幼儿开展活动，科学区角的活动是非正规的科学活动，幼儿随时可以到科学区（角）开展活动。因此，教师应敏锐地捕捉幼儿生活中的科学教育素材，并将其转化为科学区（角）活动的内容。多样化材料应分类放在开放的桌上或较矮木柜的格子里，或者用透明的容器分类摆放，摆放的高度要适合幼儿，便于幼儿选择和操作。

科学区（角）的设置要配合教育活动。将科学区（角）的活动与集体科学教育相结合，是当前幼儿园中普遍采用的方式。配合集体科学教育活动，围绕集体科学教育活动课题、在集体活动以外的时间，让幼儿在科学区（角）摆弄、操作材料，以满足幼儿的探究欲；根据教学需要，由教师组织幼儿集体在科学区（角）活动，也可以由幼儿自由组合、选择不同的操作活动。在集体活动结束后，这些活动材料也自然地延伸到区域之中，丰富了区域活动的内容，这种活动形式使得幼儿有更多的自主性，对于改变传统集体教学中整齐划一的模式有着积极的意义。

2．科学区（角）活动指导策略

（1）教师隐性示范。当幼儿面对新材料无所适从、当幼儿活动有所停顿或放弃、当幼儿对材料不感兴趣时，教师可以找时机介入，适当做出隐性示范、启发幼儿与材料互动、积极探索。

（2）适时、适度的提问引导。提问引导过早会让幼儿失去主动探究的机会，引导过迟则会让幼儿放弃探究。当幼儿的探究行为或结果希望得到成人的认可时教师要介入；当幼儿有求助需要时教师要介入；当幼儿发生困难，例如，发生纠纷或活动有停顿或放弃现象时教师应及时介入。在幼儿探究中，教师要避免以不必要的询问和评论打断幼儿的思路和操作过程。

（3）选择恰当的时机参与幼儿的活动。在活动中教师还是幼儿的合作者。在科学区（角）活动中，教师应留意观察每个孩子的操作情况和交往能力，针对出现的问题，选择恰当的时机参与到幼儿的活动中去，与幼儿一起探究、操作、发现、讨论、解决问题，成为幼儿学习活动的支持者、合作者和引导者。

（4）营造和谐安全的心理环境，发挥幼儿的主动性。鼓励和支持幼儿的探索行为，使幼儿进一步思考。要尽量减少对幼儿的干涉和限制但给予必要的帮助。宽容和接纳幼儿的错误与过失。

三、数学角

（一）数学角的含义和功能

数学角是指在幼儿园活动室的一角，摆放各种数学材料、玩具、棋类、牌类等，供幼儿自主选择、操作探索数学奥秘的场所。数学角为幼儿提供了自由学习的空间，使幼儿在轻松愉快的氛围中摆弄、操作、玩耍各种数学材料、玩具，自然而然地接受数学知识的熏陶，逐步积累数学经验，促进抽象逻辑思维能力的发展。

积木拼拼乐

（二）数学角的设计

数学角是幼儿自主学习数学知识的重要场所，教师要想充分发挥数学角的作用，就要科学合理地提供数学角的材料。

1. 数学角材料准备的基本要求

为了更好地激发幼儿学习数学的兴趣，促进幼儿探索数学活动行为的出现，要为不同年龄段的幼儿提供丰富多彩的操作材料，不仅要种类多样，而且要数量充足。根据《指南》要求，数学角可以提供以下材料。

数学角，融入生活中的数学

（1）让幼儿初步感知生活中数学的有用和有趣的材料。

可以为3~4岁幼儿提供感知和发现周围物体的形状是多种多样的材料，使幼儿对不同形状感兴趣。提供生活中蕴含数量关系的材料，使幼儿体验和发现生活中很多地方都用到数。

可以为4~5岁幼儿提供在教师指导下能够感知和体会到的材料，让幼儿可以用形状和数量来描述的材料。

可以为5~6岁幼儿提供能发现事物简单排列规律，并可以尝试创造新的排列规律的材料，让幼儿能发现生活中许多问题都可以用数学的方法来解决，体验解决问题的乐趣。

（2）让幼儿感知和理解数、量及数量关系的材料。

可以为3~4岁幼儿提供能感知和区分物体的大小、多少、高矮长短等量方面的特点，并能用相应词汇表示的材料；能通过一一对应的方法比较两组物体多少的材料；能手口一致地点数5个以内的物体，并能说出总数和按数取物的材料。

可以为4~5岁幼儿提供能感知和区分物体的粗细、厚薄、轻重等量方面的特点，并能用相应词语描述的材料；能通过数数比较两组物体多少的材料；能通过实际操作理解数与数之间关系的材料。

可以为5~6岁幼儿提供初步理解量的相对性的材料，借助实际情境和操作理解"加"和"减"实际意义的材料；能通过实物操作或其他方法进行10以内加减运算的材料；能用简单的记录表、统计图等表示简单数量关系的材料。

（3）让幼儿感知形状与空间关系的材料

可以为3~4岁幼儿提供能注意到物体较明显的形状特征，并能用自己的语言描述的材料；能感知物体基本的空间位置与方位，理解上下、前后、里外等方位词的材料。

双子塔

可以为4~5岁幼儿提供能感知物体的形体结构特征，画出或拼搭出该物体造型的材料；能感知和发现常见几何图形的基本特征，并能进行分类的材料；能使用上下、前后、里外、中间、旁边等方位词描述物体位置和运动方向的材料。

可以为5~6岁幼儿提供能用常见的几何物体有创意地拼搭和画出物体造型的材料；能按语言指示或根据简单示意图正确取放物品的材料和有助于辨别自己左右的材料。

2．数学角的材料内容

（1）分类、排序的活动材料。如不同颜色、形状、质地的瓶盖、弹珠、积塑片，不同大小、长短、粗细、厚薄的围巾、卡片、小棍、铅笔等。

（2）有关数与数的运算的活动材料。如各种自然物、小型玩具、日常用品、模型、图片、卡片等。

（3）认识几何形体以及整体与部分的关系的材料。如三角形、正方形、球体、圆柱体等各种平面和立体图形的模型，各式积木、拼图、七巧板、图形嵌板等。

（4）量与计量的工具材料。如小棍、绳子、弹簧秤、尺子、天平、量杯等。

（5）有关认识时间的材料。如时钟、星期表、年历表等。

（6）棋类牌类玩具。如跳棋、象棋、五子棋、扑克牌等。

（三）数学角活动的组织与指导

数学角的操作探索活动与数学教学活动二者是相辅相成的。教师要根据本班数学教育的计划和幼儿在数学活动中的表现，随时投放活动材料，并对幼儿的探索活动给予及时的、适宜的指导。

数学角活动

1．及时提供并补充调整操作材料

幼儿数的概念是在与环境材料的相互作用中不断积累而建构的。操作性、探索性是幼儿学习数学的重要特征，操作活动是幼儿学习数学的重要形式。教师要根据数学教育内容及幼儿在数学活动中的表现，在数学角中及时投放数学操作材料，以满足幼儿反复摆弄、操作和体验的需要，适应不同发展水平幼儿的需求，并根据幼儿活动时间及时调整和补充材料。此外，教师也可发动幼儿亲自动手参与材料的制作，以增强幼儿的主人翁意识，更有效地激发他们对数学角的兴趣。

2．使幼儿明确活动的规则

活动前，教师要向幼儿明确说明活动要求和规则，讲清新材料的使用方法，一些需要指导的玩具，如棋类、牌类等，教师可事先通过小组活动的方式向幼儿介绍清楚玩法。此外，还要引导幼儿观察清楚各种材料的摆放位置，教育幼儿爱护材料，活动后注意收拾整理材料，养成良好的习惯。

3. 观察和适时指导幼儿活动

数学角活动中教师必须从显性的主导地位适时适当地退至隐性的引导地位。幼儿是通过自己的实际操作来学习和解决问题的，教师应成为站在幼儿背后的慈爱、沉静的观察者，真正从观察中获取准确信息，以便为指导幼儿做好充分准备。教师的指导要掌握好"度"的问题，应在幼儿遇到困难，希望得到成人支持帮助时进行，绝不要做替代者。指导时还要注意因材施教，加强对个别幼儿的指导，切实促进每一位幼儿的发展。

4. 增进幼儿间的相互交流

数学角活动中幼儿彼此间的地位平等，他们可以无拘无束地自由交流、讨论，在这样的交流互动中，幼儿既放松，又保持了独立性，这是教师指导所达不到的，它不仅对幼儿学习数学具有一定的支持作用，而且还拓展了幼儿的学习途径和方法，使其在实践中学会相互协调和帮助。因此，数学角中幼儿间的交流与合作是非常有价值的教育资源，教师在指导时应捕捉良好时机，促进幼儿互动，引导幼儿合作学习。

数学角游戏设计案例

一、游戏《滚色子》（小班）

目标：在游戏中练习数物对应。

准备：色子两个。一个有数字，一个有图案。

玩法：取两个较大色子，在每一面分别写上1~6的数字或分别画上1~6的小圆点，在另一个的每一面贴上各种物品图案。两个色子一起投。然后说出一个色子上面的数字与另一个色子上面的物品。如"三个苹果"。对了可得雪花积塑片一张，最后比一比谁的雪花积塑片多。

规则：幼儿要轮流游戏，并用清晰完整的语言说出滚色子的结果。

二、游戏《买蛋糕》（中班）

目标：根据两个维度（形状与颜色）分类。

准备：小动物卡片若干，每只小动物的身上都有一个颜色标记和一个形状标记；形状与颜色不同的蛋糕卡片若干。

玩法：请幼儿根据小动物的颜色或者形状标记情况，为每只小动物找到它喜欢的蛋糕，也可以让幼儿把各种蛋糕按一定的规律分类摆放。

规则：让幼儿将玩具材料摆放好，如果是两个人以上玩的时候要轮流进行游戏。

三、游戏《跳跳盒》（大班）

目标：能根据游戏情境练习数的组成。

准备：衬衫盒一个，并将衬衫盒装饰成池塘、小青蛙若干。

玩法：在衬衫盒的盒底画上草地和池塘，把装饰成小青蛙的纽扣放入盒中，盖上透明盒盖并封好，幼儿摇晃盒子，"小青蛙"随之跳动，停下后看看有几只"青蛙"跳到"草地"上，几只跳到"池塘"里。

规则：幼儿要轮流游戏，并把游戏的结果及时记录下来。

任务三 园区科学活动场所

班级科学活动区域由于受到场地限制，无法使更多的幼儿同时参与到区角探究活动中，远远不能满足幼儿的求知欲和探究欲。目前许多幼儿园都有全园共用的专门为幼儿进行科学探究而建立的活动场所，即园区活动场所，为培养幼儿科学兴趣和创新精神开辟了更广阔的天地。

园区活动场所包括科学发现室、科学活动园地、气象角等。

一、科学发现室

（一）科学发现室的含义和作用

1. 科学发现室的含义

为了满足幼儿探究的需要，很多幼儿园专门建立了科学发现室，以供幼儿进行科学探究活动。

科学发现室

2. 科学发现室的作用

幼儿园科学发现室是全园性的科学教育资源，是各班级共享的活动场所。是供全园幼儿探究、操作的地方。它是班级区域科学活动与主题科学活动的延伸。幼儿园科学发现室的建立实现了资源的集中、共享及高效率的使用。

（1）科学发现室更能满足幼儿不同选择的需要。科学发现室是向全园幼儿开放的一个专门的活动室，一般空间较大，可以摆放更多的活动材料，所以可以同时容纳较多的幼儿进行科学探究活动。在科学发现室中，同时能摆放几十种大小不等的操作材料，可以划分多种探究区域，每个区域提供各种各样的操作材料。这样幼儿在科学发现室探究时，有充分的选择余地，能根据自己的兴趣选择自己喜欢的材料，能满足幼儿不同选择的需要。比起班级科学区，更能保证每个幼儿都有操作材料的机会。既满足了不同年龄层次幼儿的需要，同时也照顾到了不同能力差异的幼儿。

（2）科学发现室适于幼儿在自己的水平上进行探究。因为科学发现室是全园幼儿的科学探究场所，所以不同年龄阶段的幼儿都可以到科学发现室参加探究活动。在科学发现室中为幼儿提供的材料是混合的，不是按照年龄阶段来提供材料，这样幼儿完全可以选择适合自己发展水平的材料，选择不同难度的材料去进行操作。即使是同一种材料，每个幼儿也可以用不同的方式和不同的水平去操作，这样更适于幼儿在自己的水平上进行探究。

（3）科学发现室有利于培养幼儿主动探究的精神和探究能力。科学发现室很大程度上满足了幼儿自主学习的需要，幼儿能自主地探究，能自由地选择探究的内容、探究的方法，这样才能促进幼儿主动探究精神的发展。丰富多样的材料能引发幼儿的好奇心，激发幼儿主动探究的热情，满足幼儿的探究兴趣。在科学发现室，幼儿通过操作各种不同的材料及探究各种科学现象，在探究过程中幼儿要用大脑去思考，要用眼睛看、用耳朵听、用嘴说、用手操作，通过幼儿的自由选择、自主观察、自由动手、自主表达，使幼儿学会运用观察、比较的方法，认识物体的各种特性，初步学会选择、比较、推测、判断、迁移，在这一过程中，幼儿发现问题、解决问题的能力得到了充分发展，从而提高了幼儿的探究能力。

（4）科学发现室能让幼儿经历探究的过程，体验探究的乐趣。在科学发现室的活动中，教师的干预较少，幼儿能够按照自己的想法和方式去操作，通过看一看、听一听、动一动，亲身感受和经历探究过程。在探究过程中，幼儿尝试用不同的方法去探究，不断有新的发现，满足了幼儿的探究欲望，同时，科学发现室的探究活动给幼儿带来无穷的乐趣和丰富的体验感，幼儿能感受到获得发现时的乐趣，体验到成功的喜悦，使幼儿获得自信和满足。

（二）科学发现室的设计

1. 科学发现室的设计原则

相对班级科学区（角），科学发现室的空间更大、材料更多，教师的指导更少。在设计时，除了遵循设计班级科学区（角）提到的六条原则外，还应考虑活动区的空间布置，要充分利用室内空间合理布局，使每个幼儿都能专注于自己从事的事情，而不受外界的干扰。教师在科学发现室空间设置上要注意以下原则。

（1）动静分区合理。科学发现室的空间一般设置为几个不同的区域，每个区域分开设置，放置不同种类的材料。在分区时应该考虑动静分开，例如，图书区可以和安静的桌面操作区临近安排，而不要和比较热闹的操作实验区靠近。

（2）分类放，整齐有序。各种材料分类放，同类材料靠近摆放，以便于幼儿有目的地选择材料，相互交流，共同探讨，认识材料之间的联系。例如，放大镜和动植物标本放在一起；不同的石头样品和沙子放在一起，再配以一些种子，适时让幼儿亲自动手进行种植试验和观察。

（3）要根据材料的性质考虑摆放位置。例如，有化学类材料中提供的糖、盐、果珍等应放到避光处。

（4）要保证幼儿有探究材料的空间。幼儿探究材料需要一定的空间，科学发现室应有足够空间，除了放材料的橱柜，还应摆放桌椅，以供幼儿进行桌面操作；物品橱柜和幼儿的操作台设计要科学，其高度以适合幼儿为宜；桌子大小要适宜，避免互相干扰；室内橱柜的放置应尽可能节约空间，便于幼儿开展科学操作活动。

（5）要考虑到室内和室外空间的有机结合和充分利用。

（6）要避免"死角"，确保科学发现室内每一个角落都在教师的视野范围内，以免幼儿在活动中出现紧急情况或发生意外，教师无法及时发现和处理。

2. 科学发现室的创设

科学发现室是幼儿园专门为幼儿提供的非正规性科学活动的探究、操作环境。幼儿在使用各种材料的过程中，不断获得经验，掌握科学方法，培养执着的科学精神和探究兴趣等。因而，科学发现室材料的提供与投放要注意以下几点。

（1）材料能引起幼儿探究的兴趣。幼儿天生好奇心强，对新鲜的、变化的事物容易产生兴趣，幼儿自发地对材料产生兴趣，能使幼儿的探究处于积极主动的状态。因此，在活动中投放新颖有趣的材料，容易引起幼儿的注意，会使幼儿在愉快的状态下，进行探究操作活动。因此，教师在提供材料时，首先要考虑材料是否能引起幼儿探究的兴趣，使幼儿想摸一摸、动一动，产生探究的愿望。例如，在"小轮子滚呀滚"的活动中，小轮子是用"露露"罐做成的，幼儿玩起来没有兴趣，但老师在轮子上贴上卡通画，给"冷冰冰"的轮子赋予色彩，起一个有童趣的名字，这样幼儿就会很感兴趣。

（2）提供不同层次的操作材料。幼儿的理解水平、动手能力均不尽相同，在投放操作材料时，要考虑到幼儿的个体差异，提供多样化的、层次不同的操作材料，由浅入深、由易到难，适合幼儿不同的发展水平。可提供成品、半成品或废旧材料，供幼儿自主选择，使每个幼儿都对活动材料产生兴趣，并进行深入探究。

（3）材料结构简单，容易操作。幼儿对材料的操作方式是否理解会影响他们对材料的探究。科学发现室提供的材料结构应比较简单，容易操作，幼儿能很快地进入探究过程，这样才能引起幼儿探究的兴趣。如果结构太复杂，操作难度大，幼儿不知道怎样操作，会影响幼儿探究的兴趣，使他们容易放弃或者去做与探究活动无关的事情。应多设置幼儿能直接参与，容易操作的材料。

（4）材料种类和数量充足。要保证幼儿有丰富（种类和数量）的材料去探究和发现。操作材料的多样化能确保幼儿探究过程的深入和持久。投放的材料种类应丰富多样，数量要充足，可以给幼儿提供更多的选择机会，保证每个幼儿都有足够的操作材料。同一种材料尽可能提供多个，可以有效地减少幼儿"无所事事"及相互争执等现象。

3. 科学发现室的管理

由于科学活动场所是全园共享性的活动区域，拥有大量的科学仪器、标本、工具及专用设备设施，所以一般需要一名专（兼）职教师负责活动的组织和日常管理。在组织活动方面，教师的作用主要体现在激发幼儿的自主探究愿望，维护科学发现室的良好秩序，以保证幼儿最大限度的自由活动。教师在管理科学发现室时要注意以下几点。

（1）材料的布置和整理。每天的材料布置是必不可少的。活动结束后，教师应及时整理每个区域的材料，把移动过的材料放回原位，保证所有材料整齐有序。易被弄脏的材料应经常清洗和更换，保证干净清洁。另外，及时检查、修复或补充材料，以备后面参加活动的幼儿使用。

（2）材料的更新和变换。要让幼儿始终保持兴趣，科学发现室的材料需要不断更新和变换，这样才会使幼儿有新鲜感，并能保持探究的热情。投放材料的种类应根据幼儿的兴趣和要求不断扩展和增加，这样才能不断支持和实现幼儿的想法和幼儿与材料的相互作用。

（3）为幼儿制定明确的活动规则。为了使幼儿爱惜材料、正确使用材料，让幼儿遵守活动规则是必要的。教师在活动前要向幼儿宣布活动规则，这些规则包括：可自由选择材料操作,选择其他材料时将原材料归位放好;在活动中若出现物品损坏或丢失,应及时复原或找回,或者在离开活动室前告诉教师,等等。

(三)科学发现室活动的组织和指导

在科学发现室的活动中,教师不进行直接的指导,主要是创设宽松自由的心理环境,提供各种丰富的科学探索材料,通过材料本身吸引幼儿主动探索。幼儿最大限度地自由、自主地操作科学材料、探究科学现象,在组织活动方面,教师的作用主要体现在对幼儿自主性的维护上,既要激发个人的自主探究愿望和自主探究实践,更要维护科学发现室的良好秩序,以保证每个幼儿最大程度的自由。在科学发现室组织活动时,教师应尽量做到以下几点。

(1)创设宽松和谐、有安全感,幼儿能大胆尝试探究的心理环境。科学发现室的氛围应是自由、民主、平等、和谐的,要让幼儿有安全感,教师热情支持鼓励幼儿的科学探究活动、幼儿才能敢于大胆尝试探究。在活动中,给幼儿充分的自由活动与探究空间,不干扰和限制幼儿的行为,充分发挥幼儿的积极性、主动性。教师要创设"无拘无束"的气氛,让幼儿"自由地呼吸",只有这样才能发挥幼儿的"自由精神",使主体性得以充分发展。

(2)允许幼儿自主选择材料和活动方式。在科学发现室活动中,教师应允许幼儿自主选择活动内容、活动的材料和合作的伙伴,让幼儿自己决定玩什么、怎么玩等,真正让幼儿自主地探究、自由地探究。

(3)教师不过多干预幼儿的操作活动。在幼儿活动时教师不过多干预,要耐心观察幼儿的探究活动。但也不是袖手旁观,当幼儿遇到困难时,要提供适时、适度的帮助,对个别游离于探究活动之外的幼儿,教师要及时把他们的注意力吸引到活动中;对于"无所事事"的幼儿,教师要引导他们寻找感兴趣的材料。

二、科学活动园地

科学活动园地是幼儿园室外的活动场地。丰富而优美的科学活动园地能扩大幼儿的视野,培养他们爱护自然的态度和观赏自然美的能力。幼儿在科学活动园地捡树叶、看蚂蚁搬家、挖蚯蚓等活动,可丰富幼儿对大自然的感性认识;幼儿在菜地、动物饲养角的劳动可以培养他们的劳动习惯,学会劳动技能,还能对植物的生长和动物的习性进行长期的观察。

科学活动园地

(一)科学活动园地的创设

创设得好的科学活动园地可为幼儿提供游玩的优美环境,为幼儿提供接触大自然的机会。

1. 草坪和花园

草坪上可以种植密集而矮小的青草,在草坪的周围可以种一些高大的乔木或矮小的灌木,还可以在凉亭、拱门、围墙等处种一些藤蔓植物,尽量使植物种类多种多样。花园里可以根据当地气候选择不同的花卉,尽量做到四季花开,让幼儿感受一年四季的美。

2. 菜地

在幼儿园可选择一块阳光充足、比较空旷的地方作为菜地。菜地是培养幼儿劳动习惯、学习简单的劳动技能和认识自然的重要场所。如果幼儿园场地小，不能开辟菜地，可以在墙边种植或利用木箱、瓦盆、塑料罐等在阳台、廊边进行种植。

种植活动

3. 饲养角

一般选择距离幼儿活动室较远、地势较高、通风透气、比较干爽的、安静的地方做饲养角。饲养角的布置，可根据不同动物的生活习性，制作不同的饲养箱、笼子，并加以装饰，使其富有童趣。在幼儿园的树上，可以设置一些人工鸟巢，可以招引一些鸟来栖息，既培养了幼儿爱鸟的情感，又丰富了幼儿园的自然环境。

（二）科学活动园地活动的组织与指导

1. 准备工作

教师和幼儿在园地活动时都需要有合适的劳动工具，教师用的是成人劳动工具，而幼儿的劳动工具应小巧、轻便。在劳动时，不一定每种劳动工具人手一件，常用的工具要人人都有，但有的工具（如小推车）就可以每个小组共用一件。常用的劳动工具有小铲、竹扫把、小水桶、喷水壶、小锄头、作物牌、量尺等。

劳动场地的准备有的必须由教师进行，有的可以师幼共同协作完成。例如，整理菜地，就需要教师根据地势、气候条件及幼儿的情况作畦、施好底肥，然后让幼儿拣石子，除杂草，洒水润湿土壤；教师根据动物的生活习性给饲养角的动物定制各自的饲养箱和笼子，准备合适的饮水喂食容器。

为了让幼儿成功地种植植物和饲养动物，教师应根据当地的气候特点，幼儿园科学活动园地的实际条件和幼儿的操作能力，确定种养内容后，学习正确的种养方法，诸如怎样播种，如何间苗，施什么肥，各种小动物的食性及生活习性等。

2. 种植饲养指导

科学活动园地的劳动不是一天能完成的，它具有连续性，每天都要进行，所以教师要制定种养的日常管理制度。确定哪些任务需要全体幼儿参与（移栽、收获等），哪些任务由部分幼儿完成（除草、松土等），哪些任务由值日生每天轮流完成（浇水、喂食等），哪些任务需要教师亲自完成（搭架、检查伤病、配制食谱等）。幼儿按日常管理制度，在教师的监督指导下完成劳动任务。

在劳动的过程中应把一些种养的方法和技能教给幼儿。教师在指导幼儿进行劳动时，通过分步示范（小班）或整体示范（中、大班），教给幼儿正确的种养方法，指正幼儿普遍存在的问题和典型的错误，幼儿经多次操作才能培养出基本的技能。这些技能与方法可以帮助幼儿灵活地运用到其他物种的劳动中，例如，幼儿学会了向日葵的播种方法，用同样的方法可以播种大豆、黄瓜等。

教师在种养之前一定要确立观察目的，根据观察目的，制订观察计划。在日常劳动中，给幼儿充足的时间自由观察，引导幼儿对劳动对象的形态特点、生活习性及其生存与环境的关系进行细致的观察，做好记录，集体讨论交流观察的新发现和新问题。在种养对象发生关键性的变化时，应及时组织全体幼儿进行观察。例如，种青菜，教师让幼儿平时观察青菜的生长状况：什么时候又多长出一片叶子；水浇少了，青菜有什么变化；青菜叶子上有洞是怎么回事；在青菜发芽、抽薹、开花和收获时，教师就要组织幼儿有序地观察。只有这样，幼儿才会对青菜的生长发育过程有较完整的了解。

三、气象角

气象角的设施能把幼儿对天气的感受量化，使幼儿能观察到气象的细微变化，通过对风向标、温度计、雨量计等的使用，使幼儿初步学会对气象变化值的简单观测方法，培养幼儿的动手操作能力。

气象角，探索神秘的气象知识

（一）气象角的设施

在幼儿园远离建筑物和树木开阔、平坦的草地上，单独开辟一块东西方向6m宽，南北方向8m长的地方用来设置气象角（如果幼儿园条件有限，也可小点），气象角的周围用白色油漆的木栅栏隔开。内设百叶箱、风向标、雨量计等测量气象的基本设施，一般高的仪器安置在北面、低的仪器安置在南面。幼儿在气象角的活动目的并不是得到精确的结果，如果受条件所限，气象角的设施不能按要求做到，就不必强求，可以因陋就简寻找一些替代品。

1．百叶箱

在幼儿园气象角订制一个白色百叶箱（放在高度约1m的架子上），如图5-2所示。百叶箱内能避免阳光直射，通风透气，可以客观反映气温。幼儿使用温度计和记录气温的能力有限，在百叶箱内只需放置最高温度计、最低温度计：最高温度计可以自动记录一天中的最高气温；最低温度计可以自动记录一天中的最低气温。如果上述设备都没有，在通风的、没有阳光直射的走廊处放一支普通温度计也可以，让幼儿在一天中的不同时间多次观察，了解气温的变化。

图5-2 百叶箱

2．风向标

风向标（图5-3）是用来测定风向的，在幼儿园可以由教师动手制作简易的风向标。

风力的大小一般用风速器测定。在幼儿园，可直接教幼儿通过观察陆地的物体征象来判断风的大小，例如，烟竖直向上时没有风，树叶微微响动时是微风，小树摇摆、池塘水面有小波浪时是轻风，大树摇动，打伞困难时是大风，大树枝被吹弯，在风中行走困难时是强风。

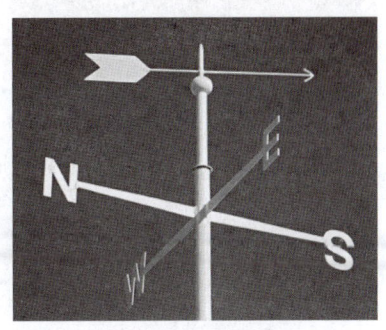

图5-3 风向标

3. 雨量计

雨量计是用来测量降雨量多少的，简易雨量计的制作方法如下。

（1）材料。一个广口瓶（或直壁玻璃瓶）、一个直边罐或瓶（可用2L可乐饮料瓶将上端剪去1/3成平口）、尺子、水、记号笔、漏斗、计时表或钟。

（2）方法。将尺的一端放入罐内并加水至4cm深。把漏斗放在广口瓶中，并把罐中的水倒入广口瓶。在广口瓶外侧标上水位再把水倒出。然后用尺子将做好标记之下的空间分成20等份。每一标记代表2mm雨。这样，雨量计就做好了。

在将要下雨之前将此直边罐置于远离树木和房子的开阔地。注意记录下开始下雨的时间及雨停的时间。雨停后，用漏斗将水从罐中倒入广口瓶中，读取广口瓶上的标记以确定降落的雨量。

教师还可以带领幼儿观察云的形态和云量。例如，天空中的云像一片片的羽毛和一团团白色的棉花，就是晴天；有时云布满了天空，看不见太阳，有时乌云黑压压呈块状，这样的云会带来雨，就有可能是雨天。

（二）气象角的观测活动

气象角的观测活动比较精细，对于幼儿来说很难掌握，一般主要在大班进行，对于中小班的幼儿，只要引导他们观察一些气象现象，利用风向标辨别风向，或利用地面物体的征象来了解气候的变化即可。雨量计和温度计的使用，需要教师耐心地反复教给幼儿使用方法，并使之会操作。在这项活动中不仅要教会幼儿测量天气指标的简单方法和技巧，还要培养幼儿严谨的科学态度。例如，雨量计一定要摆放正、直，将水倒入瓶口时水不能洒出来，读数时眼睛与瓶中水平面位于同一高度。

在幼儿掌握观测方法后，教师要制定观测制度，让幼儿轮流每天观测气象值，然后把结果记录并公布出来。为了确保观测的准确，可让多名幼儿同时观测，取其平均值。例如，雨量计可以多准备几套，让几名幼儿同时测量，然后把所得结论平均计算一下。气象公布栏尽量儿童化，多用图案，少用文字。如表5-1所示为一般气象记录表，教师可在此基础上自行设计。

表5-1 一般气象记录表

时间	气温/℃	降水/mm	风		天气情况	备注
			风向	风力		
8:00						
14:00						
20:00						
平均						

案例研读

案例一 科学区活动实例

一、空气

1. 找空气

提供塑料袋、气球、空瓶子等材料。让幼儿用塑料袋去装空气,捏紧袋口,摸一摸,压一压袋子,感觉空气的存在。对着脸放开吹满气的气球口,感知气流的冲击力。也可把充满气的塑料袋或气球放进水中挤一挤,观看水中的气泡,或让幼儿在水中自由摆弄空瓶子等物。找找看哪些东西里面有空气,如车轮、身体、肥皂泡等。

2. 空气流动

提供扇子、风车等,让幼儿通过吹气、感知空气流动形成风的现象。

3. 空气压力

提供无色透明玻璃杯、水、脸盆、玻璃片或平整的厚纸。将玻璃杯盛满水,盖上玻璃片或厚纸,使杯内无气泡,平按住玻璃片或厚纸,将杯子倒过来,水不会从杯中流出。通过这一操作让幼儿感知空气压力的物理现象。

4. 会吹气的瓶子

在瓶口小的瓶子上套上一个小气球,放进水盆里,在水盆下加热或将开水倒入水盆,随着温度的升高,小气球会逐渐膨胀起来,待水温冷却、气球又瘪了,从而了解空气的热胀冷缩。

二、磁

1. 磁铁

提供多块磁铁和一些不同材料制成的物品,如回形针、大头针、图钉、铅笔、橡皮、玻璃球、积木、牙膏皮等,让幼儿试试看哪些东西能被磁铁吸住。还可启发幼儿用磁铁隔着纤维板、塑料板吸铁,或两块磁铁做异极相吸、同极相斥的实验。

2. "龟兔赛跑"

提供给幼儿纸制龟、兔立体教具,在"龟""兔"的底部夹上回形针,放在玻璃或塑料板上,磁铁放在玻璃或塑料板下操纵教具,讲述故事。

3. 翻跟斗的胶囊

将自行车车轴中的小铁珠放进药品空胶囊内,给幼儿提供磁铁、大垫板,让幼儿想办法使胶囊滚动起来。再试试不用磁铁能否让胶囊滚动。(倾斜大垫板)

4. "小兔荡秋千"

用铝制易拉罐剪成秋千架子,在罐顶穿上细绳制成"秋千",用铝片或白纸板制作"小兔"固定在"秋千"上，在"秋千"的底版上粘一块磁铁，然后在易拉罐的底座上再粘上一块磁铁，注意两块磁铁应同极相对，距离要近一些（1cm左右），由于磁铁的同极排斥，会使"小兔"不停摆动，好像荡"秋千"。

5．电磁铁"钓雨竿"

在铁钉上缠绕铜丝（至少要15圈），并将铜丝的两头分别接在一节中号电池的两极，固定在一根竹竿上，做成磁性"钓雨竿"。"小鱼"用吹塑纸绘制，再别上回形针，由于电磁场的吸引力，可以使铁钉尖吸起带回形针的"小鱼"。

● 活动评析

科学区（角）的活动内容丰富多彩，以操作性活动为主，教师需为幼儿提供各种物品及材料，让幼儿在动手摸一摸、转一转、敲一敲、试一试中增强好奇心，激发探究的愿望。各年龄班科学活动区的设置，应依据幼儿的年龄特点及认知能力，满足各年龄段幼儿的兴趣和需要。

案例二　科学发现室活动实例

一、科学探究活动实例

（一）掉不下去的塑料垫板

思考：盛水的杯子上覆盖塑料垫板，杯口朝下时，塑料垫板会掉下来吗？

材料：玻璃杯2个、水、塑料垫板1块。

操作步骤如下。

①将玻璃杯装满水。

②用塑料垫板盖好杯口。

③一只手扶杯子，另一只手按住塑料垫板。

④将杯口翻转过来，使杯口朝下。

⑤按着塑料垫板的手轻轻放开，塑料垫板不会掉下来。

原理：将塑料垫板覆盖在盛水的杯子口上，因为杯外空气压力比较大，塑料垫板不会掉下来。

延伸：如果杯子里的水不满或没有水，塑料垫板会怎样，请你试一试。

（二）自动旋转的奥秘

思考：装满水的纸盒为什么会转动？

材料：空的牛奶纸盒、钉子、60cm长的绳子、水槽、水。

操作步骤如下。

①用钉子在空牛奶纸盒上扎5个孔，1个孔在纸盒顶部的中间，另外4个孔在纸盒4个侧

面的左下角。

②将一根大约60cm长的绳子系在纸盒顶部的孔上。

③将纸盒放在盘子上,打开纸盒口,快速地将纸盒灌满水。

④用手提起纸盒顶部的绳子,纸盒顺时针旋转。

原理:水流产生大小相等而方向相反的力,纸盒的4个角均受到这个推力。由于这个力作用在每个侧面的左下角,所以纸盒按顺时针方向旋转。

延伸:①如果在纸盒每个侧面的中心扎孔,纸盒会怎样旋转?②如果孔位于纸盒每个侧面的右下角的话,纸盒将向哪个方向旋转?

(三)水制放大镜

💡 思考:水也能当放大镜,你知道吗?

材料:水、保鲜膜、大碗1个、彩色珠子。

操作步骤如下。

①把彩色珠子放入碗中,用保鲜膜封住碗。

②用手轻轻把碗口上面的保鲜膜向下按一些,使保鲜膜成倒锥形。

③将水倒在保鲜膜上,通过水看碗中物体,观察彩色珠子与平时有什么不同。

原理:碗里的物品看起来大了不少,这是因为保鲜膜上的水形似凸透镜,而通过凸透镜看到的物体往往会大于原有形态。

(四)会跳远的乒乓球

💡 思考:将乒乓球放在高脚杯中,你怎样吹气,乒乓球才会跳出杯子呢?

材料:高脚杯2个、乒乓球1个。

操作步骤如下。

①把两个高脚杯并排放置。

②将乒乓球放在第一个高脚杯中。

③从不同角度吹气(对着球的侧面吹气;对着球的上方吹气),看看乒乓球有什么状况。

原理:①向球的侧面吹气,乒乓球不容易跳到第二个高脚杯里去(或跳出来);②向球的上方吹气,上方压力变小,乒乓球会浮起来,继续吹,就跳入第二个高脚杯里去了。

延伸:换个新方法也能让乒乓球跳到下一个高脚杯里。

(五)瓶子赛跑

💡 思考:装有沙子和装有水的两个同等重量的瓶子从同一个高度滚下来,谁先到达终点?

材料:同等大小、重量相等的瓶子2个,沙子、水、长方形木板1块,两本厚书。

操作步骤如下。

①用长方形木板和两本厚书搭成一个斜坡。
②将沙子倒入瓶子中，将水倒入另一个瓶子中。
③把两只瓶子放在木板上，在同一起始高度让两只瓶子同时向下滚动。
④装水的瓶子比装沙子的瓶子提前到达终点。

原理：沙子对瓶子内壁的摩擦比水对瓶子内壁的摩擦要大得多，而且沙子之间还会有摩擦，因此它的下滑速度比装水的瓶子要慢。

延伸：将瓶子里的物质换一换，再让它们比赛吧！

二、科学游戏实例

（一）听话的罐子

目标：发展幼儿的观察力、注意力。

材料：铁罐子1只、橡皮筋1根、重物1件、细铁丝2段。

玩法如下。

①用铁丝钩住橡皮筋两头，将重物挂在橡皮筋中间，将铁丝两头穿过罐子，拉紧固定。

②将铁罐子横放在地面，推动后向前滚动，由于罐内有一重物，所以滚动一段距离后又往回滚，直至停止。

③玩时可边滚边说："小罐子出去玩吧。"罐子滚出去后喊："回来、回来。"小罐子就听话地回来了。

（二）拼五角星

目标：培养对科学小实验的兴趣。

材料：火柴棒5根、玻璃1块（或玻璃台板）、眼药水瓶1个。

玩法如下。

①将5根火柴分别对折，排放在玻璃板上。

②用眼药水瓶装满水，在火柴的中心处滴几滴水，被折的火柴受湿后就慢慢张开，拼成了一个五角星。

（三）音乐瓶

目标：知道声音高低与瓶中水多少的关系。

材料：用同样大小的瓶子装不同颜色的水，水量按音的高低进行调试后排列成音符1、2、3、4、5、6、7，小棍1根。

玩法如下。

幼儿边敲击瓶子边唱歌。感受音乐的高低，发现音的高低和瓶中水的多少有关系。

（四）多变的物体

目标：知道镜子成像的现象，并发现其中的变化。

材料：长方形小镜两面，镜与镜之间用胶带连接，小物件，小棍。

玩法如下。

①把两面镜竖起，中间放小物件，不断调整镜子之间的角度，观察探索角度的大小与镜中物体之间的关系。

②把两面镜竖起来，将小棍放在镜前面（指导语：你能让镜中的小棍连成三角形吗？还可以连成什么形状？你是怎么做到的？）

● **活动评析**

科学发现室是深受幼儿喜爱的场所，科学发现室的活动内容极为丰富，活动方式灵活多样，有小实验、小制作、小游戏等。科学发现室的活动可以作为集体科学教育活动的延伸，也可以让幼儿按自己的兴趣自由选择进行活动，或者由大班的幼儿带领小班幼儿进行活动。尽管科学发现室没有太多的约束和禁令，但为了让幼儿能积极探究，充分发挥创造性，仍然需要教师尽心准备和认真组织，为幼儿创设一个材料丰富、宽松自由的环境，使幼儿在愉悦的氛围中得到满足。

以上仅列举了适宜科学发现室开展的科学游戏，这些活动比一般科学活动简单，不仅取材方便，而且操作容易，不需要教师做过多的指导，可让幼儿自由选择喜爱的活动内容。科学发现室的活动应该有计划，有规律，并经常更新。科学发现室的活动不必要求幼儿掌握某些知识，只要让幼儿积极、主动地探究和操作，学会思考，并对蕴含科学原理的现象感兴趣即可。

案例三 气象

1. 天气转盘

用硬纸板做成表盘，在表盘上画太阳、云、风、雪、雷电等图形挂在墙上，让幼儿自己拨动指针，表示观察结果，例如，晴天指向太阳，雷电指向闪电等。

2. 气象记录

气象记录的内容包括天气的阴晴雨雪和气温。气象记录要在幼儿学会绘制气象图示和认识温度计的基础上进行。此外，还可用人们的穿着、活动、动植物的变化图片来表示气象。记录时，可提供记录本或较大格子的月历，让幼儿将当天的气象情况记录下来。到月底分析天气变化情况，让幼儿说说伴随天气变化出现的趣事。

3. 月相记录

引导幼儿观察识别各种月相并提供记录表，让幼儿描绘所记录的月亮的圆缺变化。注意月亮的观察要从初一开始，才能给幼儿一个完整的印象。此活动可在晚上进行，请家长指导幼儿观察记录。

4. 天文观察

在天体运行中遇到日食、月食、流星等现象时，进行观察记录。

岗位体验

一、观摩幼儿园区域科学活动

（1）观摩幼儿园不同年龄班的自然角、科学区（角）以及全园科学发现室的创设与布置。

（2）观摩后围绕自然角和科学区（角）的环境创设，讨论分析小班、中班、大班有何区别。

目的：熟悉幼儿园区域科学活动的内容及方法，掌握幼儿园各种科学活动区域的创设技能。

要求：认真作好记录。

二、幼儿园科学环境的创设

1．创设幼儿园中班或大班"春天的自然角"

要求：按春天季节特点设置；说明放置哪些动物种类、哪些植物品种，开展哪些观察活动，如何组织种植、饲养活动以及怎样组织幼儿进行自然角的管理。

2．创设幼儿园大班的科学区（角）

要求：依据幼儿活动的需要，列出科学区（角）设置的具体物品，并设计部分活动内容。

3．创建科学发现室

选择一所幼儿园，根据该园的特点，参与设计该园科学发现室（可以小组合作完成），或结合教育实习与幼儿园教师共同创建科学发现室。

赛证练习

项目五选择题
参考答案

单项选择题

1. 下列动物中，适合学前儿童饲养的是（　　）。
   A．乌龟、甲鱼、兔子、蝌蚪　　　　B．乌龟、金鱼、蝌蚪、蚕
   C．蛇、金鱼、泥鳅、蝌蚪　　　　　D．乌龟、甲鱼、小猫、蚕

2. 下列可在各个班级的活动室设立的区角是（　　）。
   A．沙地　　　B．水池　　　C．自然角　　　D．饲养角

3. 下列活动中，不属于区角活动的是（　　）。

   A. 美工区活动　　B. 音乐区活动　　C. 科学区活动　　D. 远足活动

4. "染于苍则苍，染于黄则黄。"这用来说明（　　）对人的成长和发展的影响是巨大的。

   A. 颜色　　　　　B. 环境　　　　　C. 遗传　　　　　D. 物质

5. 教师通常在班级设置许多活动区并提供多层次的活动材料让幼儿自选，这遵循的心理发展原则是（　　）。

   A. 阶段性原则　　B. 社会性原则　　C. 操作性原则　　D. 差异性原则

项目六 融创教育途径
——科学游戏活动和生活中的科学教育

学习目标

认知目标
1. 了解学前儿童科学游戏的含义、特点及价值。
2. 熟练掌握学前儿童科学游戏的类型和设计方法。
3. 了解生活中的科学教育活动的特点和方法。

能力目标
1. 初步具备对学前儿童科学游戏进行有效指导的技能。
2. 学会利用合理资源开展学前儿童科学游戏活动。
3. 初步具备指导家长开展科学教育的能力。

素质目标
1. 喜欢游戏,乐于设计游戏活动。
2. 建立一日生活皆课程的教育理念。
3. 感受科学教育活动类型的多样性,增强开展科学教育活动的兴趣和信心。

内容导览

科学游戏活动和生活中的科学教育
- 学前儿童科学游戏活动
  - 科学游戏活动概述
  - 科学游戏活动类型
  - 学前儿童科学游戏活动的设计
- 生活中的科学教育
  - 幼儿园生活中的科学教育活动
  - 家庭生活中的科学教育活动

情境导入

好玩的纸

纸是日常生活中的常见物品,各种各样,各具特色。幼儿对纸非常熟悉,在幼儿园科学活动中可以这样玩。

比一比:幼儿人手一张白纸,自由卷起,变一张纸为一个纸筒,可以两两一组比较纸筒的长短、粗细,或以小组为单位,让更多幼儿将各自的纸筒放在一起进行排序。

听一听:教师将卷好的纸筒进行进一步的加工,一半纸筒保持原状,一半纸筒中间塞入纸团，幼儿可以通过纸筒听一听，感受不同纸筒穿过的不同声音，再看一看，想一想为什么。

染一染：取大小一样、材质不同的纸，分别放入颜料杯里，时间可长可短，提醒幼儿感受不同材质的纸的不同吸水性。也可将纸平铺在桌面上，用吸管将有颜色的液体滴到纸上，让幼儿进行观察。

折一折：用大小一致、材质不同的纸制作风车，并比较风车转动的快慢，感受风车转动的快慢与纸质的不同有没有关系。

动一动：提供两个易拉罐做桥墩，积木或硬币作为要过桥的小动物，幼儿尝试用一张纸在两个易拉罐上搭建一座纸桥，体会怎样改变纸的形状，让纸桥可以承受更大的重量。

玩一玩：给幼儿提供普通的白纸，让幼儿用不同的方式，如撕、揉、团、卷、捏、拍等，感受用不同的方式让纸发出不同的声音，并探究用怎样的方式可以让一张纸发出最大的声音。

思考：设计科学游戏活动的关键是什么？

学习任务

任务一 学前儿童科学游戏活动

陈鹤琴说："玩，是小孩子的整个生活。"谢尔曼认为科学是有规则的游戏，可以把科学变成好玩的游戏。霍金斯认为儿童科学学习的阶段之一就是"任意摆弄科学器材"。在游戏过程中，儿童探索事物的性质，依据自己已有的经验提出问题，并努力寻找问题的答案，这样的过程有益于他们长大后以科学家的方式进行科学研究。游戏是幼儿最喜爱的活动形式，是幼儿探究、认识世界，促进身心全面发展的重要手段和基本活动，是幼儿身心发展的客观要求，幼儿最喜欢做游戏。因此，把科学变成好玩的游戏，让幼儿完全像做游戏一样，在富含科学内容的游戏中学习科学，能够使幼儿更多地感受到科学的乐趣，保持和激发幼儿对科学的强烈好奇心。幼儿像"玩游戏"一样"做科学"，使得他们获得的不仅仅是理解内化了的知识经验，还有科学的思维方式、科学的态度和精神。

一、科学游戏活动概述

（一）科学游戏活动的含义

学前儿童科学游戏活动是指运用自然物质材料和有关的图片、玩具等物品进行带有游戏性质的操作活动，是对幼儿进行科学教育的一种有效方法。例如，"接龙游戏""奇妙的口袋""猜一猜"等，都是幼儿喜爱的科学游戏。

科学游戏主要是将科学教育目标寓于游戏之中，将日常材料作为玩具，幼儿可以轻松愉快地通过参与有一定规则的、有趣的操作活动丰富科学经验，复习巩固已有的科学知识，激发更浓厚的观察科学现象、探究科学奥秘的兴趣和欲望。

科学探究与科学游戏是幼儿科学教育活动的不同方式，有联系也有区别，具体如表6-1所示。

表6-1　科学探究和科学游戏的联系与区别

项目	科学探究	科学游戏
学习动机	为"问题解决"而探究，一般带有明确的问题、任务或目的	因为"好玩"而游戏，一般没有要解决的问题或任务
学习方式	主客体的相互作用以"顺应"占主导，即幼儿努力改变自己已有的认知结构（或行为模式）以适应外部环境。幼儿的操作以尝试性操作为主	主客体的相互作用以"同化"占主导，即幼儿将外部环境的信息简单地同化到自身已有的，正在形成的认知结构（或行为模式）中。幼儿的操作以重复性操作为主，皆在重复游戏中所伴随的科学现象
学习结果	通常是获得新发现，掌握新知识	通常是巩固对已有科学现象的认识，但也可能从中激发、生成新的探究问题

在幼儿园教育实践中，科学探究和科学游戏常常是相互转化的，幼儿的科学游戏活动会引发有目的的探究活动，科学探究活动也会演化为科学游戏活动。

（二）科学游戏活动的特点

作为科学教育途径之一的科学游戏活动与教学活动在幼儿科学实践中往往是相互结合互相渗透的，其本质区别在于，教学是指向幼儿的学习行为的活动，游戏本身只是为了满足儿童个人的心理需要，游戏的主旨在于游戏者的心理愉悦。科学探究与科学游戏都是幼儿的学习方式，但相比之下，幼儿科学游戏具有以下四个特点。

1．内部动机

科学游戏是幼儿出于其内部动机而参与的活动，不受其他的外部动机所影响。幼儿完全出于自己的好奇心及活泼好动的天性参与游戏活动，常常是为了"好玩而玩"。

2．自主参与

在游戏过程中，幼儿完全是自主的，具体表现为自己决定游戏的内容和方式，游戏开始及终止的时间，并自己选择游戏的玩伴。

3．积极愉悦

由于幼儿是自觉自愿参与整个游戏过程的，因此，科学游戏中幼儿的情绪情感是积极愉悦的，充分体现了游戏的娱乐功能。

4．重复操作

幼儿在科学游戏中的操作往往是重复性的动作，而不是尝试性的、探究性的，他们常常满足于简单的动作重复。

以上四个特点决定了幼儿在科学游戏中的学习完全不同于在教学活动中的学习。科学游戏是没有社会功利性的，它强调的是"过程""表现"和儿童自主的活动，它能够最大限度地顺应儿童的发展。二者的本质特征决定了它们是两种不同的活动，不可相互替代。

（三）科学游戏活动的价值

1. 游戏活动过程中幼儿是活动的主人，能够满足其自主的需要

科学游戏是一种建立在幼儿内部动机基础上的活动，幼儿从事科学游戏完全是出于自己的兴趣和愿望，这就在最大限度上保证了幼儿学习的自主性。幼儿在科学游戏活动中几乎没有什么限制，他们可以随心所欲地行动，依照自己的意愿、体能、智能自由地参与游戏活动。例如，在感官游戏"小脚丫的旅行"中，幼儿可以光着脚丫随意在不同的"路面"上行走、跑跳，自由地感受泥土、沙子、鹅卵石、海绵等材质给脚丫带来的不同刺激，从而满足了幼儿自主发展的需要。幼儿是游戏活动的主人，他们在自由的心态中学习科学。

需要指出的是，有很多科学游戏属于规则游戏。幼儿在参与规则游戏时，往往要接受游戏规则的约束。也许，在熟悉并掌握规则的过程中，幼儿是"不自由"的，但要看到，这种"不自由"的状态是暂时的。一旦游戏规则被每个幼儿所内化，整个游戏过程中因规则的存在，会给幼儿带来更多的乐趣，满足幼儿更为自主的发展。

2. 游戏活动使幼儿"玩中学"，能够满足其情绪的需要

趣味性是科学游戏自身固有的特性，科学游戏给幼儿的身心带来了舒适和愉悦，激发了幼儿学科学的兴趣。因"好玩"而投身于科学游戏中的幼儿，或许是被新颖、有趣的游戏材料所吸引，或许是对游戏中出现的奇妙现象感兴趣，或许是游戏的活动方式满足了幼儿动手操作、寻求快乐的需求，总之，科学游戏能够让幼儿在一种愉悦的心态中学习科学。例如，在玩沙游戏中，幼儿赋予游戏材料——沙子以各种假想的内容，自由选择、随意摆弄、反复尝试、尽情体验，在此状态下，幼儿会不知不觉地获得一些科学经验，学会一些解决问题的方法，真正做到"寓教于乐"。

3. 游戏活动中幼儿不断同化与顺应，能够满足其探究的需要

皮亚杰将游戏看成是一种不平衡状态，他强调同化，提出游戏可以是"纯粹的同化"，但是他将同化大于顺应的活动看作游戏。幼儿的游戏行为往往表现为重复性的动作。这种重复性的操作与摆弄，对于成人来说也许没有什么意义，但是对于幼儿来说却是一种必要的练习，因为幼儿通过这种重复性的操作活动可以积累丰富的科学经验。

幼儿认知的发展取决于主客体相互作用的结果，幼儿在吸纳外界新知识的同时，用自己已有的知识进行比较和整合，理解和认同新的知识，使自己的认知水平得到提高。看似重复操作但绝不是简单重复的游戏操作活动，其中包含着一些尝试性的操作，甚至还会孕育出探究性的行为。例如，在听声音的游戏中，幼儿发现将厨房里的各种各样的豆子和米粒放入瓶中晃动都会发出不同的声音，那么，将面粉放入瓶中又会怎样呢？这将引起幼儿的进一步思考与探究。

总之，幼儿的科学存在于游戏和探究之间，不能绝对区分这两种活动。科学游戏的价值在于，它能够使幼儿在一种自由轻松，没有压力的状态之下学习科学。游戏活动本身是

快乐的，幼儿完全不会感到学习的压力和负担，而就是在这样一种氛围之下，幼儿在不断重复的操作活动中，积累着科学的经验，体验着活动的乐趣，丰富着解决问题的方法，养成科学精神和实事求是的科学态度。

二、科学游戏活动类型

学前儿童科学游戏的内容十分丰富，为了便于教师设计和组织科学游戏活动，可以将科学游戏做以下划分。

科学游戏
活动的类型

（一）根据科学游戏的材料划分

根据科学游戏的材料划分可分为利用实物、图片、口头语言、科技玩具、多媒体进行的游戏。

1. 实物游戏

实物游戏是一种利用实物进行的游戏，幼儿通过与实物的接触，了解实物的特性。例如，中班分类游戏，将多种实物（如蔬菜、水果、生活物品等）放在幼儿面前，让幼儿通过视觉、嗅觉、味觉、触觉进行辨别及分类。实物游戏案例如表6-2所示。

表6-2　一物多玩——玩瓶子

活动名称	玩法及步骤	科学原理	幼儿在活动中建立的体验	要求及注意事项
乒乒乓乓	准备6~15个塑料小瓶，呈三角形摆好，在5m外，用1个小塑料球去击打，比赛以被打倒小瓶的多少确定胜负	碰撞原理及相互作用原理	1. 准确把握小球出手速度和方向的体验 2. 球的速度和方向对碰撞的影响的体验 3. 击球质量对碰撞的影响的体验	1. 小瓶中可以放些沙子来配重以立稳 2. 指导幼儿延长抛球出手路线来把握方向和速度 3. 选择不同轻重的塑料球来击打
上上下下	在水中投入一些塑料小瓶，向瓶中加入水或重物，小瓶会下沉，比赛以小瓶浮起慢者为胜	浮力及沉浮原理	1. 沉浮体验 2. 密度体验 3. 浮力向上体验 4. 重力向下体验	1. 选择密度较小的加盖塑料瓶 2. 小瓶若全部装满水仍浮起时，可加配重 3. 指导幼儿以增减小瓶中的水量来取胜
高高低低	取7个相同的玻璃瓶依次装入不同高度的水量，以小木棍击打，小瓶会发出不同的音调，教师以琴引导，幼儿准确击出同音高者为胜	振动发声和音高以振动频率大小决定原理	1. 振动发声体验 2. 音高由水高决定的体验 3. 找到改变音高的方法 4. 刺激辨别听觉发展	1. 小瓶高低，粗细壁厚一致 2. 瓶开口，敲击瓶壁 3. 事先找准导音 4. 比赛找声音时应事先配好瓶子里的水
来来回回	取几个圆柱形小瓶，瓶中分别装上水，沙子，玻璃球等，在平地上同时滚动这几个小瓶，比较小瓶滚动的差异	惯性及转动惯性原理	1. 质量越大，惯性越大的体验 2. 惯性是指物体运动不易改变的体验 3. 水转动时惯性较大的体验	1. 比较空瓶子与载物瓶子滚动的异同 2. 比较载物多少与瓶子滚动快慢的关系 3. 比较瓶子装载不同物体滚动时的异同

续表

活动名称	玩法及步骤	科学原理	幼儿在活动中建立的体验	要求及注意事项
红红绿绿	选取几个无色玻璃瓶，装满无色水和着色水，分别放在太阳光下，观察折射光的颜色	太阳光组成原理，棱镜折射原理和色光为单色光原理	1. 太阳光透过水继续传播的体验 2. 七色光的体验 3. 太阳光复杂的体验 4. 色光单一的体验	1. 太阳光射入水中时沿棱面传播时效果明显 2. 红光折射角小，紫光折射角大 3. 静态水折射光效果明显
胖胖瘦瘦	选取几个截面粗细不同的无色小瓶，装满清水，透过小瓶看物时，物体形状发生很大变化，比较小瓶粗细对形体改变的影响和瓶间距离不同对形体改变的影响	光的折射和透镜成像原理	1. 光折射的体验 2. 成像的体验 3. 物距的体验 4. 折射物体曲率和成像关系的体验	1. 被观察物应放在小瓶直径的1倍距离之内 2. 像在横面改变，纵面不变 3. 在观察距离内，像呈正立放大的像 4. 曲面直径越小，放大效果越明显

2. 图片游戏

图片游戏是一种利用反映科学内容的图片进行的游戏。通常是在幼儿直接经验的基础上，利用图片帮助幼儿交流和复习巩固已获得的科学常识。一般有以下几种形式。

（1）配对游戏是将绘有科学内容的各种图片分发给幼儿，游戏双方（或多方）的图片内容有一定的联系，由一人先出示一张图片，另一人出示与之内容相关的对子对上。

例如，游戏"动物的皮肤配对"可以将幼儿熟悉的动物分别画在一些卡片上，动物的皮肤画在另一张卡片上，两两配对。

（2）拼图游戏是把绘有科学内容的整幅图片分割成若干部分，游戏时将部分拼成整体。随着幼儿知识经验的丰富及认知水平的提高，拼法及画面可越来越复杂。

（3）接龙游戏是将绘制的卡片按一定顺序排列，形成一条"长龙"，以形成某一自然现象或科学现象。这类活动有一定难度，要求幼儿积累一定的科学知识，因此适合中班和大班的幼儿，主要是大班。例如，将动植物生长发育的顺序等科学知识绘制成若干张卡片，让幼儿按规律进行接龙游戏。

（4）找错游戏是指有意在一幅画面上出现若干违反科学性的错误，让幼儿通过观察、辨认，找出错误所在，并用语言加以纠正。例如，年龄较小的幼儿，可在画面上出现宝宝穿错衣裤、穿错鞋、戴错帽等生活常识的内容；年龄大点的幼儿，可在画面上出现科学性错误，例如，西瓜结在树上、鸭子在屋顶啼叫、小鸡在水中游等。

3. 口头游戏

口头游戏是指幼儿在感性经验的基础上，脱离实物和图片，运用口头语言进行的游戏。例如，教师问"什么动物在天上飞？""什么动物在水里游？"幼儿进行回答，因为游戏过程不需要过多的游戏材料，所以简单易行。由于该游戏需具备一定的知识经验和表达能力，因此这个游戏适合在中班和大班开展。

4. 科技玩具游戏

科技玩具游戏是幼儿利用电控、声控、惯性、磁性、光学等科技材料进行的游戏，将玩与探索自然科学结合起来，以获取科学经验，培养能力与兴趣。例如，玩电动玩具，知道玩具的动力来自电池，会给玩具正确安装电池。

5. 多媒体互动游戏

利用多媒体软件学习科学的一种游戏。这种游戏可以让幼儿操作软件，通过软件中展现的画面内容来学习科学。例如，将"小蝌蚪找妈妈"的故事制作成软件，让中班和大班的幼儿在反复的操作中通过判断，推理的方式找出答案，此类游戏进行时幼儿需有相应的知识经验及基本的操作技能，比较适合大班幼儿开展。

（二）根据科学游戏的作用划分

根据科学游戏的作用划分，可以分为感知游戏、操作游戏、情境游戏、运动游戏和竞赛游戏五种。

1. 感知游戏

感知游戏是指教师为幼儿提供实物或者自然物作为游戏材料，让幼儿运用眼、耳、口、鼻等各种感官去感知、辨别、理解自然物的属性和功能的游戏活动。例如，"黑箱"或者"摸箱"游戏，就是一种锻炼幼儿触觉的游戏；"气味瓶"则是可以很好地锻炼幼儿的嗅觉游戏。

2. 操作游戏

操作游戏是指幼儿亲身体验，直接操作，在操作的过程中学习发现问题、分析问题和解决问题，从而获取知识、经验或者技能的游戏。例如，皮球、弹珠、竹筒在滚动的时候是不是沿直线走的？生活中哪些物品是浮在水面上的？哪些物品是沉在水底的？

3. 情境游戏

情境游戏是教师根据一定的意图，提出某个科学方面的问题，并以图画、玩具等替代物及音乐等各种手段设计出特定的场景，让幼儿观察、思考，从中发现事物之间的联系，并运用已有的知识经验反映、再现或表演他们对事物的认识。例如，中班送玩具回家，幼儿通过有趣的师幼互动，让幼儿在活动中学习并掌握按照玩具的类型、标识进行分类整理。

4. 运动游戏

运动游戏是将科学教育寓于体育活动中的游戏。此类游戏能充分满足幼儿好动的特点，激发幼儿的学习热情，发展幼儿活泼开朗的个性，例如，"踩影子""玩风车""吹泡泡""跷跷板"等。

5. 竞赛游戏

竞赛游戏是教师利用科学方面的知识内容，让幼儿通过知识竞赛的形式开展的游戏，以发展幼儿的思维敏捷性和灵活性为特点。例如，各种棋类竞赛（跳棋、飞行棋、五子棋、围棋等）或者"动植物知识抢答"。

三、学前儿童科学游戏活动的设计

游戏作为幼儿喜欢参与的活动形式，可以贯穿幼儿在园一日生活的各个环节。选择与设计科学游戏活动时应遵循以下设计原则。

科学游戏活动
设计与组织

（一）设计原则

1．科学性原则

游戏活动中蕴含的科学知识内容准确，难度适中，符合科学教育的目的、要求和幼儿身心发展的特点和规律。

2．趣味性原则

好玩有趣是游戏的生命，要充分考虑赋予科学游戏活动神秘的色彩，以吸引幼儿尽快投入游戏活动之中。

3．活动性原则

活动是幼儿身心发展的基础与源泉，要考虑满足幼儿外部的操作感知和身体运动，又要注重推动幼儿内部的智力活动，达到科学游戏活动的最终目的。此外，教师应充分利用幼儿园已有的条件和资源，创造性地设计和组织科学游戏活动。

（二）设计要素

教师在设计科学游戏时，在充分注重游戏设计原则的同时，还应考虑以下三个方面的问题。

1．游戏目标

专门的游戏活动不同于集体的教学活动，教师不需要确立"游戏目标"，但在设计游戏时，教师应该明确幼儿在这个游戏活动过程中可能会获得什么样的科学经验或概念，也就是说要分析清楚游戏中所蕴含的科学内容，以及游戏活动的教育价值。

2．游戏材料

在科学游戏中，游戏材料可以满足幼儿不断地操作、摆弄的需要，同时也蕴含了教师设计游戏的初衷。材料应具有激发幼儿探究兴趣的作用，同时又要使教师易于准备、收集和整理，并可以反复使用。

3．游戏规则

游戏规则是游戏顺利进行的前提条件。游戏设计的一个重要方面就是要详细说明怎么玩，以及适合什么年龄对象的幼儿玩，适合几个人玩，等等。游戏规则应该简便易行，教师要交代清楚，用语要简洁明了，保证所有的幼儿熟知规则。对于幼儿熟悉的游戏，也可以由幼儿协商确定新的游戏规则，体验新玩法。

幼儿园开展科学游戏活动内容丰富，形式多样，除挖掘传统游戏中所蕴含的科学知识外，教师还应在生活中寻找科学游戏的材料，在幼儿的身边发现科学游戏素材。例如，利用日常生活中的空瓶子、废纸盒、吸管、绳、纸等物品，均可设计出科学游戏。比如如下科学游戏活动案例。

舞蹈精灵
中班

游戏目标
(1) 喜欢玩科学游戏。
(2) 初步了解物体下落的速度与它的重量有关。
(3) 能用语言和动作来表达自己的发现。

游戏准备
(1) 经验准备：会表达轻和重，快和慢。
(2) 物质准备：轻的物品，如纸片、叶子、包装袋若干。重的物品，如小石头、小玩具、小积木若干；每组两个装实验用品的盘子，一个装轻的，一个装重的；教师用的魔法袋；简易天平若干。

活动过程

(一) 情境导入

(1) 教师设置情境：有个魔法师给了我一个口袋，这里面装了很多"舞蹈精灵"。能给人带来快乐。于是我把这个口袋带到幼儿园与你们一起分享，希望把这份快乐传递给你们，一起来看看它们是谁吧！

(2) 教师引导幼儿认识并熟悉材料。

①教师出示纸片、小石头、叶子、包装袋、小玩具、小积木，引导幼儿说出它们的名字。

②教师引导幼儿用手摸一摸，感觉材料的软硬。用眼睛观察它们的大小，猜测一下它们谁轻谁重。

(二) 幼儿玩游戏

1. 游戏一：比一比

(1) 教师讲解游戏玩法：幼儿在托盘中取出两种需要对比的物品放在天平的两端，比一比谁重谁轻。（重的物品所在的一端会下沉）

(2) 幼儿自由操作。

(3) 教师巡回观察，注意引导幼儿简单说出实验结果。

(4) 该轮实验结束后可更换材料继续实验。

2. 游戏二：舞蹈精灵

(1) 教师讲解游戏玩法：选择两种物品举过头顶，同时放手，看谁先落下。

(2) 幼儿自由操作。

(3) 教师巡回观察，注意引导幼儿简单说出实验结果。

(4) 该轮实验结束后可更换材料继续实验。

(三) 游戏分享

(1) 幼儿自由交流游戏中的感受。

(2) 教师小结：今天我们用很多物品做了实验，用天平做实验的时候，下沉的那端说明物品重；两个物品从同一高度落下，下降速度快的，说明那个物品重。

（3）教师鼓励幼儿继续在区域活动中探索和游戏。

（活动设计：湖北省孝感市蓝天幼儿园 秦花）

上述活动方案中，所提炼出来的科学概念就是物体下落的速度和它的重量有关；教师提供充分的材料供幼儿操作，这些材料均能反复操作，让幼儿在科学游戏的反复操作过程中理解科学概念；在幼儿熟悉材料之后，教师开始详细讲解玩法与规则，便于幼儿准确操作。

（三）组织步骤

教师在游戏活动开展时也是一名组织者、支持者和参与者，可以按照以下四个步骤进行组织。

1．注重游戏环境的创设，激发幼儿参与游戏的兴趣

上述教案《舞蹈精灵》中，教师通过情境带入魔法师口袋里的"舞蹈精灵"，吸引幼儿注意力，调动幼儿好奇心和参与游戏积极性。

2．帮助幼儿理解游戏的规则，保证游戏的顺利进行

幼儿是否明确游戏玩法、游戏规则直接关系到游戏的质量，所以教师在介绍游戏规则时，语言要清晰且简单明了。

3．参与游戏活动的过程，促成游戏活动的完成

游戏中，教师既要关注游戏的进展，激励幼儿积极活动，给予启发性的提问和引导，促使游戏的顺利进行，又要关注幼儿在游戏中的表现，根据幼儿的不同需要给予适当的帮助，鼓励幼儿克服困难、提出问题、解决问题，从而提高游戏活动的质量与成效。

4．做好游戏活动的评价，提升游戏活动的品质

教师要结合幼儿完成游戏活动情况进行评价小结。一方面应对游戏活动的质量予以评价，表扬肯定积极的行为，鼓励新玩法、新创意；另一方面要对幼儿执行游戏规则的情况作小结，对完成较好的幼儿给予肯定；最后，要对幼儿提出新的希望和要求。

任务二 生活中的科学教育

一、幼儿园生活中的科学教育活动

科学教育生活化是现代幼儿园科学教育的一个重要趋势，只有贴近幼儿生活的教育，才能使幼儿的学习变成有意义的学习。《纲要》指出"科学教育应密切联系幼儿的实际生活进行，利用身边的实物与现象作为科学探索的对象"，教育活动内容的选择要贴近幼儿的生活。一朵枯萎的花、一条绿色菜虫、一次天气的转变，幼儿在生活中发现大小事物，都是幼儿开展科学探究活动的抓手和灵感来源，幼儿对世界万物的强烈好奇心是打开科学大门的金钥匙。

幼儿园生活中的科学教育活动

幼儿园生活中的科学教育贯穿于一日生活,如就餐、喝水、盥洗、散步、午睡前后等,地点涵盖了幼儿在园期间所有活动场所,如教室、走廊、楼梯、户外操场、花园、水池、沙坑、树林等。

从教师角度来说,幼儿生活中到处都有科学教育,而且生活中的科学教育与集体科学教育有明显的区别,如表6-3所示。

表6-3 集体科学教育与生活中的科学教育比较

项目	集体科学教育	生活中的科学教育
教育内容	教师设计、创设情境	幼儿自己遇到的真实的、感兴趣的问题
目的性和计划性	教师有目的、有计划地开展	教师的教学目标随幼儿的发现而产生,教学计划应活动的需要而制订
组织形式	集体为主,面向全体	灵活多样,因人而异
发生时间	规定的教学时间,有时间限制	一日生活之中随机进行,可重复、可延伸

从表6-3可以看出,生活中的科学教育在内容、形式、时间等方面,与集体科学教育相比有更大的选择性、灵活性和自主性,以及更大的拓展空间。

幼儿有着与科学家一样的好奇心和探究欲望,每个幼儿都有一双敏锐的眼睛,生活中的科学教育活动是幼儿在一日生活的某个环节中与周围环境相互作用突然发生的,是对某一自然科学现象、自然物或有趣的、新奇的科技产品等产生好奇并自发投入其中的探究活动。

(一)幼儿园生活中随机科学教育活动的特点

幼儿园生活中随机的科学教育活动具有活动内容无法预估、就地取材、活动时间地点不确定、活动过程容易受外界因素干扰、活动具有强烈的内在动机等特点。

随机的探究活动常由偶然的情境引起,在任何教学或游戏活动中都有可能存在。比如散步时幼儿会问:"菜叶子上为什么会出现小洞洞?"教室门口发现小蚂蚁,会好奇:"小蚂蚁的家在哪里?它们每天吃什么?"这样的活动不是教师预先设计和提供的,而是幼儿自己在生活中发现的,是在幼儿内在探究动机的驱使下发生和发展的。

(二)幼儿园生活中科学教育活动的应对策略

教师的态度对幼儿随机的科学活动具有重要的影响,教师应对幼儿随机的科学活动加以正确的引导,使其发挥应有的作用。

1. 随时观察

生活中的科学活动往往发生在不起眼的时间和地点,而且还会在不易发觉的状态下进行。例如,孩子在洗手时,拧动水龙头,让水变大变小的时候,教师观察到这一现象,耐心地询问:"咦,你发现了什么呀?"这就需要教师具有相应的心理准备和知识储备,随时随地关注幼儿日常的一切活动,并给予针对性的支持和引导。

2. 有效支持

教师发现幼儿生活中的随机科学活动,在适合的时机给予有效支持,不干涉幼儿自主探索。比如，提供合适的材料、询问幼儿有什么困难、帮助幼儿分析困难，建设性地提出解决困难的策略等。例如，户外活动时孩子在草地上发现了蚂蚁，教师适时提供放大镜，让幼儿更加清楚地观察蚂蚁。如果幼儿提出了一些合理的要求，一定要尽力满足；当活动出现瓶颈时，教师可以适当介入，使活动顺利往下进行；当幼儿发生矛盾出现争吵时，教师可以帮助幼儿通过协商解决矛盾；当幼儿有了成功的发现时，教师要和幼儿一起分享。

3. 适当引导

教师在支持幼儿探究活动的同时，还可以对幼儿的活动进行适当引导，以帮助幼儿发现其中蕴含的科学道理。例如，孩子在户外活动时，捕捉到了小壁虎断尾巴自保的这个突发事件，提出问题"小壁虎有毒吗？""它真会自己长尾巴出来吗？""它为什么弄断尾巴呢？"……这时候教师引导幼儿去拓展动物自我保护方面的科学知识就变得更有价值。但是教师的引导应适度，不能把幼儿随机的科学活动变成教师讲科学的活动。

二、家庭生活中的科学教育活动

家庭生活中的科学教育活动

家庭是幼儿最早接触科学教育的环境，儿童自出生后就生活在家庭这一具体的科学教育环境之中，他们在家庭中与周围的自然环境发生着密切联系。他们呼吸着周围的新鲜空气，凝视着来自外界的各种光线和物体，倾听着不同物体发出的种种声响，品尝着各种食品本身的味道，嗅闻着许多物体散发的气味，触摸着物体的不同形状、质地，并了解物质的不同特性，等等。这些对物质世界的感觉经验都是从家庭生活中开始获取，并逐步在他们的大脑里建构起有关自然科学的最初的认知结构。

儿童出生以后，接触最多的就是自己的父母（或者其他家人）。父母为幼儿提供了各种学习科学的有利条件：教他们叫出第一个具体物体的名称，并形成第一个简单的有关科学的概念；回答着孩子一个个有关科学的问题，如"月亮怎么不圆了""树叶怎么变黄了"等。父母是儿童最初的科学启蒙老师。

家庭及家长在幼儿科学学习中的角色和作用包括：鼓励幼儿进行探究；向幼儿示范可以怎样提问、怎样解决问题；在幼儿没有进行发现活动之前不对有关问题作出解答；乐于与幼儿进行科学活动；倾听幼儿说话以及为他们提供信息和资源。

（一）家庭科学教育的特点

1. 家庭科学教育的潜移默化性

家庭科学教育寓科学教育于家庭生活之中，带有浓厚的生活气息，既是家庭生活的一部分，又是幼儿科学教育生动具体的内容与过程。这样就使得家庭科学教育具有潜移默化的特性。例如，每天早晨，父母帮助孩子起床穿衣，为了衣着适当，家长一般要为孩子观察一下天气，其中既有家庭生活的内容（起床、穿衣），又有科学教育的内容（天气、温度），两者自然而然地结合在一起。家长经常这样观察天气，查看天气预报，如果对孩子再加以一定的引导，孩子就能逐渐地关心天气变化，并对气温产生兴趣。这比在幼儿园中，教师组织幼儿观察天气、认识温度计、做气象记录等更为自然。

2．家庭科学教育的个别性、随机性、灵活性

首先，家庭科学教育具有个别性的特点，家庭科学教育可随着孩子的不同需要、兴趣及个性而产生科学学习，容易满足幼儿的个别需要，便于启发和指导，有利于幼儿在不同的水平上获得发展。

其次，家庭科学教育具有灵活性和随机性的特点。家庭科学教育没有一定的计划、目的和要求，不受时间和地点的限制，往往是由孩子的兴趣、需要或家庭生活环境、事件等所诱发的。幼儿的科学活动可以在家庭生活的每一个地方与时刻进行，如客厅、厨房、书房、阳台等，也可以在超市、科技馆等不同地点进行，还可以在早晨、中午、晚上、白天，或进餐、洗澡、游戏、劳动、睡前等时间进行。例如，幼儿随着家人逛超市时，认识了很多物品，发现物品的摆放规律，初步产生分类的概念。

（二）家庭生活中科学教育活动应注意的问题

1．配合幼儿园的科学教育活动

幼儿的成长需要家庭和幼儿园形成合力，教师可依据制订的科学教育计划，指导家长了解幼儿园的科学教育活动，教师可通过家长会、亲子活动给家长传递信息，也可利用家长接送幼儿时交流信息。家长应主动了解幼儿在幼儿园学习科学的情况，积极主动地配合幼儿园的科学教育活动，例如，帮助幼儿做好科学活动前的知识准备、材料准备。家长在参与幼儿园的科学教育活动过程中可增强科学意识、提高对科学的兴趣，为在家庭中带领幼儿顺利开展科学教育活动奠定基础。

2．正确对待幼儿的好奇心，保护幼儿的好奇心

幼儿随着年龄的增长，好奇心逐渐增强，接触的物体和现象不断增多，在幼儿的头脑中出现的小问号也越来越多，经常会对家长提出"是什么、为什么"等问题，其中涉及科学内容的比例很大，这是幼儿学习科学的好机会，家长一定要耐心倾听、正确回应。幼儿的好奇好问，如果能得到成人的正确引导，很容易转化成勤奋好学、进取心强的良好性格特征。比如晚上在外面散步，孩子看见月亮后问："妈妈（爸爸），月亮为什么跟着我们走？"你可以这样回答："因为月亮喜欢我们呀！"这样的回答虽然不符合相关科学原理，但却能使孩子的好奇心得到满足。不管孩子提出的问题多么幼稚可笑，孩子的见解显得多么离奇，家长不应置之不理，应该满腔热情地对待孩子，然后再用简单易懂的语言引导孩子正确地分析问题、理解问题。

3．利用家庭生活的有利条件，引导幼儿观察周围事物

要让幼儿善于运用感官，从家庭生活的各个方面去汲取科学信息。家长要有意识地引导幼儿去观察和发现，随时随地以简短的语言、有趣的问题启发幼儿，要善于观察幼儿在生活中的发现，去捕捉和挖掘幼儿生活中有意义的信息，抓住家庭科学教育的时机。

丰富多彩的大自然是幼儿接受科学教育良好的场所。家长要经常带幼儿走进大自然、观察大自然、探索大自然、利用大自然。例如，陪孩子一起观察天空在一天里会有哪些变

化;为什么有阳光的日子天空是蓝色的,阴天则是灰色的;天上的云彩有些什么变化;看看身边的花草,观察樱花、桃花、梨花等花朵的变化,什么颜色和形状的花最好看。可以陪伴幼儿一起观察动植物的生长、发现变化,例如,在春夏之交,陪着孩子一起养蚕,观察蚕的生长过程等。在主动发现和主动探究中获得对周围世界的认识和真实感受,从而产生热爱大自然、保护大自然的情感。除了观察大自然,日常生活中还有许多可以观察的事物,如周围的环境、公共设施、城市建设等。

4. 运用多种途径指导幼儿学习科学

在生活中幼儿会看到许多与科学有关的现象,遇到很多问题和困惑。日常生活中的衣、食、住、行,处处都有幼儿感兴趣的事和物。家长可带领幼儿玩科学游戏;陪着幼儿阅读科普图画书;参观科技馆、博物馆、植物园、动物园等,还可以准备一些材料和工具,跟幼儿一起做小实验、完成科技小制作等。总之,只有充分有效地运用多种途径激发与培养幼儿的学习兴趣,增强其学习的主动性、积极性和创造性,才能使每位幼儿在原有水平上富有个性地发展,从而成为学习的主人。

案例研读

案例一 认识四季 小班、中班

一、目的

(1)让幼儿了解一年有春、夏、秋、冬四季。
(2)让幼儿初步了解春、夏、秋、冬各季节的一些特点。
(3)培养幼儿的观察能力。

二、准备

自制四季转盘一个,转盘上画有四季景象。
春:树木发芽,小草长出来了。
夏:枝叶茂盛的树木。
秋:树叶黄了、落了。
冬:树叶落光了,树下堆着雪人。

三、玩法

让幼儿自己转动四季转盘,等转盘停下后,面对幼儿的是哪个季节,就请他讲一讲这个季节的天气特征、景物现象、穿什么衣服、吃什么应时水果。然后再请一位幼儿继续玩此游戏,对说得好的幼儿给予表扬。

四、说明

游戏结束后可让幼儿自制一个四季转盘,转盘上四季景象可让幼儿根据自己的观察来选。

案例二　吹乒乓球　　中班

一、活动准备

(1) 透明塑料水杯若干。
(2) 乒乓球若干。

二、活动过程

(一)游戏体验

(1) 每个幼儿领取2个塑料水杯和1个乒乓球。
(2) 鼓励幼儿尝试将乒乓球从1个塑料水杯吹到另1个塑料水杯中,引导幼儿思考游戏成功的原因。

(二)小组比赛

(1) 在桌面上摆放两排塑料水杯,每排10个。
(2) 将幼儿分为2个小组,每组人数相等。2个小组同时开始吹乒乓球,将乒乓球从第一个塑料水杯吹到最后一个塑料水杯,先将乒乓球吹到最后一个塑料水杯的小组获胜。
(3) 幼儿自由讨论,交流成功将乒乓球吹起的原因。

案例三　火山爆发　　大班

一、活动准备

(1) 杯子、小苏打、白醋(图6-1)。
(2) "火山爆发"视频。

二、活动过程

(一)视频导入,激发兴趣

(1) 播放"火山爆发"实验视频,引出活动。
教师:今天老师给你们带来了一个超级好玩的视频,让我们一起来看看吧!

（2）引导幼儿观察视频中的实验材料，并尝试识别。

教师：请小朋友们仔细看一看，视频里都用了哪些东西？

（二）实验猜测，引发思考

（1）回顾视频中的实验过程。

（2）教师演示实验，引导幼儿仔细观察实验现象，同时提出疑问。

教师：我刚刚做的实验，左边和右边的结果是一样的吗？哪里不一样呢？你们觉得这是为什么呢？（幼儿纷纷提出自己的猜测，教师将其记录在黑板上）

图6-1　装有小苏打的杯子和白醋

（三）实验"火山爆发"，探索真相

（1）将幼儿分为若干小组，每组分配实验材料，鼓励幼儿合作完成实验。

（2）幼儿自由操作，教师进行指导，鼓励幼儿大胆尝试，积极探索。

（3）实验结束后，请幼儿分享自己的实验结果与发现。

教师：请小朋友们来说一说，你们的实验结果是什么？你们有什么发现？

（四）总结实验结果，拓展知识

教师：今天的实验，我们知道了哪个杯子里的小苏打多，哪个杯子的气泡就多。这些气泡其实就是二氧化碳气体，它在我们的生活中有很多作用，比如可以去污垢、通下水道，等等。科学小实验的世界真是太神奇了！除了我们今天探索的小苏打和白醋的实验之外，还有很多其他有趣的小实验等着我们一起去探索和发现。

三、活动延伸

小朋友们，那我们现在就用刚刚的实验帮我们的小凳子和小桌子"洗个澡吧"。

（活动设计：湖北省孝感市蓝天幼儿园　秦花）

案例四　磁铁的相斥与相吸　　大班

一、活动准备

每人一份包含条形磁铁、蹄形磁铁、环形磁铁、回形针、绳子、插塑片和钥匙的操作材料（图6-2），实验记录表（图6-3）。

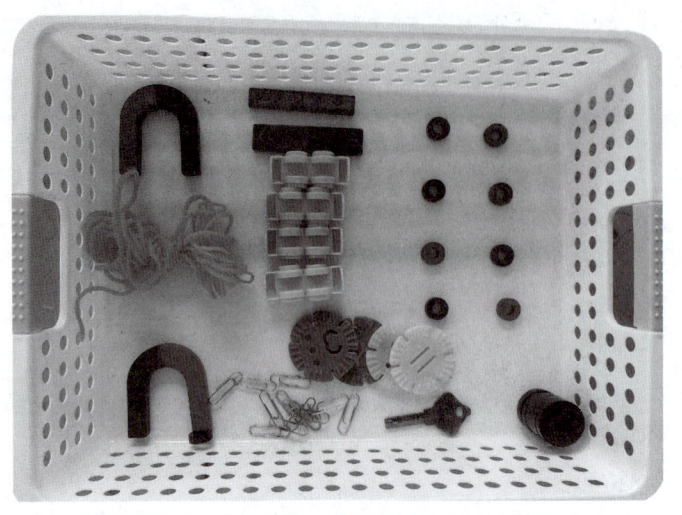
图6-2 "磁铁的相斥与相吸"操作材料

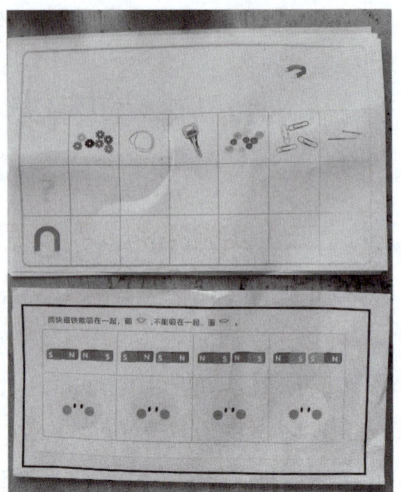
图6-3 实验记录表

二、活动过程

（一）磁铁大力士（回顾前期所了解的磁铁特性）

（1）说一说：磁铁可以吸住哪些物品？
（2）教师小结：磁铁有磁力，可以吸取铁制的物品。

（二）磁铁碰碰车（感知同极相斥、异极相吸）

（1）小实验：磁铁碰碰车。
①出示记录表，幼儿猜想磁铁两极碰到后的结果。
②幼儿用磁铁进行实验，并将结果记录下来。
（2）师幼互动，交流探究结果。
（3）教师操作进行验证，并进行小结。
（4）观看视频《磁铁的相斥与相吸》，理解磁铁之间同极相斥、异极相吸的现象。

三、活动延伸

（1）领域延伸：开展"磁铁力量大"活动，了解磁铁的穿透性。
（2）区域延伸：在科学区投放各种磁铁，引导幼儿按照同极相斥、异极相吸的原理，尝试制作弹簧磁铁。

（活动设计：湖北省孝感市蓝天幼儿园 秦花）

岗位体验

一、设计并组织游戏活动

（1）尝试利用生活中材料设计适合幼儿的科学游戏活动，并完成模拟教学。

（2）查找浙江安吉游戏（提倡让幼儿自主、自由地玩游戏）相关资料，按照安吉游戏的理念设计一个具有本地特色的科学游戏活动。

二、设计并组织生活活动

（1）以幼儿园一日生活为契机，设计并组织科学活动。

（2）指导家长设计科学教育活动。

赛证练习

项目六选择题
参考答案

一、单项选择题

1. 科学游戏旨在（　　）。
   A. 重复游戏中所伴随的科学现象
   B. 探索科学现象之间的关系或解决问题
   C. 获得新发现，掌握新知识
   D. 通过游戏体现问题、任务或目的
2. 关于科学游戏的规则的表述，不正确的是（　　）。
   A. 全部会限制幼儿的活动
   B. 应服从于科学教育的要求
   C. 应服从于游戏的展开
   D. 应有利于幼儿的操作和智力活动
3. 专门的学前儿童科学教育活动不包括（　　）。
   A. 集体教学活动中的科学教育
   B. 区角活动中的科学教育
   C. 偶发性科学教育活动
   D. 游戏活动中的科学教育

二、材料分析题

1. 材料：教师为幼儿制作了一个玩具灶，投放了羽毛、棉花、小木棒、乒乓球等不同材质的物品和扇子，让幼儿猜测哪些物品能被风吹起来并进行验证。

   小牛猜想羽毛和棉花能飞起来，就开始扇风，结果发现它们确实能飞起来。他使的劲大了，发现乒乓球也起来了。一直旁观的小雷惊讶地说："原来用劲儿扇，乒乓球也能飞起来呀！"

2. 问题：游戏中小牛、小雷都在学习吗？请分别说明理由。

三、活动设计题

搜集整理中国传统民间游戏，选取蕴含科学教育价值的主题，设计并实施适宜不同年龄班的科学游戏活动。

项目七 整合科学资源
——学前儿童科学教育资源

学习目标

- **认知目标**
1. 了解学前儿童科学教育资源的含义和类别。
2. 掌握学前儿童科学教育资源选择与应用的原则。
3. 理解主题活动和项目活动的内涵和流程。

- **能力目标**
1. 能正确区分学前儿童科学教育资源的类别并说出使用方法。
2. 能正确区分主题活动和项目活动。
3. 能与同学合作完成主题活动和项目活动的设计。

- **素质目标**
1. 喜欢自然，热爱生活，树立"家—园—社"协同育人的理念。
2. 视野开阔，构思巧妙，善于整合科学教育资源。
3. 树立科学的教育观，正确看待综合活动和单一领域活动的关系。

内容导览

学前儿童科学教育资源
- 科学教育资源的类别
  - 学前儿童科学教育资源概述
  - 学前儿童科学教育资源的类别
- 科学教育资源的整合
  - 学科领域教育活动资源的整合运用
  - 综合性科学教育活动资源的整合运用

情境导入

一园青菜成了精

北方民谣

出了城门往正东，一园青菜绿葱葱。
最近几天没人问，它们个个成了精。
绿头萝卜称大王，红头萝卜当娘娘。
隔壁莲藕急了眼，一封战书打进园。
豆芽菜跪倒来报信，胡萝卜挂帅去出征。

两边兄弟来叫阵，大呼小叫争输赢。
小葱端起银杆枪，一个劲儿向前冲。
茄子一挺大肚皮，小葱撞个倒栽葱。
韭菜使出两刃锋，呼啦呼啦上了阵。
黄瓜甩起扫堂腿，踢得韭菜往回奔。
莲藕斗得劲头儿足，胡萝卜急得搬救兵。
歪嘴葫芦放大炮，轰隆隆隆三声响。
打得大蒜裂了瓣，打得黄瓜上下青。
打得辣椒满身红，打得茄子一身紫。
打得豆腐尿黄水，打得凉粉战兢兢。
藕王一看抵不过，一头钻进烂泥坑。

思考：如何以《一园青菜成了精》的内容为主线设计包含科学教育的综合主题活动？

学习任务

任务一 科学教育资源的类别

丰富的、可操作的材料是幼儿学习科学的必备资源，此外，人力资源和信息资源也是教育资源的重要组成部分。幼儿园科学教育正逐步走向家庭、社区，三者相互配合，形成教育合力，更有利于幼儿的科学学习。

一、学前儿童科学教育资源概述

（一）学前儿童科学教育资源的含义

教育资源是指整个社会用于教育领域中培养不同熟练程度的后备劳动者和专门的人力、物力、财力及信息的优化组合，不仅包括各类物质资源，还包括人力资源及信息资源。学前儿童科学教育资源非常广泛，包括辅助开展科学教育的各种教具、帮助幼儿学习科学的相关资料及可用于科学教育的家庭资源和社区资源。建立幼儿园科学教育、家庭教育和社会科学教育的育人机制是现代科学教育的重要特征。

（二）学前儿童科学教育资源的作用

1. 有益于幼儿全面和谐的发展

丰富的科学教育资源可增加幼儿的学习兴趣，发展幼儿各种能力，科学教育资源的具体、直观更使得以直观形象为主的幼儿的学习变得较为容易。

2. 有助于教师的专业成长

幼儿的很多直接经验来源于家庭、社区，教师可以把幼儿在家庭中表现出的兴趣和已有经验看成幼儿园开展科学教育活动的重要线索和内容，也可以把幼儿园的科学教育活动延伸到家庭。来自社会各行各业的家长传递给教师丰富的信息资源，可以为幼儿园教师提供科学知识和科学活动材料等方面的帮助。

3. 有利于幼儿园的教育教学

在组织教育活动时，家长是幼儿园教师的合作伙伴，教师要积极争取家长对学前教育的理解、支持和参与，吸引他们主动参与学前家庭教育的研究，家园配合，促使幼儿园获得的学习经验在家庭中得到延续、巩固和发展，促使家庭中获得的经验在幼儿园的学习活动中得到应用。

二、学前儿童科学教育资源的类别

科学教育资源的类别

（一）园本科学教育资源

园本科学教育资源主要是指幼儿开展科学教育的材料资源和信息资源。

1. 材料资源

材料在幼儿认识事物的过程中非常重要。无论是科学探究还是数学认知都具有很强的抽象性，而学前儿童正处于前运算阶段，以具体形象思维为主，他们无法理解用符号表示的科学现象或数学概念。根据材料的加工程度可以将科学活动的材料分为成品材料、半成品材料和自然材料。

成品材料是能引发幼儿探究兴趣、动机和热情的现成材料，例如，反映电路关系的拼插材料、电动玩具、遥控工具、不倒翁、编织机、哈哈镜、万花筒等。

半成品材料是教师有意识地将一些材料加工成半成品，或使用一些现成的、加工程度不高又能灵活运用的材料。这样的材料具有很好的暗示和提示作用，有助于引导幼儿成功地通过自己的探究来发现内在关系。例如，在科学活动室，为幼儿提供中国地图积木，让幼儿探究每个省份的形状与所在位置等。

自然材料又称为原始材料，这些材料可以有多种用途和多种组合的可能性，通过让儿童自己动手制作自己喜欢的东西，调动幼儿的自主性。如塑料棒、纸杯、雪花片等。

幼儿园科学教育常用的教具、学具主要有以下几类。

（1）实物。实物是真实的物品，是最具体的教学材料。在认识动植物、水果蔬菜时，可以提供实物，使教学更加直观。

（2）标本。标本是指将实物通过特殊的加工方法制作而成。常见的标本有动物标本和植物标本，如蝴蝶标本、树叶标本等，能帮助幼儿观察到某个动物或植物的真实样貌。

（3）模型。模型是指代表实物的人工制品。例如，人的牙齿模型，能帮助幼儿观察到不同位置的牙齿形状特征。

（4）图片。图片是一种常用的材料，包括挂图、照片等。对于有些找不到实物材料的物体可以用图片来代替。例如，让幼儿认识大熊猫，可以通过图片引导幼儿观察大熊猫的特征。

（5）多媒体设备。如电视机、投影仪、电子白板等，可播放一些数字资源。

（6）实验设备与材料。包括操作各种小实验的设备和材料，例如，光学材料中的放大镜、万花筒等，吹泡泡实验中的各种吹泡泡工具、泡泡水容器，造纸实验中的纸浆、木框等。

2．信息资源

信息资源主要包括图书资料和网络资源。

（1）图书资料。图书资料包括儿童科普读物、科学类图书、教师用书等。儿童科学读物包括科学家的故事、动植物的故事，如《神奇的小草》《蚯蚓的日记》等儿童科普读物。科学类图书是指教师在引导幼儿探索科学现象过程中可以参考的科学方面的书籍，如《动物百科全书》等。

（2）网络资源。在"互联网+教育"时代，网络资源也是科学教育资源的有益补充。通过互联网，教师可以查阅学前儿童科学教育相关的信息，如各地科学教育信息、有关科学内容的图片、科学知识介绍、科学教育活动案例等。

（二）家庭科学教育资源

幼儿的健康成长离不开成功的家庭教育，离不开家园的密切联系和积极配合。幼儿园教师应指导家长挖掘和利用家庭的科教资源，用以增强幼儿的科学素质，促进幼儿的全面发展。

与幼儿园相比，家庭中幼儿的学习更具有情境化、生活化、随机性的特点。家庭生活中有丰富的科学教育资源，家长应建立科学教育的观念，利用家庭生活的资源和机会，引导孩子进行科学探究活动。例如，在厨房的水槽里放入土豆、番茄、茄子等蔬菜，探究物体的沉浮。在秋季栽种大蒜，引导幼儿观察大蒜的生长过程。在家中的某个区域摆放一些既安全又卫生的物品材料，供幼儿自由摆弄。家长还可以带领幼儿走进大自然，看四季花开，听风声雨声……参观科技馆、博物馆、游乐园、动物园等，让幼儿在丰富多彩的世界中发现、认识、感知多种事物属性及事物间的联系。

家庭科学教育资源是指家庭可以为幼儿发展及幼儿园教育提供的各种物质与人力资源的总和。

1．家庭生活中的物质资源

家庭中的饮食起居，衣食住行，无一例外地为幼儿提供了丰富的素材。物质资源主要是家庭中的物品类资源和信息资源，例如，花草、家用电器、厨房用具、玩具、书籍等。家庭是幼儿开始学习科学的园地，教师可以指导家长为幼儿提供固定的空间，摆放一些可供幼儿探究的材料。

2．家庭的人力资源

家庭的人力资源主要是指家长自身的资源，包括家长的闲暇时间、家长的职业特点、兴趣和特长等。父母是幼儿最好的科学启蒙教师，幼儿在家里可以随时随地得到父母的指导。家庭生活中，很多事物和现象会引起幼儿的好奇，进而激发幼儿的探究行为。家长要鼓励和支持幼儿的探究活动，还应提供必要的物质材料条件，尽量满足幼儿的探究需要。

实例：

3岁的悦悦看到家里有中国地图积木玩具，经常摆弄。当她拿起一个省份的木块时，反复观察，一开始随意摆放，在家长的引导下，放在了正确的位置，反复操作多次后，她可以快速地完成中国地图的积木拼图。

（三）社区科学教育资源

社区作为社会生态微系统的一部分，也是幼儿园开展科学教育活动的源泉。幼儿园所处的社区环境对幼儿的发展有着重要的影响作用。社区科学教育资源是指幼儿园所在的社区可以被科学教育所利用的物力、人力、自然环境和社会设施。社区科学教育资源主要包括物质资源和人力资源。

1. 物质资源

社区有丰富的自然资源、设施资源，为幼儿园"走出去"开展科学教育活动提供了方便。

（1）自然资源。自然资源是指幼儿园所在地区的自然环境及部分人造环境，是极其丰富的教育资源，包括当地的地形、山川、湖泊、河流、海滨、土壤、气候、季节等；农村的农田、鱼塘、饲养场、森林、牧场等。此外，新农村建设特色旅游景点、油菜田、荷塘等，也是很好的科学教育资源，可以让幼儿在游玩中感受花与四季的密切关联。

（2）设施资源。设施资源是指具有科学教育作用的社会机构、场所等，主要包括专门的科学设施和综合的公共设施。

①专门的科学设施：如科技馆、博物馆、海洋馆、动物园、植物园等。

②综合的公共设施：如超市、菜场、医院、银行、公园、高速公路、地铁等。

2. 人力资源

人力资源是指各种可以为幼儿园科学教育提供服务的人士，包括社会人士，从事各种职业的人员和技术人员等。具体有以下几类。

（1）技术人员。木工、电工、园艺师、动物饲养员等。他们可以借助技术特长和知识经验，补充学前儿童科学教育的内容。

（2）专业人员。教师、医务工作者、律师等。

（3）退休人员和热心人士等。

任务二 科学教育资源的整合

在幼儿的眼中，生活是整体的，世界是整体的。他们不会将自己的生活分解为不同领域的、零碎的知识点与面。例如，幼儿在参观黄鹤楼时，只是在观赏自己喜欢的建筑物，没有一个幼儿会按照领域将黄鹤楼划分为"科学"的黄鹤楼、"艺术"的黄鹤楼、"语言"

的黄鹤楼进行分割观赏。幼儿的学习与发展是整体的，当前幼儿园课程改革强调教育的整体性。

学前儿童科学教育应体现培育完整幼儿的课程理念，需用一种整体的眼光看待科学教育的性质。《纲要》强调幼儿园科学教育要生活化，要引导幼儿学习身边的科学，指明幼儿园科学教育内容不能偏离生活的轨道。因此，回归幼儿生活是幼儿园科学教育的必由之路。陈鹤琴指出，儿童教育应当："把大自然、大社会做出发点，让学生直接向大自然、大社会去学习。"

可以从主题教育活动、项目活动、地方特色文化等多个方面深入挖掘、整合各种优秀的科学教育资源，使科学教育活动更具生活性、地域性和时效性。

一、学科领域教育活动资源的整合运用

首先，从学科领域教育活动的视角看资源的整合。在科学教育活动中，幼儿用多种形式表达自己的发现可以促进幼儿的语言发展。在科学活动"各种各样的树叶"中，可以设计幼儿制作树叶拼贴画的环节，幼儿通过操作进一步了解树叶的特征，也感受到艺术美。其次，在其他领域的活动中也可以渗透科学教育内容。例如，在早期阅读活动《神奇的小草》《阿诗有块大花布》等活动中，幼儿不仅发展了语言能力，也从屠呦呦成为科学家的人生经历中萌发出对科学的向往；从阿诗的朋友中，认识了各种不同动物的形体和喜好。在音乐活动"秋天多么美"中，幼儿感受到歌曲的优美旋律和节奏特点，也能感受到秋天是一个收获的季节，对秋天的季节特征有了更加清晰的认识。

科学教育资源的整合

二、综合性科学教育活动资源的整合运用

幼儿园的教育活动往往围绕一个特定问题或人物，跨越学科界限，将各领域的教育内容联系起来，形成一个完整的教育活动。目前，幼儿园的教育活动主要有两种类型，分别是主题活动和项目活动。主题活动具有教师预设的特点，项目活动则具有生成性活动的特点。

（一）主题活动

主题活动是幼儿园课程实践中一种普遍的存在。它是指在一段时间内围绕一个中心内容组织的一系列教育活动，又称综合活动。主题活动的设计包括主题的选择、主题名称的确定、主题活动目标的设计、主题活动框架的设计和逐一设计每个活动五个步骤。

晒秋

1. 主题的选择

主题的选择是主题活动设计的第一步，主要从幼儿的兴趣、教育目标、社区环境和节日、节气等角度综合考虑。例如，桂花盛开的时节，教师可以"桂花"为主题设计包括"赏桂花""捡桂花""画桂花""洗桂花""桂花香囊""桂花米酒"等系列活动。幼儿园里

的大豆成熟了，教师可以"大豆"为主题，设计包括"采豆""晒豆""磨豆腐""磨豆浆"等系列活动。

2．主题名称的确定

在拟订主题名称时，教师应尽量站在幼儿的角度去思考，用适合幼儿的语言来命名，简单明了，富有童趣又有一定的文学色彩，例如，"冰糖葫芦儿甜""酸酸甜甜腊八粥""七巧板大变身"等。

3．主题活动目标的设计

主题活动目标的设计应以《纲要》《指南》为依据，分认知、能力、情感三个维度进行描述，子活动的目标应与主题活动的三维目标具有关联性，并支持主题活动目标的达成。

● **真题演练**

一、题目

最近，大三班许多小朋友用大大小小的纸盒制作小汽车等物品，马老师发现，制作的小汽车装饰不太一样，但结构差不多，往往只有车厢、车轮、车灯等。马老师认为可以根据这种情况生成一个"汽车"主题活动，引发幼儿的深度学习。

请帮助马老师设计"汽车"主题活动，设计要求如下。

1．写出主题活动的总目标。（8分）

2．围绕主题设计三个子活动。写出其中一个子活动的具体活动方案，包括活动名称、目标、准备和主要环节。（14分）

3．写出另外两个子活动的名称、目标。（每个活动4分，共8分）

二、参考答案

【活动总目标】

①幼儿喜欢观察生活中各种各样的汽车，萌发动手操作的兴趣。

②幼儿能够采用多种形式，用自己喜欢的方式设计不同造型的小汽车。

③幼儿知道生活中有不同种类的汽车，并了解各种各样汽车的特征。

【子活动一目标】

①幼儿喜欢进行美术绘画活动，乐意与同伴分享自己设计的小汽车造型。

②幼儿能够大胆想象，有创意地设计出自己喜欢的小汽车造型。

③幼儿了解汽车有各式各样的造型，知道不同汽车的造型特点。

【子活动二目标】

①幼儿喜欢和同伴一起合作进行体育游戏，萌发喜爱体育运动的意识。

②幼儿能够遵守游戏规则，与同伴合作进行"小汽车总动员"的体育游戏。

③幼儿理解小汽车在马路上行驶的游戏规则，知道"小汽车"上坡跑的动作要领。

【子活动三目标】

①喜欢用自己的动作表现小汽车的造型特点，体验音乐表演带来的乐趣。

②能够声音优美地唱出《我的小汽车》，并创编动作，大胆表现小汽车的造型。

③幼儿理解《我的小汽车》的儿歌大意,知道小汽车有不同的声音和造型。

4. 主题活动框架的设计

主题活动框架的设计是指围绕主题目标设计各单元的活动内容,它包括以哪种类型组织活动和为幼儿提供哪些具体的内容。一个好的主题一般要覆盖较多的领域内容,这样既能使幼儿获得多方面的经验,也能够组织不同类型的活动。在实践中,一般可采取主题网络图、单元活动表格等方式设计主题活动框架(图7-1、图7-2)。

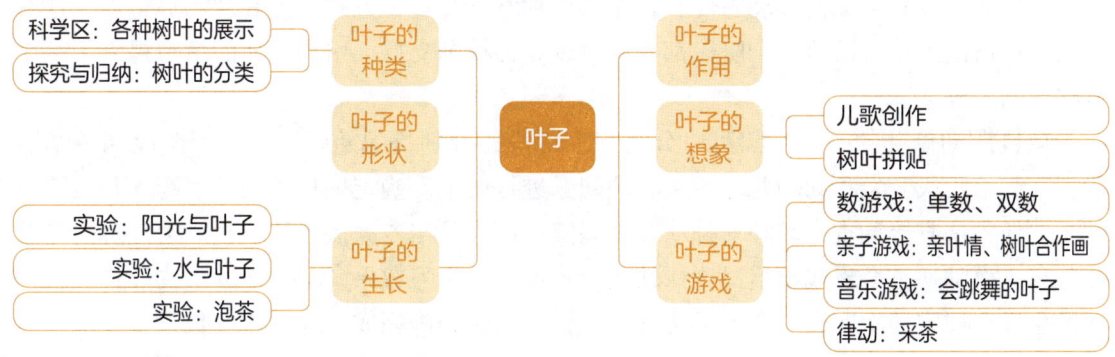

图7-1 叶子主题活动

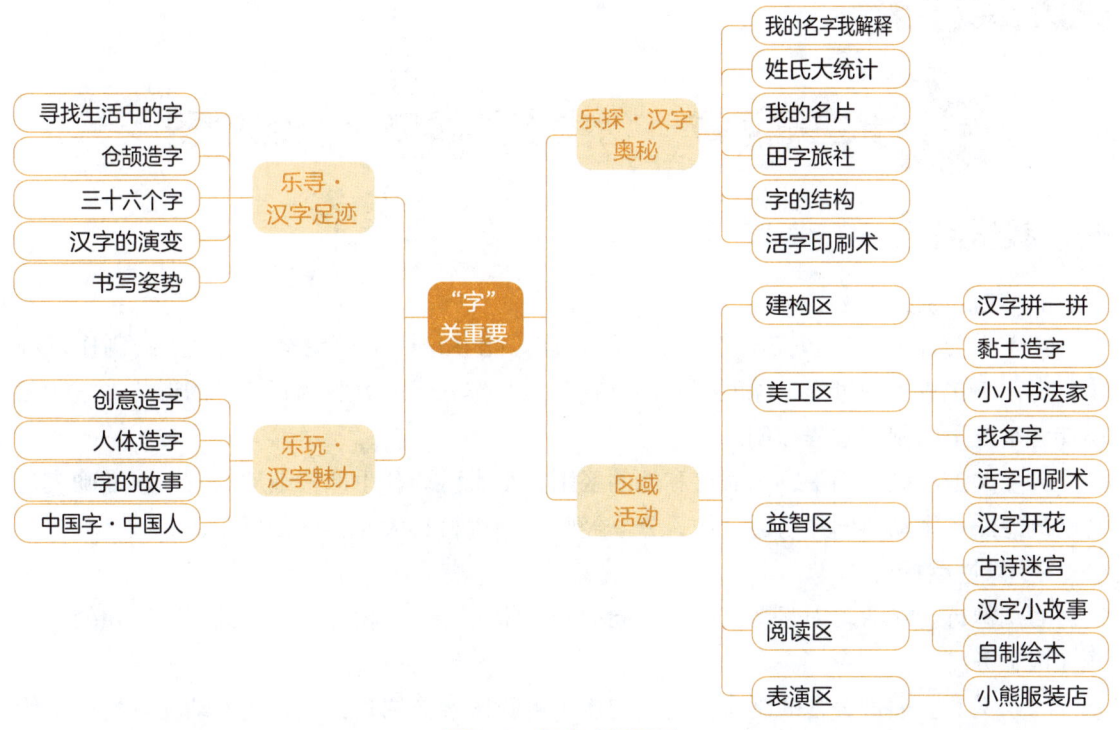

图7-2 汉字主题活动

5. 逐一设计每个活动

单元活动的设计就是按照主题单元活动的顺序,设计每个单元活动方案。每个单元活动包括活动名称、活动目标、活动准备、活动过程、活动延伸等。

（二）项目活动

项目活动是幼儿在教师的支持、帮助和引导下，围绕某个大家感兴趣的生活中的"课题"或认识中的问题，进行深入研究，合作研究的过程中发现知识、理解意义、建构认识的过程。项目活动的主题可以是教师提出的，也可以是幼儿提出的，是教和学的互动过程，是教师与幼儿共同发展、共同建构的过程。

项目活动具有生成性和动态性、合作探究性学习、多种方式表达和展示等特点，这些特点在项目活动发展的每一个阶段都有所体现，为教师支持、引导幼儿的学习提供了一个策略性的"框架"。

项目活动设计的一般步骤可以分为三个阶段，分别是起始阶段、开展阶段和总结阶段。在起始阶段，教师和幼儿对所关心的问题进行讨论，确定项目活动的主题。开展阶段的主要任务是直接调查，教师安排幼儿开展实地调查及与专家谈话的机会。第三阶段是总结分享，教师通过全班或小组讨论让幼儿展示不同的学习成果。项目活动不拘形式，各种活动也没有规定的次序，一个项目活动可在较短的时间内完成，也可持续数月。

案例研读

案例一 主题活动：舌尖上的春节——包饺子

一、教学目标

1．显性目标

（1）学习品质。对包饺子产生浓厚的兴趣；能够积极主动地参与到饺子的制作过程中；专注于包饺子的过程，深度探究彩色饺子的制作方式，大胆创新饺子的形状；乐于跟同伴分享饺子的制作过程和创意。

（2）关键经验。用手感知面粉和面的区别；手眼协调和手部精细动作发展；准确表达自己的想法；主动与同伴沟通合作，分享经验；能用材料大胆尝试创新创造。

2．隐性目标

（1）德行。在活动中互帮互助，共同面对困难，分享成功经验；与同伴和睦相处，合作完成任务。

（2）文韵。通过美食的制作让幼儿初步了解我国春节饮食文化；激发幼儿热爱中华传统美食，增强民族自豪感和自信心。

二、学习重点

1. 显性目标
通过实践达成教学目标提出的显性目标,包括学习品质和关键经验两方面。具体可参考前文,这里不再赘述。

2. 弹性目标
幼儿能够将饺子和春节相联系,了解饺子是中华民族的传统美食。

三、活动准备

1. 经验准备
(1)教师经验准备。

①会和面、做饺子馅、擀皮、包彩色饺子、包不同形状的饺子。

②了解饺子在人们生活中的意义,以及饺子背后的文化内涵,能够采用适宜的策略(启发、浸润),让幼儿了解饺子作为中华传统美食所蕴含的文化价值。

③能够预期幼儿在操作中可能遇到的困难,提前设置支架语、支架物、支架态和支架势,为幼儿的深度探究提供支持。

④熟悉与春节有关的儿歌、掌握课堂管理小技巧。

(2)幼儿经验准备。

①吃过饺子,能描述饺子的形状,知道常见的饺子馅。

②幼儿家里有春节吃饺子的传统。

③会唱几首与春节有关的儿歌。

2. 物质准备
《新年好》儿歌视频、"手指做饭"手指游戏、面粉、水、盆、量杯、擀面杖、胡萝卜汁、菠菜汁、白菜肉馅、韭菜鸡蛋馅、盘子。

四、活动过程

(一)启动阶段(2分钟)

1. 环节目标
对包饺子感到好奇,能够初步形成学习兴趣。

2. 详细描述整个过程
教师端出一盘饺子,和幼儿谈话导入。

教师和幼儿一起围坐在桌子周围,微笑着对幼儿说:"小朋友,看看老师带来什么好吃的啦?"(幼儿异口同声地回答:"饺子。")教师点头,微笑着问:"你们喜欢吃饺子吗?喜欢吃什么馅的呢?"(幼儿积极回答:"×××""×××""×××"……)教师说:"老师也喜欢吃饺子,而且老师还会包饺子呢。小朋友们,你们会不会包饺子呀,有没有帮妈妈包过饺子呢?"(幼儿:"不会""想")教师用神秘的口气对幼儿说:"小朋友把眼睛闭上,老师要给大家变个魔术。"在孩子们把眼睛闭上时,老师把盖着布的面盆和饺子馅盆放在幼儿围坐的桌子中央。教师:"小朋友可以睁开眼睛了,大家猜猜布下面是什么?"(幼儿:"×××""×××""×××"……)教师说"当当当,面纱揭开了。"小朋友惊喜地说"面、馅……"教师:"我们一起包饺子吧!"

3．提炼

（1）教师。

①支架语。

支架语1：小朋友，看看老师带来什么好吃的啦？

支架语2：你们喜欢吃饺子吗？喜欢吃什么馅的呢？

支架语3：小朋友把眼睛闭上，老师要给大家变个魔术。

支架语4：小朋友可以睁开眼睛了，大家猜猜布下面是什么？

支架语5：当当当，面纱揭开了。

支架语6：我们一起包饺子吧！

②支架物。

支架物1：一盘饺子。

支架物2：一盆面粉。

支架物3：一盆猪肉白菜饺子馅、一盆韭菜鸡蛋饺子馅。

③支架态。

支架态1：微笑的表情。

支架态2：神秘的表情。

支架态3：惊喜的表情。

④支架势。

支架势1：将盖着布的面盆和饺子馅盆放在桌子中央。

支架势2：拍掌，让幼儿睁开眼睛。

（2）幼儿预期表现。

表现1：幼儿异口同声地回答："饺子。"

表现2：积极回答："×××""×××""×××"……

表现3："不会""想"。

表现4：幼儿："×××""×××""×××"……

表现5：惊喜地说"面、馅……"

（3）预期师幼互动过程。

互动1：幼儿看到真实的饺子，会表现出惊喜。

互动2：幼儿配合老师把眼睛闭上，对魔术充满期待。

（二）感知阶段（5分钟）

1．环节目标

幼儿能够积极主动地参与到活动中；积极感知面粉和面团，能够相互配合，认真专注地运用面粉、水和盆子完成和面的过程。

2．详细描述整个过程

教师将幼儿分组，每组3～5人；每组分一个小盆、一袋面粉、一桶纯净水、一杯胡萝卜汁、一杯菠菜汁，让幼儿进行直接感知和合作；师幼共同完成和面过程。（默认活动开始前幼儿已经洗手）

教师将面粉和水直接分发给各组幼儿，"用手摸一摸面粉。"教师给20秒时间让幼儿感知。"谁能告诉老师，面粉是什么颜色的？摸起来是什么感觉？"幼儿主动回答："白色、摸起来滑滑的。"教师面带微笑点头："小朋友们真棒！现在我们把胡萝卜汁或菠菜汁倒在面粉里，然后用筷子搅拌，看看面粉会有什么变化？"教师和小朋友们同时完成倒蔬菜汁的工作，教师注意观察每组幼儿的操作，用目光给予幼儿肯定。"大家再摸一摸面粉，摸起来是什么感觉？"幼儿说"面粉不滑了，还有点儿黏手。"教师说："是呀，面粉遇到水就变了，老师的面粉还没有完全湿呢，看样子还需要加点儿水，我们再试着加半杯水，好不好？"教师和幼儿加水，继续搅拌，直到面团软硬适度为止。教师："面团终于和好了，哪位小朋友能告诉大家和面的过程呢？"小朋友积极举手回答"……"

3．提炼

（1）教师。

①支架语。

支架语1：用手摸一摸面粉。

支架语2：谁能告诉老师，面粉是什么颜色的？摸起来是什么感觉？

支架语3：现在我们把胡萝卜汁或菠菜汁倒在面粉里，然后用筷子搅拌，看看面粉会有什么变化？

支架语4：大家再摸一摸面粉，摸起来是什么感觉？

支架语5：是呀，面粉遇到水就变了，老师的面粉还没有完全湿呢，看样子还需要加点儿水，我们再试着加半杯水，好不好？

支架语6：面团终于和好了，哪位小朋友能告诉大家和面的过程呢？

②支架物。

支架物1：一个小盆。

支架物2：一袋面粉。

支架物3：一桶纯净水。

支架物4：一杯胡萝卜汁。

支架物5：一杯菠菜汁。

③支架态。

支架态1：微笑的表情。
支架态2：肯定的目光。
支架态3：疑问的表情。
支架态4：认真和面的态度。
④支架势。
支架势：边示范和面边观察幼儿的表现。
（2）幼儿预期表现。
表现1：幼儿主动回答："白色、摸起来滑滑的。"
表现2：幼儿说："面粉不滑了，还有点儿黏手。"
表现3：小朋友积极举手回答"……"
（3）预期师幼互动过程。
互动1：幼儿顺利地完成和面过程。
互动2：幼儿可以积极主动且准确地说出和面的过程。

（三）深度探究（15分钟）

1．环节目标

通过PPT了解包饺子的过程，能够包出不同形状、多彩的饺子，并能够灵活掌握形状、色彩完成饺子拼盘造型。

2．详细描述整个过程

教师通过PPT讲解饺子的制作过程，然后将饺子馅分发给各组幼儿，鼓励幼儿独自包饺子。之后，让小组间交换面团，引导幼儿制作彩色饺子，最后按照饺子的形状和颜色进行拼盘造型设计。

教师打开PPT，讲解饺子的制作过程。将饺子馅、擀面杖分发给幼儿。"小朋友们，大家都知道饺子的制作过程了吧，开始包饺子吧！"教师观察幼儿的表现，并做记录。在幼儿深度体验擀皮、包饺子之后，教师打开PPT，展示彩色饺子图片。"小朋友们的饺子包得非常好看，老师这里的饺子和大家的饺子有什么不同呢？"积极的幼儿大胆地说出："饺子皮有两个颜色。"教师"对啦，饺子皮还可以是两个颜色，现在刚好有两种颜色的面团，大家可不可以做出两种颜色的饺子呢？"幼儿充满好奇，并议论纷纷，边说"可以吧"边拿起面团尝试。在幼儿完成彩色饺子的制作之后，教师说"孩子们，大家刚包好的饺子是软软的，应该怎么摆放才好呢？"幼儿说："不能摆在一起，也不能离得太近……"此时，教师打开PPT展示饺子拼盘造型。"饺子的排队方法很多，大家帮饺子排队吧，比一比哪一组饺子的队形既整齐又漂亮！"

3．提炼

（1）教师。
①支架语。
支架语1：小朋友们，大家都知道饺子的制作过程了吧，开始包饺子吧！

支架语2：小朋友们的饺子包得非常好看，老师这里的饺子和大家的饺子有什么不同呢？

支架语3：对啦，饺子皮还可以是两个颜色，现在刚好有两种颜色的面团，大家可不可以做出两种颜色的饺子呢？

支架语4：孩子们，大家刚包好的饺子是软软的，应该怎么摆放才好呢？

支架语5：饺子的排队方法很多，大家帮饺子排队吧，比一比哪一组饺子的队形既整齐又漂亮！

②支架物。

支架物1：两种颜色的面团。

支架物2：盘子。

支架物3：饺子馅。

支架物4：擀面杖。

支架物5：PPT。

③支架态。

支架态1：微笑的表情。

支架态2：肯定的目光。

支架态3：疑问的表情。

④支架势。

支架势：观察幼儿的表现，及时予以鼓励。

（2）幼儿预期表现。

表现1：积极的幼儿大胆地说出："饺子皮有两个颜色。"

表现2：幼儿充满好奇，并议论纷纷，边说"可以吧?"边拿起面团尝试。

表现3：幼儿说："不能摆在一起，也不能离得太近……"

（3）预期师幼互动过程。

互动1：教师鼓励幼儿积极尝试包饺子。

互动2：教师鼓励幼儿尝试彩色饺子的制作。

互动3：教师鼓励幼儿完成饺子拼盘。

（四）合作分享（5分钟）

1. 环节目标

通过成果展示和介绍，加深幼儿对饺子制作过程的印象，激发幼儿大胆表达自己想法的意愿，培养幼儿合作分享即共同进步的意识。

2. 详细描述整个过程

教师对一盘盘的饺子给予充分的肯定，首先邀请眼睛里流露出喜悦之情的幼儿说出饺子的制作过程，然后邀请面露不悦之色的孩子说出饺子的制作过程。

教师说："小朋友们都包了很多漂亮好吃的饺子，现在把饺子都放在桌子中间，让大家一起欣赏一下，好吗?"幼儿积极主动地把饺子放在桌子中间，认真观察并流露出羡慕和赞赏的表情。教师环视幼儿，选择一位流露出喜悦之情的幼儿说出饺子的制作过程。幼儿大胆地讲解。教师面带微笑、频频点头表示肯定。教师再次环视幼儿，选择一位面露不悦之色或稍有羞涩的幼儿讲解饺子的制作过程。幼儿能站起来分享饺子的制作过程。教师说："小朋友们表现得非常好，不仅会包饺子，而且能说出包饺子的过程!"

3．提炼

（1）教师。

①支架语。

支架语1：小朋友们都包了很多漂亮好吃的饺子，现在把饺子都放在桌子中间，让大家一起欣赏一下，好吗？

支架语2：小朋友们表现得非常好，不仅会包饺子，而且能说出包饺子的过程！

②支架物。

支架物：饺子。

③支架态。

支架态1：微笑的表情。

支架态2：频频点头。

④支架势。

支架势：环视幼儿，与幼儿目光交流。

（2）幼儿预期表现。

表现1：幼儿大胆地讲解。

表现2：积极性不高的幼儿可以说出饺子的制作过程。

（3）预期师幼互动过程。

互动1：教师请幼儿将饺子放在桌子中央，并让幼儿观察。

互动2：教师鼓励幼儿说出饺子的制作过程。

（五）创意创造（3分钟）

1．环节目标

启发幼儿联想春节常吃的美食，鼓励幼儿帮助父母制作春节美食。

2．详细描述整个过程

教师引出春节，启发幼儿回忆常吃的春节美食。

教师说："小朋友们，老师给大家带来一首好听的儿歌，大家想不想听呢?"幼儿异口同声地回答："想！"教师播放《新年好》儿歌视频。教师跟唱，并做简单的律动，幼儿跟随教师律动。"小朋友们，快过年了，大家过年的时候，除了吃饺子还吃过什么好吃的?"幼儿争先恐后地说："糖、年糕、年夜饭……"教师说："老师知道大家都喜欢过年，因为过年有很多好吃的，大家今天学会了包饺子，回家帮爸爸妈妈一起包饺子，好不好?"幼儿异口同声地回答："好！"教师说："大家也可以向爸爸妈妈学习其他春节美食的制作方法，回到学校来教给老师和其他小朋友，好不好？"幼儿兴奋地回答："好！"

3．提炼

（1）教师。

①支架语。

支架语1：小朋友们，老师给大家带来一首好听的儿歌，大家想不想听呢？

支架语2：小朋友们，快过年了，大家过年的时候，除了吃饺子还吃过什么好吃的？

支架语3：老师知道大家都喜欢过年，因为过年有很多好吃的，大家今天学会了包饺子，回家帮爸爸妈妈一起包饺子，好不好？

支架语4：大家也可以向爸爸妈妈学习其他春节美食的制作方法，回到学校来教给老师和其他小朋友，好不好？

②支架物。

支架物：《新年好》儿歌视频。

③支架态。

支架态：微笑的表情。

④支架势。

支架势：随着音乐做简单的律动。

（2）幼儿预期表现。

表现1：幼儿异口同声地回答："想！"。

表现2：幼儿争先恐后地说："糖、年糕、年夜饭……"

表现3：幼儿异口同声地回答："好！"。

表现4：幼儿兴奋地回答："好！"

（3）预期师幼互动过程。

互动1：教师通过儿歌与幼儿互动

互动2：教师通过问答与幼儿互动

 项目活动：骑行路上的"大桥"

一、活动背景

在园内一次低结构运动游戏中，幼儿们发现骑行小路上的坡道不见了。在询问之后，他们了解到是因为前几天的大雨把坡道损坏了。为此，登登提议："我们为大家在骑行小路上造一些坡道吧！"沉沉则提议："既然要建造坡道，不如彻底将骑行小路变得焕然一新！"

沉沉的想法得到了其他同伴的认可。于是，幼儿们就在操场上进行了实地勘察，并且在班级里展开了激烈的讨论，最后决定要在骑行小路上造几座"大桥"。

二、进程描述

（一）第一阶段：路上的"大桥"——材料的选择

1. 观察与实录

登登："造大桥需要什么材料呢？"

泡泡："我觉得垫子可以，折起来能够搭出桥的造型。"

棠棠："垫子会不会有点软？车辆骑上去可能会陷下去。"

童童："那黄板呢？黄板是硬的呀！"

沅沅："滑滑梯上的黄板有裂缝，自行车会把黄板压坏的。"

森森："要不用万能工匠的玩具？万能工匠玩具能够拼出一个大桥的造型，而且只要把螺丝拧紧，也会很稳固的！"

登登："那这样，我们分组进行吧！选择同一种材料造桥的小朋友就是一组。把桥搭出来看看，就知道哪种材料更好了！"

2. 活动进程分析

根据平时在低结构运动中对材料使用的已有经验，幼儿们选出了几种比较适合造桥的材料。但是每种材料的特点都不一样，他们都想尝试验证自己提出的观点。为此，幼儿们分别将自己的观点在班级里做了分享。这时，登登提出了解决办法：选择同一种材料造桥的幼儿就是一组，大家都能够尝试自己的想法，也能进行不同材料之间的比较。

通过讨论，幼儿们对材料进行了筛选，最后保留了垫子、万能工匠材料与滚筒。在教师的统筹下，幼儿们分成了三组，进行大桥的建造。在对比三种不同材料建造的大桥后，幼儿们得出了以下结论，如表7-1所示。

表7-1 三种不同建造材料的对比

材料	优点	缺点
垫子	通行成功	底座不够稳
万能工匠	长度可调整	宽度不够，只能单轮车通行
滚筒	材料坚固	太高，上不了坡

为了更好地帮助幼儿们找到适合的造桥材料，教师应一方面对幼儿就材料的可塑性以及组合等方面去寻找造桥材料的方法给予肯定；另一方面引导幼儿进行思考，看看在此前的尝试过程中，哪种材料更符合大家造桥的需要。之后，带领幼儿再次来到操场，对操场上木质的材料再次进行试验。

幼儿们通过探索实践得出结论——用木头建造出的大桥，既坚固又稳定。于是幼儿们又开始寻找新的材料，最后确定采用长短不一的木板来造桥。

（二）第二阶段：路上的"大桥"——结构的确定

1. 观察与实录

米安："我在旅游的时候看到过独木桥，独木桥的造型可以吗？"

歆怡："自行车可上不了独木桥哦！"

阿汪："我看到过儿童乐园里木桥的底座，可以按照木桥底座来搭。"

卡卡："我在公园里看到过石墩桥的底座，应该也可以。"

歆怡："不如你们把设计图画出来，让大家看一下吧？"

2. 活动进程分析

在确定了建造大桥的材料后，幼儿们对大桥底座结构进行了讨论，并且将在生活中对大桥的认知经验，迁移到了本次"建造大桥"的设计中。

在设计完毕后，幼儿们觉得这两种底座的结构都能够很好地建造大桥。卡卡认为："石墩桥的底座更稳，而且可以搭更高的大桥。"歆怡则认为："木桥的底座更符合现有的材料情况。"在无法确定到底用哪种底座来建造大桥时，米安提出建议在班内进行投票。通过小朋友们的票选，木桥底座被选定为本次造桥的基础结构。

当材料与结构都确定后，幼儿们正式开始了大桥的建造工作。

（三）第三阶段：路上的"大桥"——大桥1.0

1. 观察与实录

登登："现在有了稳固的底座，然后该怎么办呢？"

森森："接下来要用木板把桥面都给铺好。"

泡泡："铺的时候，两边都要空出一点地方给后面的一块桥面，这样才能更加牢固！"

……

在不断尝试的过程中，幼儿们总结出了新经验。

在连续使用架空的建构方法后，一座木质大桥"诞生"了。幼儿们骑着自行车跃跃欲试，可是当第三个幼儿骑着自行车通过时，桥面突然塌了。幼儿们一脸错愕，想要赶忙补救，可是大桥已经很难修复了……

2. 活动进程分析

在这一次实验中，教师发现幼儿们不仅对大桥底座的定位与作用有了更深刻的认识，同时也找到了铺设桥面的新方法。然而，随着"造桥"活动的深入，幼儿们也面临了挑战。在面临困难时，幼儿难免心生畏怯，或停滞或欲放弃……此时，引导幼儿思考，对后续活动的开展非常重要。于是，教师提出如何防止大桥垮塌、如何改善大桥质量等新问题，引导幼儿们分析大桥垮塌的原因，并继续进行研究探索。

（四）第四阶段：路上的"大桥"——大桥2.0

1. 观察与实录

涵涵："大桥倒塌了，得重新搭了。"

登登："我觉得不能再搭一模一样的了，要改进一下。"

涵涵："可是，我觉得已经很好了呀，还能怎么改进呢？"

森森："我觉得可以去采访一下刚刚骑自行车上桥的人，问问他们的意见。"

登登："我觉得森森说的有道理。"

于是，幼儿们对骑行的幼儿进行了采访。

承承："我觉得这个桥的坡太难上了。"

东东："我也觉得这个桥的坡太陡了，上坡非常困难。"

钧钧："我觉得这个桥下坡的时候速度非常快，让我有些害怕。"

在经过采访之后，幼儿们对三名骑行幼儿提的意见进行了讨论和梳理，并且想出了相应的解决办法。

在上坡和下坡时，底座的木板数量改为1、2、3和3、2、1，从而缩小坡道倾斜角度；在上坡前，用木板搭出一条蓄力车道，让上坡骑行更轻松；下坡时，把短木板换成长木板，延长缓冲距离，减缓车辆下坡速度。

2. 活动进程分析

在这一阶段中，森森给出了很好的建议——对骑行幼儿进行采访，来找到大桥需要改进的地方。活动应以幼儿为主体，相信幼儿能够自己发现问题、改进问题和解决问题，而教师的角色应该是倾听者、支持者和合作者，更多地去观察、理解和分析幼儿的各种行为，顺应其各种探索需求，更有效地支持幼儿们的发展。

经过分析和改造之后，幼儿们又继续开始进行大桥的建造。这次的大桥"保质保量"，不仅通过的车辆能够轻松地上坡、平稳地下坡，而且还非常稳固。在整个运动游戏的过程中，新建的大桥没有坍塌，幼儿们的设计成功了！

岗位体验

一、设计主题活动方案

（1）以桂花米酒为主题，设计主题活动方案。

（2）以夏日荷塘为主题，设计主题活动方案。

（3）以冰糖葫芦为主题，设计主题活动方案。

二、实施主题活动

（1）以小组为单位开展模拟教学。一名同学扮演幼儿园教师，小组其他成员扮演幼儿。模拟教学完成后，集体研讨修改完善活动方案。

（2）利用课余时间到幼儿园实施主题活动，观察幼儿的反应，听取幼儿园老师的建议，修改完善活动方案。

赛证练习

项目七选择题
参考答案

一、单项选择题

1. 园本科学教育资源中的信息资源主要包括哪些类型？（　　）
   A. 动物标本　　　　B. 图书资源　　　　C. 植物标本　　　　D. 高速公路
2. 不属于项目活动的特点的是（　　）。
   A. 生成性和动态性　　　　　　　　B. 合作探究性学习
   C. 多种方式表达和展示　　　　　　D. 以教师为主导
3. 下列哪项不属于主题活动设计的一般步骤？（　　）
   A. 主题名称的确定　　　　　　　　B. 主题活动目标的设计
   C. 主题活动框架的设计　　　　　　D. 主题活动评价

二、简答题

在幼儿园领域教育活动中，为什么要关注幼儿学习与发展的整体性？请结合实例说明。

三、活动设计题

1. 请根据下面的素材，设计大班主题活动方案，要求写出主题活动名称，主题活动总目标，三个子活动。每个子活动包括：活动名称、活动目标、活动准备和活动的主要环节。

周一早晨户外活动，幼儿被园子里五颜六色的花吸引了，有的在指认花的颜色……

2. 请根据下列素材，设计一个大班的能涉及多个领域的系列活动。要求写出三个活动的名称、目标、准备以及主要的活动环节。

大班教室里收集了纸板箱，鞋盒，牙膏盒，药品盒等数量众多的盒子，这些大大小小的盒子吸引了幼儿，教师发现很多幼儿利用盒子自发产生了很多活动，涉及各个领域，于是，决定围绕纸箱、纸盒设计出系列活动、推进幼儿的发展。

3. 请围绕"有用的工具"为大班幼儿园设计主题活动，应包含三个子活动。
   要求如下。
   （1）写出主题活动的总目标。
   （2）写出一个子活动的具体活动方案，包含活动的名称、目标、准备和主要环节。
   （3）写出另外两个子活动的名称、目标。

4. 2021年全国职业院校技能大赛（高职组）"学前教育专业教育技能"赛项——幼儿园教育活动设计。

（1）题目。主题活动——中班"快乐运动"。

（2）内容。

①主题网络图设计（书面作答）。

②教学活动设计（一课时）（书面作答）。

③说课（口头作答）。

（3）基本要求。

①综合幼儿发展各领域以及幼儿园活动的类型，围绕主题设计主题网络图。主题网络图绘制要具有丰富性、科学性、具体化和操作性强等特点，充分考虑到生活化、兴趣性、适宜性、幼儿的主体性和家园合作等因素。

②根据主题素材与年龄段，设计一课时（30分钟左右）集体教学活动的教案。教案格式完整规范，语言清晰、简洁、明了，目标设计、内容选择、方法运用符合幼儿年龄特征和领域特点。

③根据已设计的教案，就内容、目标、方法、过程设计等进行说课，说清楚"学什么、教什么""怎么学、怎么教"以及"为什么"等问题，语言规范，条理清楚，逻辑性强，表达流畅。说课时间在7分钟内。

（4）素材。

①主题背景介绍。

运动有助于锻炼体能，促进身体健康。幼儿喜欢蹦蹦跳跳，喜欢各种运动，他们在幼儿园举办的"小小运动会"上都会积极参加，大显身手，体验比赛的紧张和喜悦。通过"快乐运动"这一主题，能让幼儿认识多种运动项目，介绍自己喜欢的运动和原因，了解运动的好处和注意事项，能够养成热爱运动的习惯，促进身体的发育和体质的增强。

②谜语。

两手摇，

双脚跳，

钻进门，

跨过草桥。

（答案：跳绳）

你打它，它就跳，

不理它，就睡觉，

别看它是受气包，

小朋友见它拍手笑。

（答案：皮球）

小公鸡，尾巴翘，

会翻跟斗不会叫，

踢一脚,跳一跳,

翻过脚背摔一跤。

(答案:毽子)

③小游戏《我和皮球娃娃赛跑》。

准备:大红皮球一只(皮球上画上眼睛和嘴巴)。

玩法:把大红皮球当作皮球娃娃,皮球娃娃往哪个方向滚去、跳去,幼儿就朝哪个方向跑或跳。皮球娃娃滚到红线(地上画线)处停止,幼儿就必须跑到红线上停止;皮球娃娃跳到绿线处停下,幼儿就双脚并跳前进,跳到绿线处停下。

规则:幼儿必须跟着皮球娃娃的方向跑、跳,方向错了,暂停一次游戏。

提示:教师指导游戏时要用皮球娃娃的口吻来激发幼儿的游戏兴趣,在游戏中鼓励幼儿跟着皮球娃娃一起跑和跳,注意动静交替。

参考文献

[1] 刘占兰. 学前儿童科学教育[M]. 3版. 北京：北京师范大学出版社，2023.

[2] 施燕. 学前儿童科学教育[M]. 4版. 上海：华东师范大学出版社，2022.

[3] 夏力. 学前儿童科学教育活动指导[M]. 4版. 上海：复旦大学出版社，2022.

[4] 洪秀敏. 学前儿童科学教育[M]. 北京：北京大学出版社，2015.

[5] 黄瑾. 学前儿童数学教育与活动指导[M]. 4版. 上海：华东师范大学出版社，2021.

[6] 郦燕君. 学前儿童科学教育[M]. 4版. 北京：高等教育出版社，2021.

[7] 徐青，刘昕. 学前儿童数学教育[M]. 3版. 北京：高等教育出版社，2019.

[8] 茹荣芳，李萌，张燕. 学前儿童科学教育[M]. 北京：清华大学出版社，2021.

[9] 林泳海，徐宝良. 学前儿童数学教育[M]. 2版. 北京：北京师范大学出版社，2021.